Research on Internet Finance Development and SMEs Financing Innovation

互联网金融发展与小微企业融资创新

张杰 等著

经济管理出版社
ECONOMY & MANAGEMENT PUBLISHING HOUSE

图书在版编目（CIP）数据

互联网金融发展与小微企业融资创新/张杰等著．—北京：经济管理出版社，2017.6
ISBN 978－7－5096－5068－4

Ⅰ.①互…　Ⅱ.①张…　Ⅲ.①互联网络—应用—金融—研究—中国 ②中小企业—企业融资—研究—中国　Ⅳ.①F832.2－39 ②F279.243

中国版本图书馆 CIP 数据核字(2017)第 127906 号

组稿编辑：杨雅琳
责任编辑：杨雅琳
责任印制：司东翔
责任校对：董杉珊

出版发行：经济管理出版社
（北京市海淀区北蜂窝 8 号中雅大厦 A 座 11 层　100038）
网　　址：www. E－mp. com. cn
电　　话：（010）51915602
印　　刷：三河市延风印装有限公司
经　　销：新华书店
开　　本：720mm×1000mm/16
印　　张：14
字　　数：267 千字
版　　次：2017 年 6 月第 1 版　　2017 年 6 月第 1 次印刷
书　　号：ISBN 978－7－5096－5068－4
定　　价：58.00 元

前　　言

小微企业融资难是一个世界性问题，具有普遍性、客观性、长期性，甚至一定的规律性。在我国这样一个信贷市场以大型银行为主导且资本市场尚不发达的国家，这一问题更为突出。当前我国正处于转型升级的关键阶段，进入新常态"三期叠加"影响的集中体现期。在经济下行压力不断加大的背景下，各类企业特别是小微企业融资难、融资贵问题一再凸显。一方面由于小微企业经营风险大、信用级别低、财务信息不透明、缺乏抵押物，造成商业银行的惜贷。同时小微企业自身实力难以达到资本市场的准入门槛，无法实现顺畅的股权和债券融资。另一方面融资实际成本居高不下，中介费用难以取消，隐性成本不断增加。中央与地方各级政府为此出台了一系列政策措施予以支持，问题虽有所缓解，但仍需政府、企业、金融机构等共同努力，多管齐下，统筹解决。只有切实增加融资渠道，降低融资成本，才能促进小微企业健康发展，激发其活力，增强其动力。

近年来，以互联网支付、P2P 网贷、众筹融资和电商小贷为代表的互联网金融蓬勃发展，成为金融创新的热点。互联网金融依托大数据、云计算、社交网络和搜索引擎等先进技术手段，一方面对传统金融业产生深远影响，另一方面也为小微企业融资开辟了新的渠道。互联网金融的出现在解决信息不对称、降低融资成本和弥补银行小微企业贷款余额不足等方面发挥着重要作用，为破解小微企业融资难题提供了新的方向。国家已经开始对互联网金融行业降风险、促发展。2015 年 7 月，中国人民银行等十部委联合印发了《关于促进互联网金融健康发展的指导意见》，明确定义了互联网金融的内涵并确定了相应监管部门。2016 年 8 月，中国银行业监督管理委员会等四部委联合发布了《网络借贷信息中介机构业务活动管理暂行办法》。2016 年 10 月，国务院发布了《互联网金融风险专项整治工作实施方案》。在国家政策和行业发展的共同支持下，小微企业利用互联网金融融资的环境和条件日趋成熟。

伴随着互联网金融的快速发展，相关理论研究已成为学术热点，围绕互联网金融为何能解决小微企业融资问题，以及互联网金融如何能解决小微企业融资问题出现了大量成果，已有研究基于互联网金融某一类创新模式支持小微企业融资的探讨较为多见，例如，P2P 网贷通过为借贷双方提供平台，集聚闲散资金为小微企业提供融资服务；电商小贷基于电商平台的历年滚动交易数据做出企业征信分析，为平台上的小微企业开展低门槛、快速便捷的融资服务；网络众筹通过互联网平台为创业企业或项目向社会公众筹集资金；等等。对于互联网金融支持小微企业融资的理论基础、内在机理、典型模式以及保障条件等进行系统性、全面性研究的文献还较少，需要进一步完善和加强。本书尝试从理论、实践和保障条件三个方面对互联网金融支持小微企业融资的相关理论、典型模式以及互联网金融健康发展的保障条件等进行分析和探讨，并提出一些思路和对策，以期更好地促进互联网金融对小微企业融资的普惠效应，切实推动“大众创业、万众创新”战略的实施。在理论研究部分分析互联网金融兴起的原因与趋势，经济新常态下我国小微企业融资需求的变化，互联网金融解决小微企业融资问题的内在机理；在典型模式部分选取 P2P 网贷、众筹融资、电商小贷以及传统金融机构借助互联网金融的融合创新，探究这些模式对小微企业融资支持的做法、风险管控策略及发展趋势；在保障条件部分探讨互联网金融健康发展的制度完善与体系建设，包括监管制度与监管体系的完善与构建，互联网金融征信体系建设等内容。此外，解决小微企业融资问题是一个系统工程，在互联网金融发挥积极作用的同时，本书最后一部分还从加强信用信息供给、用好财政金融联动、完善融资市场建设等方面提出较为务实的小微企业融资问题解决方案。

本书共分十章，由天津财经大学张杰博士、王汉昆博士和王淼博士合作完成，其中，第五章、第六章、第七章、第九章、第十章由张杰完成，第一章、第二章、第三章由王汉昆完成，第四章、第八章由王淼完成。全书由张杰进行最终校订。

目　　录

第一章　小微企业融资问题理论回顾与发展现状

无论从国际视角还是从国内视角来看，小微企业在国民经济和社会发展中都扮演着重要角色，在扩大就业、增加税收、改善民生、维护社会稳定、促进经济增长等方面具有举足轻重的作用。然而由于小微企业体量小，抗风险能力弱，受宏观经济形势影响较大，其发展中往往面临“成长的烦恼”，融资难是制约其成长的“瓶颈”之一。学术界对此问题进行了广泛的理论研究和探讨，各国政府也进行了很多实践与探索，各种金融工具创新和金融制度创新为这一问题的解决不断提供新的思路。如何解决小微企业融资难既是一个经久不衰的理论问题，又是一个具有重要实践意义的现实问题。

第一节　国内外小微企业融资问题研究综述

一、国外相关研究综述

麦克米伦于 1931 年在调研了英国金融体系和企业后，提交给英国政府一份《麦克米伦报告》，报告中指出企业规模是影响企业融资方式和融资难易程度的主要因素，小微企业融资存在着长期资金缺乏的“麦克米伦缺口”。这份报告成为了对小微企业融资难问题进行理论研究的奠基之作，此后，国外众多学者对小微企业融资难问题进行了大量研究，形成了一系列成果。

（一）针对小微企业融资约束特征的研究

Michel Peterson 和 Rajan（1994）、青木昌彦（2001）都指出，为了解决中小微企业的融资约束，一些金融机构开发了注重考查中小微企业“软实力”的关系型融资模式，但 Claudia Buch（2003）指出，外资金融机构在关系融资模式中遇到的困难比内资金融机构更多。Sulliva（1998）对美国小微企业破产原因的问卷调查结果表明，因资金缺口而导致小微企业倒闭的比例接近 30%。DeYoung、Goldberg 和 White（1999）认为，银行市场结构对小微企业信贷融资的影响因地区不同而有差异：在城市中，高银行集中度的市场更有利于小型企业获得贷款，但在农村中则相反。Mallick 和 Chakraborty（2002）认为，小微企业融资信贷缺口是指企业期望获得的贷款额度与实际获得贷款额度之间的差额，其中受到融资约束的企业不仅包括那些贷款申请被驳回或者不能获得足额贷款的企业，也包括由于担心被金融机构拒绝而不敢申请的企业。Vietoria Williams 和 Charles ou（2003）采用实证分析的方法发现，小微企业由于规模小和数据信息披露不规范等问题，加剧了外源融资的难度；对由家庭直接所有和管理的小微企业，内源融资是其主要融资渠道。Claessens 和 Tzioumis（2006）的世界投资环境调查显示，75% 的小微企业认为融资约束是企业发展的主要障碍。

（二）针对小微企业融资难成因的研究

1. 金融结构和外部制度环境对小微企业融资的影响

Baltensperger（1978）最早提出信贷配给的概念，即尽管借款人愿意支付合同中的所有非价格和价格条件，其贷款需求仍然无法得到满足，信贷配给来源于信息不对称，是小微企业融资障碍的主要因素。Ray（1983）认为，小微企业的融资缺口产生于资金可得性和融资成本两方面。Fazzari（1998）从成本的角度分析后认为，小微企业无法获得资金的原因在于外部融资成本过高，无法达到投资项目的预期收益。Guzman（2000）认为，在垄断性银行市场结构中，小微企业的信贷配给现象更容易出现，进而使小微企业可获得的信贷资金数量大大减少。Stiglitz（2002）认为，竞争度较高的银行信贷市场结构不利于小微企业获取金融机构的关系型贷款，容易导致银行对小微企业贷款中抵押担保的“过度依赖”。Boje Rosen 和 Udell（2003）认为，大型金融机构在向小微企业放贷时收取的利息费用和获得的利润回报较低，因此不愿意向小微企业提供信贷支持。Beck、Kunt 和 Maksimovic（2004）认为，在经济和制度发展水平较低的国家，银行集中度的提高将增加小企业信贷融资的困难程度。Charles ou（2005）则指出，大银行和小银行在信贷标准、组织结构等方面存在的差异导致其借贷成本明显高于小银行，因此不愿意向小企业贷款。Bissel（2005）和 Lindell（2008）分别利用计量研究方法证明了人力资源对小微企业融资的影响。Michael（2013）指出，Basel II 鼓励银行更多地搜集潜在客户的信息，提高了小微企业信贷的可获得性和贷款质量。

2. 小微企业自身特征对其融资的影响

关于中小微企业融资难问题的成因，Akerlof（1970）、Stiglitz 和 Weiss

(1981)、Satio 和 Villanueva (1981)、Berger 和 Udell (1995)、Peel 和 Wilson (1996) 都认为源自于银企之间的信息不对称。Hodgman 和 Malnell (1961)、Martinell (1997)、Pagano (1998)、Cull 和 Xu (2000)、Torres Vega (2006)、Steve 和 Ogden (2007) 都认为源自于中小微企业自身的信用缺失。

另外还有一系列由小微企业自身因素导致的影响，包括 Berger 和 Udell (1998)、Hall (2000) 指出的企业规模；Scott 和 Dunkellberg (2002) 指出的企业所属行业类型；Peek 和 Rosengren (1998)、Berger (2005) 指出的企业固定资产规模；Berger 和 Udell (1998) 指出的企业所处生命周期阶段；Degryse 和 Ongena (2001)、Baptista (2006)、Heino (2006) 指出的企业家受教育程度；Kwahja 和 Mian (2005)，Faccio (2007)，Claessens、Feijen 和 Laeven (2008)，Boubakri、Cosset 和 Saffar (2009)，Houston (2011) 指出的企业与政治的关联度；Watson 和 Wilson (2001) 指出的企业净利润水平等。

（三）针对小微企业融资难问题解决对策的研究

1. 完善大型商业银行服务

Berger 和 Udell (1998)、Vera 和 Onji (2010) 认为，大型商业银行基于自身的规模优势，可以为处于不同发展阶段的小微企业提供不同的信贷方式及金融服务。Strahan 和 Weston (1998) 认为大型银行具有信息技术优势，Stein (2002) 认为大型银行具有网点优势，Petersen 和 Rajan (2002) 认为大型银行具有信息成本的跨期分担优势，这些都使得大型银行能够更好地为小微企业提供信贷支持，并与小微企业建立长期稳定的合作关系。

2. 发展中小金融机构和关系型贷款

Porteous (1995)、Meyer (1998)、Bofondi 和 Gobbi (2003)、Greenwood (2006) 等学者都撰文指出，小微企业与金融贷款机构的距离越远，越具有信息劣势，也越难获得贷款，因此应大力发展当地的中小金融机构。中小金融机构在向小微企业提供信贷支持时的相对优势体现在 Berger 和 Udell (1995) 指出的获取小微企业“软信息”的成本低；Boot 和 Thakor (1994)、Cole (1998) 指出的抵押和担保的要求降低；Weinstesn 和 Yafeh (1998)、Hauswald 和 Marquez (2002)、Uell (2004) 指出的中小金融机构由于组织结构层次少，所以信息传递链条较短、信息不对称局面得以缓解。Berger 和 Udell (1995)、Jayaratne 和 Wolken (1999) 认为，中小金融机构更适合为小企业提供长期的关系贷款。

3. 拓展非正规金融服务

Daniels、Mead 和 Musinga (1995)，Woodruff (2001) 认为，小微企业的启动资金除了来自于自有储蓄的部分外，更多的来自于向亲戚朋友（即非正规金融）的借款。Lamberte (1999) 通过对菲律宾农村小微企业的融资现状研究，

Aryeetey（1998）通过对非洲地区小微企业的融资现状研究，Aliber（2002）通过对乌干达和印度小微企业的调查研究，Isaksson（2002）通过对肯尼亚小微企业的研究都发现，这些国家和地区小微企业的主要融资渠道都是非正规金融。Azam 和 Biais（2001）认为，虽然非正规金融的融资成本相对较高，但它确实有效缓解了小微企业信贷配给问题。

二、国内相关研究综述

国内学者在充分吸取国际研究经验基础上，结合我国经济转型时期的阶段性特征以及小微企业融资的特点，从成因、特征、对策等多方面进行了研究和探讨。

（一）针对小微企业地位及其融资约束特征的研究

刘克崮（2009）认为，小微企业是整个国民经济中最具活力的主体，其数量占到全部生产实体的99%左右，小微企业创造了60%以上的GDP和80%以上的就业岗位，但其融资约束局面与其所做出的贡献明显不符。黄孟复（2010）认为，中型企业的融资约束并不严重，其银行信贷覆盖率在90%以上；而小企业90%以上、微型企业95%以上都无法从银行获得贷款，存在明显的融资约束。林汉川（2011）、何广文（2012）都认为，小微企业是企业中更特殊的群体，其规模虽小，但在创造就业、维持社会稳定和推动国民经济增长方面发挥了非常重要的作用。李焰（2011）认为，小微企业的融资约束是指企业在面对有价值的投资机会时，无法获得外部资金的支持，表现为资金的可获得性约束，其中既包括债务融资约束也包括股权融资约束。龙海明等（2015）认为，天然的或人为的不完全信息的存在导致逆向选择和道德风险问题，间接导致了小微企业的融资约束。

（二）针对小微企业融资难成因的研究

1. 金融结构和外部制度环境对小微企业融资的影响

林毅夫和李永军（2001）认为，以国有大银行为主体高度集中的金融机构是计划经济时代的产物，我国以大型企业为主要服务对象的商业银行体系难以与中小微企业的融资需求相匹配，银行规模结构和企业结构的错配造成我国小微企业融资困难。卢峰和姚洋（2004）认为，四大国有银行的垄断经营造成了金融压抑与低效的局面，进而导致银行出现了严重的信贷歧视，更愿意向国有大企业发放贷款，而压抑对小微企业的信贷活动。孔曙东（2007）认为，大型商业银行在面对小微企业融资需求时，对其具有内生性歧视、规模性歧视、结构性歧视和政策性歧视，使其很难获得贷款。袁增霆（2010）认为，我国目前的金融结构导致大企业对小企业存在挤出效应，小企业融资困难。周孝华和张保帅（2012）认为，当前我国金融体系依然是以四大国有银行为支撑，能够满足数量庞大的小微企业融资需求的中小金融机构数量偏少，而且中小金融机构根据利润最大化原则，也更愿意为国有大型企业提供融资服务，导致小微企业处于被融资边缘化的局面。吴晓俊（2013）分析了政府行为及由此带来的政策环境的影响，得出政策环境越差融资成本越高，缺乏政策支持，导致小微企业融资难的结论。

2. 小微企业自身特征对其融资的影响

孔曙东（2007）、肖兰华（2008）认为，小微企业自身存在的治理结构不健全是造成其融资难的主要原因。张杰（2000）、曹凤岐（2001）、苏存（2005）、赵驰（2012）认为，小微企业自身的信用缺失是造成其融资难的主要原因。白重恩（2005）、胡旭阳（2006）、于蔚（2012）和王伟（2013）认为，小微企业与政府的关系是造成其融资难的原因之一。杨军（2003）认为，小企业的所有权结构混乱、经营状况不稳定和信用评级低是造成其融资困难的主要原因。胡乃武（2006）认为，小微企业的管理风格和经营模式主要取决于管理者个人，因此由信息不对称导致的道德风险更为严重，是造成其融资难的主要原因。陈蕾（2011）认为，小微企业缺乏健全的财务制度，财务信息不规范和财务报表不可靠等“硬信息”条件不能满足银行信贷的标准，导致其不能获得信贷支持。

（三）针对小微企业融资难问题解决对策的研究

1. 发展大型商业银行

邓超（2010）认为，大型银行具有资金、信息、网点、声誉和技术等优势，能够为我国小企业提供融资、结算、理财和咨询等全面的金融服务，而且大型银行也需要开辟小企业客户群体以形成新的利润增长点。田志鹏和张欣（2012）通过分析美国富国银行小微企业贷款的经验发现，不只有中小型银行才能为小微企业提供信贷服务，美国富国银行作为美国的第四大银行仍然可以非常出色地向小微企业放贷，并且取得了较好的回报。

2. 发展中小金融机构

林毅夫和李永军（2001）、蒋海（2002）、谭小芳和张弥（2010）、王健聪（2012）认为，要解决小微企业融资难问题，应该发展中小金融机构并建立以中小银行为主体的银行体系。纪琼骁（2003）认为，解决小微企业融资难的根本途径是建立小微企业政策性银行。邢道均和叶依广（2011）认为，农村小额贷款公司可在一定程度上缓解农村小微企业的融资约束。

3. 发展民营金融机构

张维迎（1994）认为，小微企业最重要的资金来源是民间金融。张杰（2000）提出应发展民营机构来化解小微企业融资难的困境。林毅夫和孙希芳（2005）认为，非正规金融机构具有搜集小微企业“软信息”的相对优势，能够克服正规金融所克服不了的信息不对称问题。张杰和尚长风（2006）认为，当小企业无法从正规金融机构满足其融资需求时会自然转向民间借贷。田秀娟（2009）认为，非正规金融具有信息成本和交易成本低的优势，是县域小微企业主要的外源融资渠道。郭斌和刘曼路（2012）对温州地区进行实证研究分析后认为，政府应该大力发展民间金融解决小微企业的融资问题。

4. 发展多层次资本市场

苏峻（2011）认为，大力发展公司债券市场对小微企业通过发行公司债的方式进行融资提供了有利条件。郭树清（2012）强调，应该大力发展资本市场，利用其为处于不同发展阶段的企业特别是处于融资劣势地位的小微企业提供股权和债权等融资服务。王东明（2012）认为，证券业应在解决小微企业融资难问题中发挥重要作用，其服务于小微企业融资的可行渠道包括资产证券化、股票质押式回购和私募债券。滕宏旭（2012）认为，应该大力发展融资租赁，为小微企业提供开展生产经营活动所必需的生产资料，这样一方面可以规避小微企业使用资金的随意性，另一方面也凭借租赁物降低了债权人的风险。高连和（2012）提出了信贷工厂和集合融资的扩展模式。邹高峰、张维和熊熊（2013）提出发展担保机构可在一定程度上缓解小微企业融资约束。

5. 完善金融制度框架

马建会（2003）认为，由多家小微企业组成的企业联盟或集群组织可以帮助小微企业更方便地获得金融机构的融资支持。赵玉海（2004）认为，由政府建立完善的制度框架，有助于科技型小企业从市场获得融资支持。江曙霞和刘二斌（2004）以制度经济学理论为基础，提出小微企业市场因激励与约束制度供求不均衡引起信息不对称，有效制度供给可解决这一问题。刘峰涛（2006）提出通过构建企业孵化器制度在金融机构和小微企业之间搭建起资金融通的桥梁，可以在一定程度上缓解小微企业融资难的局面。苏峻（2011）认为，网络信用能够为小微企业提供更多机会，进而有效地推动银行解决小微企业融资难问题。胡晖和张璐（2015）提出，推进利率市场化改革，可以减少信息不对称和信贷配给，缓解融资约束。

第二节　我国小微企业融资现状分析

一、小微企业相关理论概述

（一）小微企业的概念

2011 年 9 月，工业和信息化部、国家统计局、国家发展改革委、财政部研究制定了《关于印发小微企业划型标准规定的通知》（工信部联企业〔2011〕300号），该通知在原先划分的中型、小型企业之外，加入了微型企业这一新类别，将微型企业正式纳入了我国官方统计口径。同年11月，经济学家郎咸平教授将小型企业和微型企业合并，提出了“小微企业”的概念，自此，小微企业逐渐成为了学术界讨论的热点问题。现实中我国小微企业是小型企业、微型企业、家庭作坊式企业和个体工商户的统称。小微企业是小型企业和微型企业的统称，其具体标准如表1-1所示。

表1-1 小微企业划分标准

行业分类	微型企业			小型企业		
	营业收入（万元）	资产总额（万元）	从业人数（人）	营业收入（万元）	资产总额（万元）	从业人数（人）
农、林、牧、渔业	0~50	—	—	50~500	—	—
工业	0~300	—	0~20	300~2000	—	20~300
建筑业	0~300	—	—	300~6000	—	—
批发业	0~1000	—	0~5	1000~5000	—	5~20
零售业	0~100	—	0~10	100~500	—	10~50
交通运输业	0~200	—	0~20	200~3000	—	20~300
仓储业	0~100	—	0~20	100~1000	—	20~100
邮政业	0~100	—	0~20	100~2000	—	20~300
住宿业	0~100	—	0~10	100~2000	—	10~100
餐饮业	0~100	—	0~10	100~2000	—	10~100
信息传输业	0~100	—	0~10	100~1000	—	10~100
软件和信息技术服务业	0~50	—	0~10	50~1000	—	10~100
房地产开发经营	0~100	0~2000	—	100~1000	2000~5000	—
物业管理	0~500	—	0~100	500~1000	—	100~300
租赁和商务服务业		0~100	0~10	—	100~8000	10~100
其他未列明行业		—	0~10	—	—	10~100

资料来源：笔者根据《关于印发小微企业划型标准规定的通知》（工信部联企业〔2011〕300号）整理。

2012年，中共十八大第一次把小微企业的发展问题写入政府工作报告，提出要“支持小微企业特别是科技型小微企业发展”。2016年2月，西南财经大学中国家庭金融调查与研究中心发布的《小微企业税收政策研究报告》显示，截至2014年底，我国共有小微企业约7000万家，其中，个体工商户约5600万家，法人小微企业约1400万家。这7000万家小微企业规模虽小，但在国家相关政策扶持下贡献卓越，2014年年产值19.08万亿元，GDP占比升至30%，共吸纳2.37亿人就业，占总就业人数的30.7%。作为国民经济发展的生力军，小微企业发挥着越来越重要的作用。

（二）小微企业的特点①

1. 投资主体和组织形式多元化

小微企业涵盖了国有集体、私营和外资等城乡各类企业所有制形式，但以非公有制企业为主体，多数为私营企业。“十二五”期间，各级政府逐步取消了制约非公有制经济发展的制度性障碍，积极鼓励和引导民间资金投资企业，并进一步加大了对小微企业发展的扶持力度，促进了私营和混合所有制形式的小微企业的快速发展。国家工商总局2014年数据显示，我国80.72%的私营企业均为小微企业，构成了我国小微企业的主体。

2. 行业分布不平均

从小微企业的行业分布看，一方面，小微企业勇于创新，不断投资于各类新兴行业和业态；另一方面，小微企业大多集中于以产品初加工和服务低层次为特征的传统行业。截至2013年末，在我国全部小微企业中，分布在服务业领域的小微企业单位数和从业人员数分别达到518.6万家和14729.7万人，分别占全部小微企业单位数和从业人员数的66.1%和38.4%。截至2013年末，在我国全部小微企业中，分布在制造业领域的小微企业单位数和从业人员数分别为219.1万家和6877.1万人，分别占全部小微企业单位数和从业人员数的27.9%和46.7%。小微企业的行业分布体现出向服务业领域不断集中、制造业比重不断下降的特点。

3. 地区分布不平衡

小微企业的地区分布与区域经济发展水平具有显著的正相关关系，市场经济越发达、市场机制越健全的地区，往往小微企业越集中。截至2013年末，在我国全部小微企业中，分布在东部地区的小微企业单位数和从业人员数分别达到485.4万家和8446.8万人，分别占全部小微企业单位数和从业人员数的61.8%和57.3%。在我国全部小微企业中，分布在中部地区的小微企业单位数和从业人员数分别为134.9万家和3052.8万人，分别占全部小微企业单位数和从业人员数的17.2%和20.7%。可见，小微企业主要分布在东部，中部地区逐步增加，区域间分布不平衡呈缩小趋势。

---

① 本部分所使用数据无特别说明都来源于2013年第三次全国经济普查资料。

（三）小微企业的作用

1. 小微企业提高了社会就业率

创办小微企业的门槛低、速度快，小微企业涵盖的行业多、门类广，使其成为了我国创造就业岗位的主力军。2008～2013 年，我国第二产业、第三产业企业就业人员由 21889.4 万人扩大到 29123 万人，增加 7233.6 万人，增长 33%。期间，新开业小微企业吸纳 5964.6 万人，对第二产业、第三产业企业就业人员增长的贡献达到 82.5%，拉动第二产业、第三产业企业就业人员增长 27.2 个百分点。[①] 就业率的提高，对维持我国社会稳定发挥了至关重要的作用。

2. 小微企业优化了产业结构

小微企业是促进产业结构优化的重要载体。小微企业的优势之一是退出成本相对较低，凭借其规模小、决策灵活的特点，小微企业已从原来的传统制造业逐渐延伸到高新技术等新兴产业。小微企业的企业主往往具有坚忍的意志和敏锐的眼光，他们不断引进新产品、新技术和新工艺，在带动自身发展的同时，还实现了高新技术成果的产业化。

3. 小微企业促进了经济增长

小微企业分布涵盖了我国国民经济大部分行业，是我国实体经济的重要组成部分。截至 2013 年底，小微企业贡献了 58.5% 的 GDP、68.3% 的外贸出口额、65% 的发明专利、52.2% 的税收和 80% 的就业，足见小微企业在推动国民经济增长和社会发展中的重要作用。[②]

二、小微企业融资的特点

（一）小微企业具有独特的融资需求

由于小微企业规模小、固定资产占比较低，所以大部分的融资目的在于满足临时性的资金周转需求，单笔融资期限短、额度小、融资频率高；由于小微企业财务信息透明度低、治理结构简单、缺乏抵押物和抵御外部风险能力弱，所以很难通过资本市场直接融资，而商业银行往往又对其设置了较高的门槛，使其融资渠道狭窄、融资成本高；从小微企业整体来看，由于其基数大、发展快，融资总量快速增长。

（二）小微企业更多依靠内源融资

受制于内外部条件的约束，小微企业在选择融资方式时往往会首选内源融资。在小微企业成立初期，缺乏标准合规的财务信息和良好的信用记录，也没有

---

① 田芬. 小微企业发展状况研究［R］. 国家统计局统计科学研究所，2015.

② 国家工商总局全国小型微型企业发展报告课题组. 全国小型微型企业发展情况报告（摘要）［EB/OL］. http://www.gov.cn/xinwen/2014-03/31/content_2650031.htm.

价值含量高的固定资产作为抵押物，因此难以满足外源融资的条件，只能更多地依靠企业内部资金的积累。调查显示，82.5%的小微企业没有自己的厂房；有贷款的小微企业中，使用过厂房作抵押的小微企业的比例为9.8%，使用过机器设备作抵押的小微企业的比例为6.9%，38%的小微企业主曾使用私人资产作为抵押。① 此外，小微企业即使选择了外源融资渠道，也主要依靠向亲戚朋友借款。调研数据显示，处于起步阶段或规模较小的微型企业选择向亲戚朋友借款的比例（24.3%）高于小型企业（7.5%）。②

（三）小微企业更倾向于选择民间金融

由于小微企业自身内部原因以及现阶段我国金融制度的缺陷，长期以来我国小微企业很难从银行等正规金融体系中获得资金。全国工商联的调查数据显示，规模以下的小企业90%没有与金融机构发生过任何借贷关系，微型企业95%没有与金融机构发生过任何借贷关系。③ 因此，更多的小微企业选择了民间金融和非正规金融等渠道，民间金融对银行贷款等正规渠道发挥着“小额替代、大额补充”的作用。基于西南财经大学中国家庭金融调查与研究中心的调研数据，借款金额在5万元以下时，近80%的小微企业会选择从民间金融机构借款，而到100万元以上的大额资金时，超过3/4的小微企业则选择去银行申请贷款（见图1－1）。

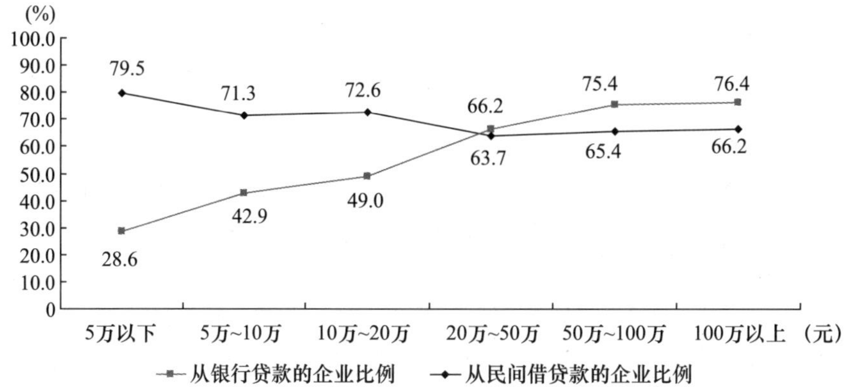

图1－1　小微企业借债规模与借债渠道

资料来源：李凤，兰岚．小微企业借债难　5万以下基本靠民间借贷［EB/OL］．http：//finance.sina.com.cn/zl/bank/20140625/132719518418.shtml，2014－06－25.

①②③　巴曙松等．小微企业融资发展报告：中国现状及亚洲实践［R］．博鳌观察，中国光大银行，中国中小企业发展促进中心，2013.

三、小微企业的融资方式分析

企业的融资方式可以分为内源融资和外源融资两种类型，按照融资过程中是否有金融中介的参与，外源融资分为直接融资和间接融资两种方式；按照融资完成后形成的资本结构，外源融资又可分为股权融资和债权融资两种方式。小微企业融资难主要表现在同等条件下，其外源融资难度要大于那些发展相对成熟的大中型企业。

（一）小微企业的内源融资

内源融资通常是指企业根据自身的发展状况，从企业内部融通的资金，表现为企业在创建过程中的原始资本积累及在经营过程中的剩余价值积累，包括股本、留存收益等。由于小微企业特殊的社会地位造成其外源融资存在一定的困难，加上内源融资的机会成本远低于外源融资，所以我国小微企业表现出明显的内源融资依赖。对小微企业来说，内源融资成本低、灵活性强，企业处于主动地位，而且为推进小微企业发展，我国近年来也连续出台针对小微企业的税收优惠政策，通过税收的减免可以提高小微企业的税后利润，其内源融资能力得到进一步加强。在市场整体融资难的背景下，要想维持内源融资，小微企业必然会努力改善经营水平，挖掘自身潜力，提高盈利能力。但内源融资的最大缺陷在于，资金有限且无杠杆机制，当企业把很多积累资金用于扩大再生产时，其抵御外部风险的能力就会减弱。此外，企业在高度依赖内源融资的情况下，会更倾向于投资自己熟悉的传统领域，在某种程度上阻碍了其技术创新和市场竞争力的提高。

（二）小微企业的外源性股权融资

从理论上讲，小微企业的外源性股权融资渠道主要包括三种：一是亲朋好友、业务伙伴投资入股；二是凭借创新的技术或商业模式获得天使投资或风险投资等股权投资机构的垂青；三是以创业板、“新三板”作为平台，公开发行股票融资。绝大多数小微企业由于与外部投资人之间的信息不对称程度较高，只能选择第一种融资渠道。少数具有创新潜质的小微企业可借助第二种渠道，而且股权投资机构给其带来的不仅有资金，还有先进的管理技术和经验等增值服务。关于第三种渠道，从我国现实情况来看，绝大多数小微企业难以达到创业板的财务准入标准，而且小微企业的平均寿命短、死亡率高，不仅是我国，从世界范围来看，小微企业都很难依靠上市融资。

（三）小微企业的外源性债权融资

从理论上讲，小微企业的外源性债权融资渠道主要包括两种：一是从以商业银行、信用社等为主体的正规金融机构获得短期或长期贷款；二是从其他企业、民间金融机构或亲戚朋友等处获得拆借或其他形式的非正规债务融资。但从现实情况来看，除了向亲戚朋友借款外，从小额贷款公司和民营中小型贷款银行贷款是小微企业比较理想的获得债务融资的主要方式。小额贷款公司是由自然人、企业法人与其他社会组织投资设立，不吸收公众存款，经营小额贷款业务的有限责任公司或股份有限公司。小额贷款公司的贷款服务具有“短、频、快”的特点，与小微企业的融资需求能够较好地吻合，根据中国人民银行 2016 年 1 月发布的《2015 年小额贷款公司统计数据报告》，截至 2015 年末，全国共有小额贷款公司 8910 家，贷款余额 9412 亿元，小额贷款公司的发展已经从以往的机构数量快速增长期过渡到了更加注重质量的阶段。不过小额贷款公司受到“只贷不存”的约束，当小微企业的融资需求过于旺盛时，其资金规模有限的劣势便凸显出来。相比之下，民营的中小型贷款银行在拓展小微企业贷款业务方面则具有较强优势，其在吸收社会存款的基础上发放贷款，额度相对较高；而且其业务范围以本地为主，所以其与小微企业之间的信息不对称程度和信用调查监督成本相对较低，能够更好地控制风险。2015 年被称为中国民营银行“元年”，首批 5 家试点民营银行全部顺利开业（见表 1－2），同时随着银监会《关于促进民营银行发展的指导意见》的出台，2016 年 2 月，国家工商行政管理总局已经预先核名 100 多家民营银行，民营银行的受理全面开闸。

表 1－2　我国首批五家民营银行具体情况

民营银行	开业时间	地区	主发起人	营业模式	模式简介
微众银行	2014 年 12 月 16 日	广东	腾讯公司、百业源投资有限公司、立业集团	小存小贷	重点服务个人消费者和小微企业
民商银行	2015 年 3 月 26 日	浙江温州	正泰集团、华峰集团	特定区域存贷款	限定业务范围、区域范围
金城银行	2015 年 4 月 27 日	天津	华北集团、麦购集团	以公存公贷为主	对公业务大致占七成
华瑞银行	2015 年 5 月 23 日	上海	均瑶集团、美特斯邦威集团	特定区域存贷款	限定业务范围、区域范围
网商银行	2015 年 6 月 25 日	浙江	阿里巴巴集团、复星集团、万向三农集团、宁波市金润资产经营有限公司	小存小贷	重点服务个人消费者和小微企业

资料来源：毕马威．2015 年中国银行业调查报告［EB/OL］．http：//kpmg. com/cn，2015.

（四）我国小微企业的创新型融资模式

小微企业金融服务中，服务供给方存在“信息收集难、风险控制难、成本控制难”三个问题，服务需求方又存在“求贷无门、手续烦琐、等待期长”三种担心，为了解决这一矛盾，我国在解决小微企业信贷融资方面也出现了许多创新型融资模式。

1. 联保贷款模式

联户联保贷款是由孟加拉国乡村银行在20世纪70年代发明的，是针对消除孟加拉国农村绝对贫困而提出的一种信贷资金支持模式，其发起人尤努斯因此而获得2006年诺贝尔经济学奖。我国的联保贷款模式是小微企业（一般3个以上）依据一定的规则组成联保体，由银行对联保体内成员进行授信，成员之间相互承担连带保证责任的一种融资新模式。根据“自愿联合、综合授信、责任连带”的原则，当联保体内任意一家企业不再具有还款能力时，其他企业应替欠债企业偿还本息，否则整个联保体都会失去再贷款的资格。因为联保体成员多为生意伙伴，因此某成员一旦违约，将很难继续在生意场上立足，因此联保模式可以有效地震慑潜在失信者，督促其履约还款。此外，该模式以点连线、以线带面，增加了银行客户数量，形成了社会、银行以及企业的多赢局面。

2. 信贷工厂模式

“信贷工厂”是由新加坡淡马锡金融控股集团首创，致力于解决中小型企业融资难题的一种业务模式。“信贷工厂”意指银行像工厂标准化制造产品一样对信贷进行批量处理。具体而言，就是银行对小微企业贷款的设计、申报、审批、发放、风控等业务按照“流水线”作业方式进行批量操作。在信贷工厂模式下，信贷审批发放首先要做到标准化；在贷款过程中，客户经理、审批人员和贷后监督人员专业化分工；最后，为了监控风险，采用产业链调查方法，从不同角度对借贷企业进行交叉印证。以中国民生银行为例，该行推出的“商贷通”已经成为小微企业贷款产品中的领头羊，其贷款担保方式包含了抵押、保证、联保、应收账款质押、信用等多达11种，并且通过引入信贷评分卡、集中处理中心等方式，建立了“信贷工厂”作业模式。通过审批流程的再造，使得贷款流程从申请到放款效率提高了1倍。

3. 无抵押小额贷款模式

无抵押小额贷款，即小额信用贷款，债务人无须提供抵押品或第三方担保，仅凭自己的信誉就能取得贷款，并以借款人信用程度作为还款保证。对小微企业来说，无抵押小额贷款的优势在于无须抵押、快速贷款、申请流程简易、审批速度极快，提供一站式融资方案并与国际银行建立信用合作关系。以渣打银行为例，在中国，渣打银行2003年就建立了专门的小微企业服务团队，是最早在华设立小微企业部门的外资银行，小微企业业务是渣打银行小微企业业务的重要组成部分。“小微企业无抵押小额贷款”是渣打银行根据小企业的经营规模和拓展需求，率先在中国推出的一种全新的融资产品，其手续简洁、审批迅速（提供全部材料后 7 ~ 10 个工作日内批复）；贷款期限灵活（1 ~ 3 年），贷款金额大（10 万 ~150 万元）；按月分期还款，配合企业正常经营现金流，降低企业财务压力，并且随时支持提前还款；企业正常还款 9 个月以上，可便捷申请续贷，享受更多优惠；通过集存款与还款于一身的账户，有望享受优惠的国内人民币汇款手续费；帮助企业建立国际信用，扩大国际网络，有助于企业日后的海外上市和企业主申请移民。

4. 产业链金融模式

产业链金融模式是指金融机构以产业链的核心企业为依托，针对产业链的各个环节，设计个性化、标准化的金融服务产品，为整个产业链上的所有企业提供综合解决方案的一种服务模式。产业链融资模式适用于处于稳定的产业链条上的小微企业，其本质是小微企业借用产业链中大企业的信用来获得融资。由于产业链中大企业与小微企业之间具有较稳定的合作关系，所以可以通过产业链的信息流获取小微企业的信息，控制风险和成本。产业链金融的服务模式表现为“M + 1 + N”，其中“1”代表核心企业，“M”、“N”代表上下游企业（见图 1 – 2）。银行通过对产业链上的“M”或“N”与“1”之间资金的综合分析，在有效规避银行授信风险的前提下，为产业链上的各个企业提供金融服务。产业链金融模式在我国的典型案例包括中国光大银行的“链式快贷”模式、中国民生银行的“乳业产业链金融”模式。

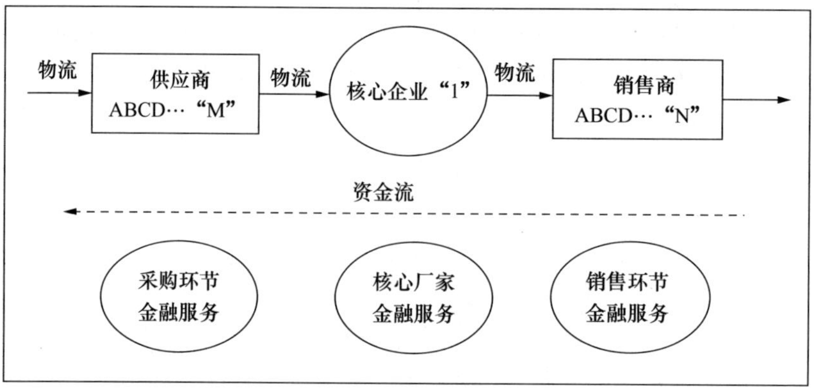

图 1 – 2 产业链金融的“M + 1 + N”模式

资料来源：笔者绘制。

5. 抵押机制创新模式

缺乏合适的抵押品是小微企业被挡在金融机构大门之外的重要原因之一，所以解决小微企业融资难的方法之一就是放宽和改善抵押贷款条件、创新抵押方式。各地金融机构针对小微企业所处的生长周期、行业特点，开发了不同创新形式的抵押品，例如，针对工业生产企业推出存货、应收账款、经营权质押等产品；针对高新技术企业及文化企业，探索以专利权、著作权等知识产权质押贷款；针对商贸流通企业以流动资产为主、抵押物不足的特点开发了保兑仓、融通仓等仓单抵押产品；针对企业的资金需求情况推出流动资金最高限额循环贷款，最高额抵、质押贷款等模式。可作为抵押品的范围，从原材料、设备产品已扩展到订单、仓单、技术合格证；担保的主体，从单个企业自身已扩展到整个行业及产品供应链。综合来看，当前抵押品创新发展的特点是从“物”向“权”转变，抵押资产的类型从“有形”转变为“无形”。

第三节 典型国家解决小微企业融资问题的实践

世界各国在着力解决小微企业融资问题的实践过程中，形成了一些有效的制度体系、积累了一些经验做法，可为我国小微企业解决融资问题提供参考。

一、以美国为代表的市场主导型模式

美国小微企业融资是典型的市场主导型模式，即政府较少对其实行直接的政策性贷款，而主要依靠市场的力量引导民间资金支持小微企业的发展。美国政府对于小微企业的支持主要体现在对于公平融资环境的培育和政策上的引导，建立健全小微企业多元化的融资体系。1953 年，美国国会通过了《小企业法案》，该法确立了小企业的法律地位、管理措施和基本政策，此法案出台后，美国对于小企业的政策发生了实质性的改变，从过去对小企业作为公平竞争主体的“一味保护”转变为“支持和保护相结合”。依照此法案，美国政府成立了管理、服务全国小微企业发展的美国联邦小企业管理局（Small Business Administration，SBA），其主要职能是为美国小微企业提供融资担保，但并不干预商业银行对小微企业贷款的自主权。

（一）信用担保融资模式

在美国，信用担保是小微企业获得银行贷款的一个非常重要的前提条件，通过信用担保体系的构建，降低了商业银行在给小微企业发放贷款时的风险，提高

了商业银行的放贷积极性。美国的小微企业信用担保体系主要包括三个层次：

第一层次是全国性的小微企业信用担保体系。这层体系由 SBA 负责组织和运行，其基本操作流程是：小微企业首先向商业银行申请贷款，商业银行自主决定是否放贷和是否向 SBA 申请担保。SBA 在接到担保申请后，根据申请人所处行业、企业规模、资金用途和其他条件决定是否给予担保。当然担保也是有条件的，例如，需要一定的抵押，必须实缴一定的资本金，贷款资金不得用于非生产经营活动，贷款利率相对较高，贷款期限相对较长，要有明确的还款计划。

第二层次是区域性的信用担保体系。这一层次主要是各级地方政府根据本地区小微企业的特点和融资需求而建立的，为地方小微企业融资建立了制度化渠道。例如，美国加州针对当地小微企业出口贸易繁荣而建立了出口信用担保体系，主要帮助小微企业扩大出口。

第三层次是社区性信用担保体系。这是最基础的信用担保体系，在美国有许多社区小型金融机构，与此相对应，美国各地都有社区性信用担保体系，主要是针对本社区内的创业困难人员提供融资担保。为此，在美国还有专门的《社区再投资法案》，这为许多小企业在创立初期资金紧张提供了良好的解决途径。

（二）美国小微企业投资公司计划（SBIC）

1958 年出台的《小企业投资法案》中最具创新性的规定之一是经 SBA 批准可以成立私人经营的小微企业投资公司（Small Business Investment Corporation, SBIC）。该计划主要针对处于萌芽期或者创业初期的小微企业，特别是那些侧重研发的高新技术小微企业。SBIC 的资金来源包括自有资金、政府的匹配杠杆资金以及通过 SBA 担保发行债券和参与型证券。SBA 负责管理 SBIC，并且采用了多种组合扶持方式，包括政府权益担保、人才培养与信息服务和法律制度支持等，如图 1－3 所示。为了鼓励 SBIC 积极参与风险投资，政府规定 SBIC 的发起人每投入 1 美元到风险投资项目中，就可从政府得到 4 美元的利率仅为 2% 的低息贷款以及享受特定的税收优惠。这样既解决了政府直接参与投资可能导致的低效率和腐败问题，又更好地发挥了政策性金融的杠杆效应。SBIC 的运行流程如图 1－4 所示。美国 SBIC 计划经历了三个发展阶段：①

第一阶段（1958～1994 年）：以优惠利率贷款为主要募资模式。这一阶段，SBIC 计划主要通过从小企业管理局获得优惠利率贷款的方式来获得政策性资金支持。1958～1994 年，SBIC 为大约 7.8 万家小企业提供了 130 亿美元的长期优惠利率贷款支持。同时，SBIC 计划也在不断进行制度调整，优化操作模式，直接涉及的法案包括《小企业投资法案（1958）》、《小企业投资法案（1967 年修

① 龙飞，王成仁．美国 SBIC 计划的经验及启示［EB/OL］．滚米网，http：//www. gunmi. cn/v/65bdde.

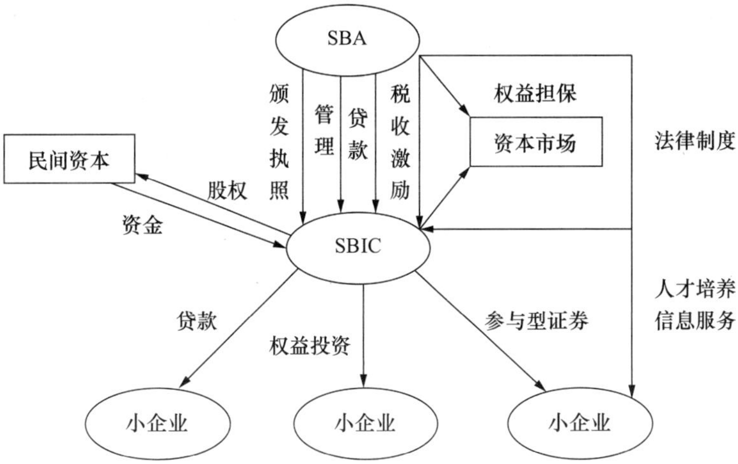

图 1-3 美国 SBIC 的运行模式

资料来源：杨军. 中国创业风险投资发展与政府扶持研究［D］. 南京农业大学博士学位论文，2006.

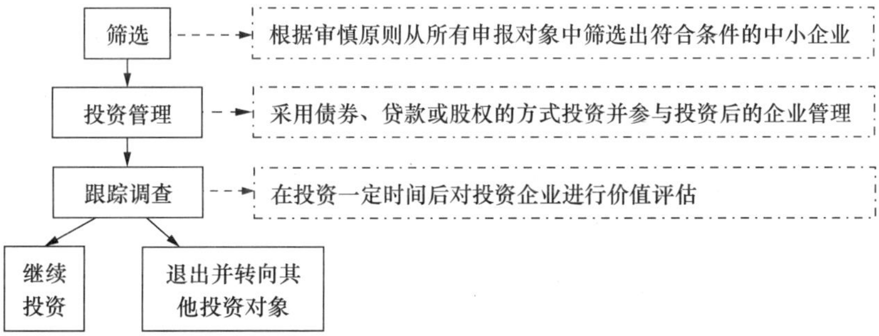

图 1-4 美国 SBIC 的运行流程

资料来源：笔者绘制。

订版)》、《银行控股公司法案（1967）》等。这一阶段，SBIC 在优化美国创新环境、鼓励创新方面发挥了重要作用，如成功培育了英特尔、耐克等著名国际企业。

第二阶段（1994 ~2008 年）：杠杆融资成为募资模式新突破。第二阶段的重要进展是创造出杠杆融资的方式，包括债权担保融资和股权担保融资两种模式。1994 年，小企业管理局在 1985 年对债务融资给予担保的基础上进一步完善债券担保机制，允许 SBIC 延迟优先支付，直至累计获取利润，促进了 SBIC 进行股权投资，同时推出股权担保融资模式。美国出台了《小企业计划改进法案（1996）》、《SBIC 技术性修正法案（1999）》、《SBIC 修正案（2000）》等。SBIC

计划在这一阶段取得了快速发展，1994～1998 年，新注册的 138 家 SBIC 初始私有资本达 18 亿美元，超过了此前 35 年 SBIC 计划筹集的私有资本的总和。这一阶段，SBIC 投资的小企业创新项目约 3 万项，投资资金约 300 亿美元，对美国创新环境的优化具有显著促进作用。

第三阶段（2008 年至今）：运营模式与机制逐渐成熟。第三阶段 SBIC 计划的运营模式与机制已基本稳定并逐渐成熟。2008 年金融危机爆发后，美国颁布了《美国复兴与再投资法案（2009）》，SBIC 计划也相应有所调整，明确修改了 SBIC 在进行权益投资时的比例限制，将最大权益投资比例由原来的 20% 调整为 10%，减弱了 SBIC 对被投资企业的控制权，更好地保障了创新企业独立发展。数据显示，截至 2014 年 6 月，SBIC 计划共有在册公司 292 家，投资了 16.6 万个小企业创新项目，累计投资金额达 670 亿美元，成功培育出苹果（Apple）、惠普（HP）、Intel、联邦快递等一大批著名的创新型跨国企业。

（三）美国小微企业技术创新计划（SBIR）

20 世纪 80 年代以前，美国的大学、研究机构以及大企业垄断了政府大量的科研经费预算，为了鼓励小企业的技术创新，1982 年，美国国会通过了《小企业创新发展法案》（SBIDA），建立了小微企业技术创新计划（Small Business Innovation Research，SBIR）。该计划通过立法规定，所有研究开发预算超过 1 亿美元的联邦机构（包括国家科学基金、国防部、能源部等 10 个部门）每年必须将其对外研究费用的固定百分比用于支持小企业，对进行新构想、新技术可行性探索的企业，资助金额最高可达 10 万美元，资助期限约为 6 个月。对通过上述阶段优选出的可以正式开展研发工作的研究项目，最多可以在两年内获得 75 万美元资助。在最终将研发的成果由实验室推向市场的过程中，SBA 将不再资助，但要求企业获得私人风险投资或非 SBA 的官方投资。在 SBIR 计划的支持下，美国激光、医学、机器人等领域研究成果的商业化都取得了长足的发展，由此形成的技术和产品进一步增强了美国在世界范围内的竞争优势。

二、以日本为代表的政府主导型模式

日本对中小微企业的融资支持体系是典型的政府主导型模式，日本政府首先根据中小微企业发展实际出台各类支持其融资的法律制度，然后依据法律出台各种政策细则和成立具体的机构，以此确定了政策制定和机构设立的合法性。日本政府成立了专门为小微企业服务的政府金融机构，它是由政府直接提供资金或债务担保、原则上不接受存款的非营利性金融机构，虽然个别机构也有少量民间资本的参与，但其资金来源主要依靠政府。

日本专门服务于小微企业的政府金融机构主要包括国民生活金融公库、小微企业金融公库和商工组合中央金库三家。三家金融机构业务各有侧重，国民生活金融公库和小微企业金融公库都面向小微企业提供融资服务，只不过前者针对规模较大的企业，后者针对规模较小的企业；商工组合中央金库服务对象主要是其出资团体和金库成员，是一般部门性金融机构。

日本政府对小微企业的融资支持还包括信用担保和信用保险制度的双层担保，其制度特征如下：首先，由政府出资设立信用担保协会，该协会对小微企业的贷款进行担保；其次，由政府出资为主设立的信用保险金融机构（即日本的小微企业综合事业团）向信用担保协会进行保险。这种双层担保制度既满足了缺少充足抵押品的小微企业的融资需求，又化解了政府担保可能产生的金融风险。此外，在完善政府担保制度的同时，日本政府也通过一系列扶持商业银行的政策鼓励商业银行向小微企业放贷，相比于韩国强制商业银行向小微企业贷款的政策，日本政府在商业银行信贷政策方面更具有引导性。

日本的政府主导型模式在市场机制未能有效发挥作用的情况下，确实对缓解小微企业融资难局面发挥了积极作用。但由于融资行为本身应该是一种以市场效率为主导配置的结果，所以这种模式也具有如下明显的劣势：政府直接入市易导致政府企业化的趋势和与民争利的情形；政府在融资过程中身兼“裁判”和“运动员”双重身份导致政府金融机构低效和腐败问题等。

三、以欧盟为代表的金融工程项目模式

欧盟委员会对金融工程项目的定位为利用公共资金支持小微企业，并使之得到循环利用，充分发挥政府资金的杠杆作用，最终帮助企业获得私人部门的投资。金融工程项目中采用了一系列支持小微企业的融资形式，诸如贷款、权益融资、夹层融资和担保等。

就股权融资形式来说，早在 1987 年，欧盟委员会就建议采取政府资助的风险资本措施，2002 年推出了风险资本融资地区政策指南，在该指南中详细分析了使政府融资支持效益和影响力最大化的融资技巧，通过使用金融工具取代传统的拨款，不仅能使公共部门收回投资，而且使政府资源对经济可持续发展和就业创造方面的引导能力显著加强。欧盟项目指南（2000 ~ 2006）中第一次明确提出了金融工程项目，旨在通过公共部门和私人部门共同出资建立金融工程公司，为小微企业提供更加有效的支持，但彼时欧盟体制基金会在风险基金项目上的支出占全部支出的比例依然相对较低。欧盟资助项目（2002 ~ 2004）中再次提出了由 6 个欧盟成员国的合作机构共同运作、促进地方发展的金融工程项目，该项目通过向地方政府和企业发展促进机构提供最有效的创新金融工具，从而形成良好的示范效应，进而解决金融工程资金使用的无效率问题。但在项目的实施过程中，

由于政府官员往往对金融工具的使用技巧不熟悉，对金融工程的运作方式及附加价值不了解，成员国政府本身常常为金融工程项目的投资设置了许多障碍，传统的拨款和补贴仍然是首选的金融工具。因此，项目参与国定期分享学习与实践的过程也是该项目的重要组成部分，项目运作的经验与反馈则在整个欧洲范围内推广。

要想使金融工程项目中推出的各种创新型的金融工具真正发挥促进企业持续成长的作用，一个“融洽的”小额信贷环境以及配套的公共政策支持必须到位，如法律法规、福利政策、金融政策及产业政策等。在这种思路下，欧盟构建了其独特的小微企业创业投资政府支持体系，如图 1－5 所示。从图 1－5 中可以看出，处于不同发展阶段的小微企业可以选择不同政策组合下的金融工具。处于前种子期阶段的企业，投入多、风险高，往往会经历一个营业额为负数的“死亡低谷”阶段，一般的机构投资人和风险投资人不会选择这样的企业作为投资对象，所以天使投资在这个阶段扮演着关键角色，企业可以根据欧盟推出的高成长创新性小微企业计划申请风险资本基金。随着企业进入创业期，对融资渠道的需求更为广泛，欧盟一方面致力于建立统一的资本市场，吸引国内外投资人的加入，另一方面鼓励对小微企业进行小额信贷。在企业进入成长期后，逐渐从非正式的风

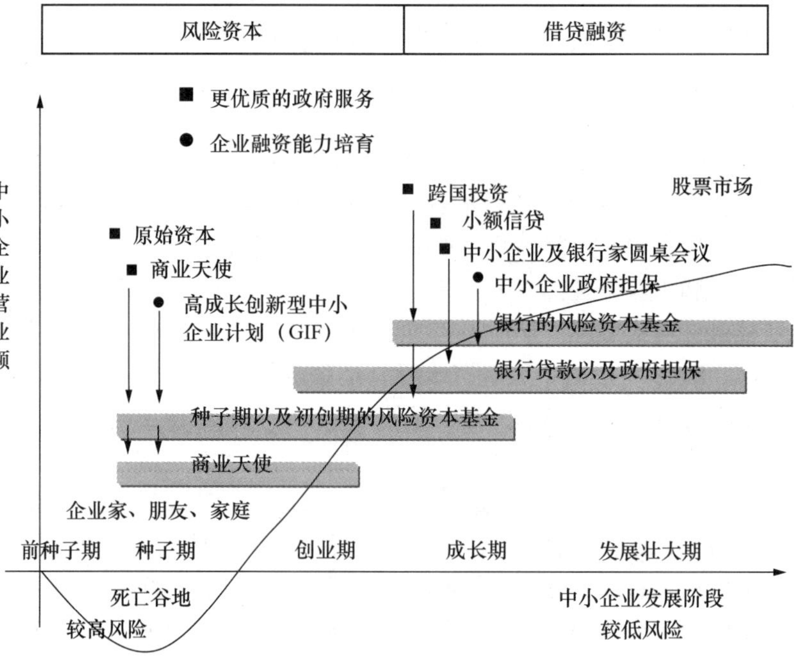

图 1－5　欧盟小微企业创业投资政府支持体系

资料来源：曾驭然．欧盟小微企业创业投资政府支持体系［J］．国际经贸探索，2007（12）：71－74.

险融资转向债务融资。欧盟委员会为了增进银行和企业之间的交流合作，定期召开小微企业及银行家圆桌会议，形成制度和备忘录。当企业的规模进一步扩大，可以在政府担保之下通过正式的风险资本基金进行融资，并最终寻求上市融资，成为优质的实体经济项目源。

第四节 经济新常态下我国小微企业融资需求变化

一、经济新常态及供给侧结构性改革

新常态概念的第一次出现是在2014年5月习近平考察河南的行程中。中国经济从2012年开始，GDP增速开始回落（见图1-6），2015年中国经济增速为6.9%，更是创下了1991年以来的新低。中国经济发展已经进入了从高速增长向中高速增长转换的新阶段，呈现出新常态，代表着经济学范式的转换、经济发展模式的转轨以及经济增长方式的转换。在新常态下，经济结构优化升级的重要性越发凸显，经济增长的动力也要从原来的要素驱动、投资驱动转向创新驱动。

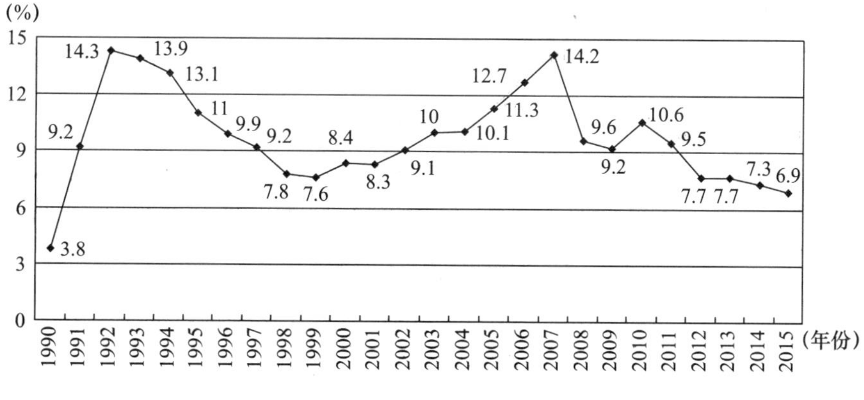

图1-6 中国GDP年度增速

资料来源：国家统计局。

经济新常态下，伴随着我国人口红利的衰减、“中等收入陷阱”风险的累积以及国际经济格局的深刻调整，我国多年来奉行的凯恩斯主义需求刺激政策效果甚微。实际上，需求不足仅仅是我国经济的表象，伴随国内有效需求不足局面的是国外消费的不断膨胀，可见，供需错配才是矛盾的实质，因此需要从供给侧着手改革（见图 1－7）。从 2015 年开始，以去产能、去库存、去杠杆、降成本、补短板为重点的供给侧结构性改革正式拉开了序幕。我国供给侧结构性改革的宗旨在于调整经济结构，使要素实现最优配置，提升经济增长的质量和数量。我国供给侧结构性改革的具体内容如图 1－8 所示。

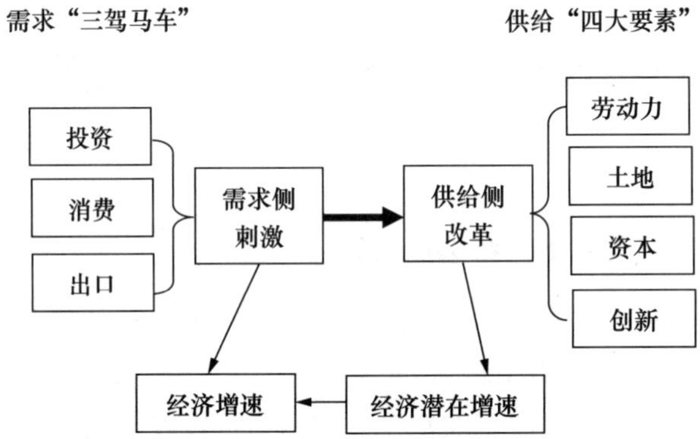

图 1－7　需求侧“三驾马车”与供给侧“四大要素”

资料来源：海通证券研究所。

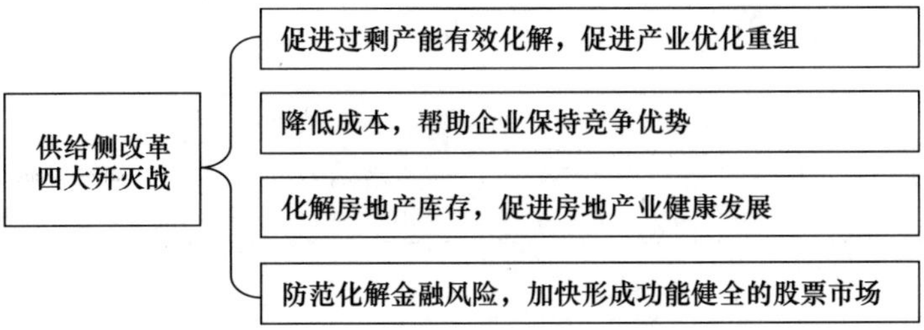

图 1－8　供给侧结构性改革的具体内容

注：“歼灭战”的说法由中财办副主任杨伟民最早提出。

资料来源：笔者绘制。

二、经济新常态促使小微企业转型升级

小微企业作为助力中国经济发展的“轻骑兵”，在中国经济新常态下，其发展也面临着诸多新挑战。面对需求增长缓慢、成本持续上涨的困境，部分效率相对低下的小微企业陷入了经营困境。而且，当国民经济处于下行周期的时候，金融机构出于风险和收益的考虑，更倾向于将稀缺的信贷资金等金融资源配置给大型企业，这在客观上形成了对小微企业的挤出效应，进一步加大了小微企业的经

营难度。因此，许多小微企业选择了主动调整，小微企业的转型升级势在必行（见图1－9）。

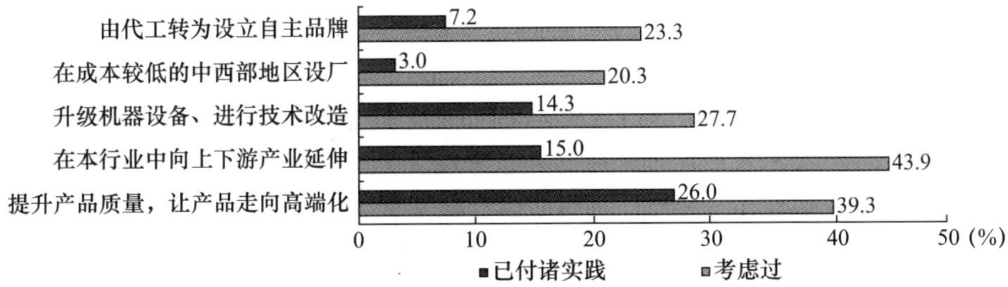

图1－9 小微企业转型升级情况

资料来源：巴曙松等．小微企业融资发展报告：中国现状及亚洲实践［R］．博鳌观察，中国光大银行，中国小微企业发展促进中心，2013.

小微企业的转型升级分为转型和升级两种形式，转型意味着企业长期经营方向、运营模式以及相应组织方式、资源配置方式的整体性转变；升级意味着生产效率的提高、产品附加值的增加，即生产技术与设备的创新与升级。结合实践来说，小微企业转型升级的形式主要包括以下六种（见表1－3）。

表1－3 小微企业转型升级的六种形式

形式	具体内容
外销转内销	在外需减少的情况下，以外销为主的企业通过开拓国内市场弥补需求
向上下游延伸	企业通过整合上下游产业链的相关资源，开拓市场，增强抗风险能力
产业转移	从原有产业退出，进入更具发展前景与活力的产业
产品升级	附加值低的产品与服务升级至附加值高的产品与服务，开拓新的市场机会
机器设备升级	购置先进设备，升级改造生产线，增强企业整体竞争力
打造自主品牌	通过建立自主品牌，掌握市场主动权，提高企业盈利能力

资料来源：笔者绘制。

当前，我国小微企业想要真正实现转型升级，面临着资金缺乏融资难、生产运营成本高、人才匮乏用工难、信息不足及技术落后等多方面制约，这些已成为阻碍其成功转型升级的“瓶颈”。但小微企业具有的生产经营方式灵活、组织成本低廉、转移进退便捷等特点，又为其转型升级带来了诸多的优势。小微企业已成为我国转变经济增长方式的重要着力点和突破口。2014年11月20日，国务院印发《关于扶持小型微型企业健康发展的意见》，从税收优惠、金融担保、创业基地、信息服务等十个方面布局小微企业长远发展，为小微企业的转型升级带来了更多的政策支持。

三、小微企业转型升级中的融资需求新特征

传统的小微企业融资需求体现出“期限短、规模小、速度急、频率高”的特征，在小微企业转型升级的过程中，不同的转型升级形式会对融资金额、融资期限以及融资条件等提出不同的要求，进而小微企业的融资需求也会随之发生变化。不同层次的金融机构需要针对小微企业融资需求的变化特征，设定向小微企业提供金融服务的可行的商业定位和商业模式，有针对性地配置金融创新产品。

（一）融资金额大且融资期限长

在转型升级过程中，小微企业需要大量的长期资金的支持。首先，无论是技术改造还是设备更新，过去以满足小微企业流动性为目的的资金供给规模显然杯水车薪；其次，我国的小微企业大多分布在制造业等劳动密集型产业，这类转型升级意愿最强的群体在转入资本密集型产业时，更需要大额资金的支持；最后，在产品升级和打造自主品牌的过程中，从前期的新产品研发，到中期的新产品生产，到后期的渠道开拓完成销售，再到最终形成自己的品牌，这是一个漫长的过程，需要稳定的、长期的资金与该过程相匹配。

（二）需广泛性创新型融资模式

不同的转型升级路径会导致小微企业的经营模式呈现差异化，也会孕育出相应的金融创新与服务机会。首先，小微企业的转型升级很多是从“重资产”行业转移到“轻资产”行业，如果继续沿用传统的固定资产抵押贷款融资会导致宝贵的金融资源被配置给那些本该淘汰的“重资产”行业，而“轻资产”行业掌握的最核心资产即是知识产权、科技成果等无形资产，因此，可以以这些无形资产进行抵押方式的创新，为小微企业开辟新的融资渠道；其次，对于选择机器设备升级的小微企业来说，购置机器设备的一次性支出是很重的负担，所以可选择融资租赁的方式来缓解企业的压力；再次，小微企业在转型升级过程中的风险是非常大的，尤其在涉及产业转移时，除了资金的支持，更需要专业的技术和行业经验的支撑，股权投资基金恰恰能同时满足这两种需求；最后，若小微企业选择向上下游延伸的转型升级形式，供应链金融是一种非常适合的融资模式。

（三）需落实差别化金融政策

转型升级过程中的小微企业往往面临很多的不确定性，具有阶段性的脆弱性，所以对于此时的小微企业应该给予差别化的金融支持，尤其应该保持其在转型升级期间所要求的长期的、大额的资金的稳定性，避免出现商业银行在压缩信贷规模时总是以小微企业为下手点的情况。应对于转型升级中的小微企业采取充

分契合其需求的、区别于一般企业的、创新型的增信模式与风险管理理念。

（四）需加强政府的资金支持

小微企业转型升级后带来的效益是具有充分的正外部性的，能够提高社会整体的福利水平。所以政府应着重落实针对小微企业转型升级过程中技术改造与创新方面的配套资金供给政策，避免那些支持企业技术改造的资金都被补贴给大型国有企业。

第二章　互联网金融兴起的理论分析与发展趋势

互联网金融是一个充满想象空间的概念，也是一个谱系概念，其兴起有着深刻的宏观经济背景，有些是全球性的，有些则为我国所特有。一方面，互联网的发展对许多不需要物流的行业都产生了影响，金融也不例外；另一方面，电子商务、共享经济等互联网交换经济与互联网金融有着天然的紧密联系，既为互联网金融提供了应用场景，也为互联网金融打下了数据基础和客户基础，体现了实体经济与金融在互联网上的融合。在我国，金融体系中的一些低效率或扭曲因素则为互联网金融发展创造了空间。

第一节　互联网金融兴起的理论基础

一、互联网金融与金融功能理论

互联网金融的出现是对传统金融行业的补充，更是对传统金融行业的挑战。互联网金融业务与传统金融业务至少具有两点不同之处：第一，互联网金融的运作模式与特征不同于传统金融业务；第二，互联网金融能弥补传统金融在金融功能供给方面的不足。从金融功能的视角论证互联网金融的兴起具有重要的理论意义。金融体系的功能可分为以下几个方面：一是便利支付和清算的功能，即金融体系内的各种金融机构可以提供各种功能各异的金融工具，以完成商品和服务的结算和清算。二是归集资金和优化资金配置的功能，即金融体系能够为微观经济主体的生产和消费过程筹集资金，同时还能将聚集起来的资源在社会范围内进行再配置。三是分散风险的功能，即金融体系在转移资金的同时，风险也随之转移，它可以提供风险的管理和配置方法。四是金融体系还可以充分挖掘决策信息和有效解决委托—代理关系中激励不足的问题。下文将从这四个方面分别论述互联网金融对于传统金融体系功能的补充和改进。

（一）互联网金融的支付和清算功能

首先，金融的本质是资金的融通，金融体系的支付和清算功能首先强调资金转移的便利性。互联网金融通过降低交易成本大大丰富了资金转移的通道，如“余额宝”的推出以及由此带动的风靡一时的“宝宝军团”的繁盛，基于移动终端的各种移动金融业务大大拓展了金融服务的可达性，加速了资金的转移，提高了小微资金配置的有效性。

其次，金融市场交易的基础是信息，而伴随着信息技术的发展，金融体系的支付和清算功能更强调满足客户的个性化需求。互联网金融能很好地与现代支付市场的发展趋势进行对接，以“支付宝”为代表的第三方支付平台在执行支付与清算功能的同时，也积累了足够丰富的“大数据”，而这些“大数据”又可以帮助第三方支付平台为特定行业和企业设计出个性化的支付清算解决方案。

（二）互联网金融的归集资金和优化资源配置功能

相较于传统金融通过互联网化所实现的资金归集和再配置功能，互联网金融的“平台经济”特征所带来的规模效益，使得分散在各地的人群可以很便捷地“聚集”在一起，交易成本的降低也给人们带来了更多的选择机会，使普惠金融得到普及。就互联网金融的几种主要业态来说，P2P（Peer－to－Peer Lending）平台是基于社交网络的“银行”，众筹是基于社交网络的“证券”，而“宝宝军团”的货币市场基金低认购门槛的特征可谓是将金融体系的资金归集功能发挥到极致。

此外，传统的资源配置机制无非是直接融资和间接融资两类，间接融资机制主要考察的是融资主体的信用风险，直接融资机制的效率主要取决于信息披露的完备程度，而这些最终都表现为融资主体的实际交易行为。互联网通过对这些交易行为的信息整合所形成的大数据有效识别了信用风险，更有效解决了经济活动中的信息不对称问题，从而更有利于金融资源的优化配置。

（三）互联网金融的分散风险功能

伴随金融体系资金转移过程的是风险的转移，能否对风险进行有效管理在很大程度上决定了资金交易成本的高低。相较于传统金融机构，互联网金融的运作基于实体经济中采集的大数据，而金融的本质恰恰是服务于实体经济，互联网金融的风险管理能力自然会大大改善。以商业银行的存贷款业务为例，互联网金融的风险管理优势体现在如下几个方面：从存款角度来说，商业银行为了满足存款者的日常提现需求，必须以准备金或库存现金的形式沉淀部分资金，但存贷款期限错配的风险依然突出，而互联网金融通过对存款者资金使用情况的实时动态监控，可以更准确地预测存款变动的趋势，降低沉淀资金带来的机会成本，实现存贷款期限的充分匹配。从贷款角度来说，商业银行对每一笔贷款的风险把控主要基于贷前对于借款者财务报表等信息的严格审核，而互联网金融通过实时数据的获取，可以完全掌握借款人的商业运行和资金运转情况，对借款人实现动态监控，并通过及时冻结与之绑定的支付账户内的资金，降低出现坏账的可能性。

（四）互联网金融的信息挖掘功能

信息的挖掘虽然不是金融体系的核心功能，但却对所有经济部门的决策和资金的合理配置发挥着至关重要的影响力。相较于传统金融机构，互联网金融优越的信息挖掘功能主要体现在以下两个方面：一是信息搜集的精准性，二是信息披露的透明性。从信息搜集的角度来说，互联网金融可以编制更加细化的数据信息，针对每一笔资金借贷关系的特性形成个性化的利率价格，价格数据越细化，逆向选择发生的可能性越小；从信息披露的角度来说，互联网金融的数据信息实时发布，社会公众只需关注相关网页就可充分了解每一笔交易的详细情况。

二、互联网金融与普惠金融理论

普惠金融（Inclusive Finance）的概念由联合国于 2005 年“国际小额信贷年”第一次明确提出，被定义为“一个能够有效地、全方位地为社会所有阶层和群体——尤其是贫困、低收入人口——提供服务的金融体系”。2006 年，联合国发布《建设普惠金融体系》（*Building Inclusive Financial Sectors for Development*）一书，其中指出了普惠金融的四个基本特征：第一，个人、家庭以及企业等所有层面的参与者都能以合理的价格获取广泛的金融服务，包括信贷、储蓄、保险、理财、转账、支付、汇兑等金融服务；第二，拥有健全的金融机构，这些机构有严密的内控机制并接受市场监督，存在规范的行业标准以及市场监督机制；第三，金融机构具有财务上的可持续性，从而能确保金融服务的可持续性；第四，增强金融服务的竞争性，为消费者提供多样化的选择。

就普惠金融理论在我国的发展现状来看，周小川（2013）最早将普惠金融定义为“通过完善金融基础设施，以可负担的成本将金融服务扩展到欠发达地区和社会低收入人群，向他们提供价格合理、方便快捷的金融服务，不断提高金融服务的可获得性”。中共十八届三中全会明确提出发展普惠金融；2015 年《政府工作报告》中提出，要大力发展普惠金融，让所有市场主体都能分享金融服务的雨露甘霖；2015 年底，国务院发布《推进普惠金融发展规划（2016 ~ 2020 年）》。可见，发展普惠金融已经成为了我国经济改革和转型的重要支撑力。互联网金融的出现，提供了不同于传统金融的产品，为个人和小微企业带来了投融资便利，大大提升了金融体系的效率，从而为普惠金融在我国的发展带来了全新的实施载体，其与普惠金融的内在联系主要体现在以下几个方面。

（一）互联网金融扩大了金融服务的覆盖范围

就传统的普惠金融实施载体来说，商业银行等大型金融机构从成本—收益的角度考虑，天然不具备为微型客户服务的能力；村镇银行、农村信用社和小额贷款公司等小型金融机构受资本金和经营成本的制约，会将其资源主要分布于人口稠密、商业集聚的地区，在普惠金融的推广方面存在“瓶颈”。互联网与金融机构的融合有效地解决了这一问题：一是即使没有银行网点、ATM 等传统媒介，只要电脑、手机与网络连接，就可以快速便捷地搜寻到与自己需求吻合的创新产品完成交易，客户覆盖区域大大拓宽。数据显示，截至 2015 年 6 月，我国网民规模达 6.68 亿，互联网普及率为 48.8%，其中，手机网民规模达 5.94 亿，农村网民规模达 1.86 亿。[①] 伴随互联网的进一步普及，互联网金融的覆盖区域将大大超过传统金融机构覆盖的实体区域，从而使金融服务的重心下移。二是互联网金融产品创新的最大特点在于降低了客户的准入门槛，这也使得金融覆盖的社会群体大大增加，从而填补了被传统金融机构排斥的服务领域，提高了社会整体福利水平。

（二）互联网金融降低了资金的交易成本

互联网金融的不断普及使得金融中介的作用不断被弱化，金融脱媒现象日益普遍。举例来说，P2P 平台的投融资双方无须实体金融媒介的撮合，借助于互联网操作流程的网络化与标准化，通过网络平台即可自助完成交易，从而降低了信息的沟通成本和交易的边际成本，提高了资金融通的效率。相较于传统金融机构，互联网金融克服了中小微客户单笔交易金额小、边际业务成本高、缺乏抵押物和信息披露不透明的弊端，实现了为中小微客户提供金融服务的成本与收益的匹配，金融普惠性的优势凸显。

（三）互联网金融维持普惠金融载体的可持续发展

传统的中小型金融机构是我国推广普惠金融的基础载体，但其在实际发挥作用的过程中，由金融机构身份所决定的盈利目标和普惠金融载体身份所决定的社会目标之间存在内生的冲突。若以盈利性为主要目标，这些金融机构必然会把业务更多倾向于成本—收益比更合适的大客户和大项目，普惠金融载体的身份必然会被弱化；若以社会性为主要目标，这些金融机构应该把业务对象更多侧重于低收入群体，而这必然导致其盈利能力受到影响，甚至导致其难以维持可持续发展。

互联网金融通过有效的风险管控可以在一定程度上缓解两个目标间的冲突。

① 数据来源于中国互联网络信息中心于 2015 年 7 月发布的《第 36 次中国互联网络发展状况统计报告》。

互联网金融基于大数据的挖掘和处理，并由此实现有效信息的实时发布，对客户的信用评级和风险评估完全依据这些信息的分析结果，改变了传统金融机构依靠线下审核和抵押担保等“昂贵”方式甄别客户的局面，大大降低了单笔交易的决策成本和风险水平。作为普惠金融的新载体，互联网金融机构通过大数据的应用有效提升了资金的配置效率，使其盈利目标和社会目标的统一成为可能，实现了其可持续经营。

三、互联网金融与平台经济理论

平台经济理论是产业经济学和产业组织理论近年来关注的热点问题，一些学者基于平台经济的蓬勃发展进行了开创性研究（Rochet 和 Tirole，2002；Caillaud 和 Jullien，2003；Armstrong，2004、2006；等等）。传统微观经济学理论认为，市场可简单分为买方（消费者）和卖方（厂商）的单边市场，二者无摩擦地形成供求关系进而决定市场均衡点。不同于此，平台经济理论以双边市场为载体，双边市场以“平台”为核心，即市场的买方和卖方必须同时接入一个平台，通过实现两种或多种类型参与主体之间的博弈获取利润。但平台参与各方为平台支付的使用费通常是极其不均衡的，一般是由卖方负担全部成本，买方免费使用，有时甚至可以获得补贴。[①]

近年来，越来越多具有“平台经济”特征的企业飞速发展，从门户网站到各种电子商务形式，从网络游戏到第三方支付，平台企业不断创造着商业奇迹。平台之所以能够维持生命力，在于平台虽然具有垄断属性，但买卖各方为此付出的费用比起无平台时为实现社会福利最大化所付出的费用还要少。

以国内第三方支付的情况为例，银行与银行之间的账户并不是直接联通，而必须要以“银联”作为平台，这是因为统一的平台能够带来交易费用的显著下降。举例来说，假设市场上有 1000 家银行，如果没有平台两两直联的话，排列组合后需要 1000×999/2 条即 499500 条电信专线才能维持整个交易系统的运行；但如果这 1000 家银行都与统一的平台“银联”直联进行数据交换的话，那么电信专线数将大幅降低为 1000 条，足以证明银联产生的基础及其社会地位。互联网金融中的支付宝平台与银联相似，也是与所有银行的数据中心直接联通，不同于银联的地方在于支付宝采取线上收单的形式，而银联是线下收单，支付宝的交易效率相比传统平台再次提升，互联网金融机构的竞争实力不容小觑。

---

① Rochet 和 Tirole（2006）对“双边市场”的界定为：如果通过提高向一边的收费，同时同等程度地降低向另一边的收费，平台可以改变交易量，则称这一市场是双边市场，即在双边市场中，价格结构影响交易量，平台应该设计合理的价格结构以吸引两边的参与者，同时提升其竞争力。

四、互联网金融与长尾理论

“长尾”（The Long Tail）这一概念最早是由美国《连线》杂志主编克里斯·安德森（Chris Anderson）在2004年10月的《长尾》一文中提出的，用来描述诸如亚马逊这一类网站的商业模式。“长尾”实质上是统计学中幂律和帕累托分布特征的口语表述，当我们用正态分布曲线来描述现实生活中发生的人或事时，人们受精力和成本所限只能关注曲线的“头部”，即那些重要的人或事，处于曲线“尾部”的、需要更多精力和成本才能关注到的大多数人或事自然会被忽略。长尾理论是网络时代兴起的一种新理论，该理论认为，受成本和效率因素的影响，当商品的存储和流通渠道足够宽广、具有个性的消费者数量足够庞大时，商品的生产成本和销售成本急剧下降，生产成本的下降使得个人都可以进行生产，销售成本的下降使得过去看似需求极低的产品只要有人卖就会有人买，这种情况下，传统的需求不旺或销量不佳的商品所共同占据的市场份额可以和那些少数主流产品所占据的市场份额相匹敌甚至更大，即企业的销售量不再取决于传统需求曲线上那个代表“主流产品”的“头部”，而取决于代表“冷门商品”的被忽视的“长尾”。所以长尾市场也被称为“利基市场”。[①] 长尾理论完成了对传统“二八定律”的彻底颠覆。[②]

相较于传统金融市场，互联网金融的优势在于市场供求双方通过网络平台直接联通，其产品的数字特征使之边际成本几乎为零，而且相较于传统的线下交易，线上交易更便捷、成本更低。一方面，互联网金融公司依托互联网连接技术和信息搜索技术，信息的传播渠道大大拓展，供求双方的搜寻成本显著降低，更多潜在的投资机会浮现，投融资需求可自动对接自主操作；另一方面，互联网金融产品的数字特征和网络化销售，使其交易成本也显著降低。受制于信息不对称、交易成本和风险控制等因素的影响，传统金融机构重点关注高端客户，而互联网金融机构由于具有前述优势，所以主要服务于那些被传统金融市场所排斥的小微企业和中低收入人群，互联网金融机构的服务对象虽然单笔交易规模小、交易频率低，但产品成本近乎于无、服务对象基数庞大的特征，依然可以为互联网金融公司创造巨额收益，形成了互联网金融市场的长尾。

① “利基”一词是英文“Niche”的音译，意译为“壁龛”，有拾遗补阙或见缝插针的意思。菲利普·科特勒在《营销管理》中给利基下的定义为：利基是更窄地确定某些群体，这是一个小市场并且它的需要还未被服务好，即“有获取利益的基础”。

② “二八定律”是1897年意大利经济学家帕累托归纳出的一个统计结论，即20%的人口享有80%的财富，以至于在传统的营销策略当中，商家主要关注在20%的商品上创造80%收益的客户群，往往会忽略了那些在80%的商品上创造20%收益的客户群。

五、互联网金融与金融脱媒理论

“脱媒”一般是指在进行交易时跳过所有中间人直接在供需双方间进行。“金融脱媒”又被称为“金融非中介化”或“金融反中介行动”，英文表述为Financial Disintermediation。所谓“金融脱媒”是指在金融管制的情况下，金融活动脱离金融机构，即资金供给绕开商业银行体系，直接输送给需求方，完成资金的体外循环。根据《新帕尔格雷夫经济学大辞典》的解释，“当通常是由于政府机构为了控制或者管制金融中介的增长而出现某些干预，并且这些干预是为了削弱金融中介在提供金融服务上的优势，驱使金融转移与商业业务进入别的渠道时，则我们说反金融中介行动出现了”。从中可以看出，金融脱媒的实质是金融管制下正规金融中介功能的缺失。

伴随互联网信息技术的应用与发展，以及互联网金融模式的不断创新，金融脱媒的现象在我国也逐渐扩散开来。通过将互联网思维与金融活动相融合，将信息技术与资本逐利性相结合，金融机构与公众在互联网金融市场中共同进行创新产品的开发，实现资金安全与融资便利之间的平衡。互联网以其去中介化和去监管化的优势与金融活动进行对接，利用大数据等信息技术的不断进步，为金融体系不断创新提供突破口。此外，金融市场传统的信用支撑主要依赖于商业银行等金融机构，而这背后在某种程度上均有政府信用作为担保，但互联网背景下的金融脱媒则实现了信用平台的民间化，虚拟的金融生态圈得以创设。

第二节　互联网金融在我国的发展现状

一、互联网金融的内涵界定

当前，业界和学术界对于互联网金融的概念尚无明确的、普遍获得认可的定义，只是对互联网第三方支付、P2P网贷及众筹融资等典型业态分类有比较统一的认知。按照《中国金融稳定报告（2014）》中的界定，一般来说，互联网金融是互联网与金融的结合，是借助互联网和移动通信技术实现资金融通、支付和信息中介功能的新兴金融模式。广义的互联网金融既包括作为非金融机构的互联网企业从事的金融业务，也包括金融机构通过互联网开展的业务。狭义的互联网金融仅指互联网企业开展的、基于互联网技术的金融业务。互联网金融的主要特征包括以下几个方面：

一是以大数据、云计算、社交网络和搜索引擎为基础，挖掘客户信息并管理信用风险。互联网金融主要通过网络生成和传播信息，通过搜索引擎对信息进行组织、排序和检索，通过云计算处理信息，有针对性地满足用户在信息挖掘和信用风险管理上的需求。

二是以点对点直接交易为基础进行金融资源配置。资金和金融产品的供需信息在互联网上发布并匹配，供需双方可以直接联系和达成交易，交易环境更加透明，交易成本显著降低，金融服务的边界进一步拓展。

三是通过互联网实现以第三方支付为基础的资金转移，第三方支付机构的作用日益突出。

二、互联网金融在我国的发展历程

互联网金融在我国的发展历程大体可以被分成以下三个阶段：

第一个阶段是2005年以前。互联网与金融的结合主要表现为互联网帮助商业银行等金融机构把业务从线下搬到网上，为金融机构提供技术上的支持，当时还没有出现真正意义上的狭义的互联网金融的业态。

第二个阶段是2005~2011年。2005年7月，我国互联网网民数量首次突破1亿大关，互联网使用群体的扩张催生了人们对金融服务的大量新需求。[①] 网络借贷模式开始在我国萌芽，第三方支付机构也逐渐成长起来，互联网与金融的结合开始从技术领域深入到金融业务领域。这一阶段的标志性事件是2011年中国人民银行开始发放第三方支付牌照，可以称之为“第三方支付牌照年”，当年中国人民银行陆续发放了40张支付牌照，并出台一系列法规进一步规范第三方支付市场，第三方支付机构进入了规范发展的轨道。

第三个阶段是2012年至今。2012年8月24日，中国平安董事长马明哲在中期业绩发布会上证实，其正在与阿里巴巴的马云、腾讯的马化腾筹划设立互联网金融公司，自此正式掀开了互联网金融概念的狂潮。2013年被称为“互联网金融元年”，中国人民银行发布的2013年第二季度《中国货币政策执行报告》中首次在官方文献中使用了“互联网金融”一词，随后该词出现在了2014年国务院《政府工作报告》中，互联网金融的概念正式得到官方认可，同时互联网金融在当年迅猛发展。从此，P2P网络借贷平台快速发展，众筹融资平台开始起步，第一家专业网络保险公司众安在线财产保险公司获批，一些银行、券商也以互联网为依托，对业务模式进行重组改造，加快建设线上创新型平台，互联网金融在我国的发展进入全新阶段。通过考察“互联网金融”一词在央行各年度

① 董昀，李鑫．互联网金融的发展：基于文献的探究［J］．金融评论，2014（1）：16-40，123.

《中国金融稳定报告》中出现的频率和位置（见图2－1），就可以看出互联网金融已经成为我国现行金融体系的战略竞争力，是我国金融变革的重要推动力，管理层拥有推动其不断发展的信心和决心。

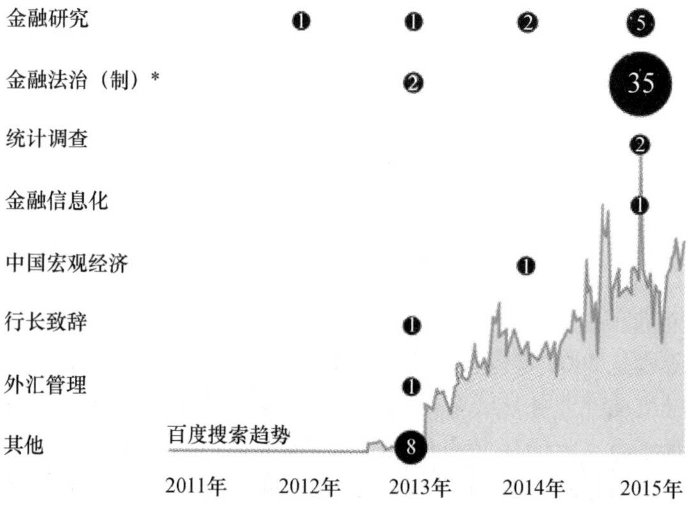

图2－1　2011～2015年互联网金融在央行年报中的出现分布

注：图中数字为央行年报该部分提及互联网金融的次数。＊表示央行年报描述的变化：2011～2013年为“金融法制”，2014年、2015年为“金融法治”。

资料来源：DT财经，http：//www. dtcj. com.

三、互联网金融在我国的发展模式

我国当前的互联网金融发展格局由传统金融机构和非金融机构基于互联网的创新共同组成，传统金融机构将其原有业务电商化和互联网化，非金融机构利用互联网技术运作各种模式的投融资和支付平台。具体来说，可将互联网金融在我国的发展模式分为如下六种（见图2－2）：

（一）第三方支付

第三方支付是电子支付方式的一种，它的主要功能就是通过一定的手段为交易双方提供信用担保，进而降低网购交易的风险，提高网购成功的可能性。我国最早的第三方支付机构是成立于1999年的北京首信股份公司和上海环迅电子商务有限公司。2005年初，阿里巴巴推出支付宝，成为了我国最受关注的第三方支付平台。2005年下半年，全球最大的第三方支付公司PayPal进入中国，在上海建立了全球第14个本地化网站贝宝。此后，第三方支付平台迅猛发展，财付

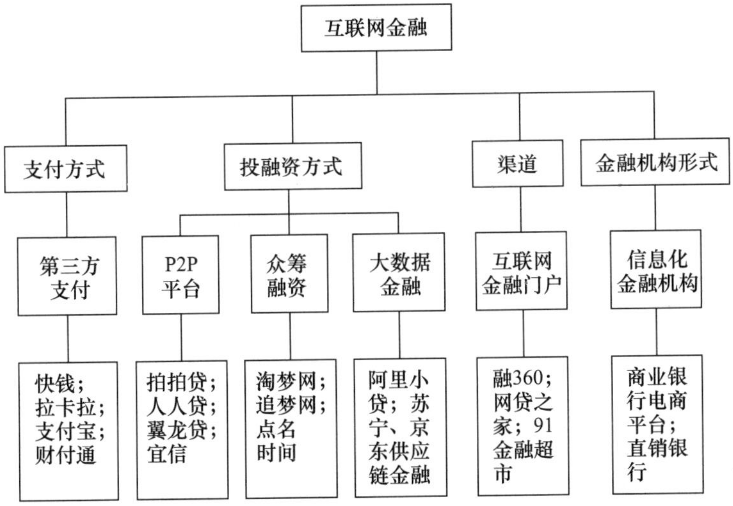

图2-2 互联网金融在我国的发展模式及其典型案例

资料来源：笔者绘制。

通、快钱、易宝等一大批国内专营的第三方支付平台陆续涌现。2010年6月，中国人民银行制定了《非金融机构支付服务管理办法》，明确了第三方支付的内涵，2011年，第三方支付的法律主体地位正式确立，中国人民银行开始颁发第三方支付牌照。截至2015年3月26日，中国人民银行已经发放了270张牌照。①

根据《非金融机构支付服务管理办法》中的界定，从广义上讲，第三方支付是指非金融机构作为收款人、付款人的支付中介所提供的网络支付、预付卡、银行卡收单以及中国人民银行确定的其他支付服务。如今的第三方支付服务已不仅仅局限于最初的依托互联网平台，线上、线下相结合的综合支付模式使得第三方支付的应用范围更加广阔。总体上说，第三方支付模式主要包括以下三种：

1. 独立的第三方支付网关模式

在该种模式下，第三方支付平台完全独立于电子商务网站，其只是为网上签约商户提供与订单相关的支付等增值服务，不提供担保的功能。该平台的前端连接着各种支付方法供商户和消费者选择，平台后端与各商业银行相连，平台仅为用户提供支付、订单管理和账户查询等功能，然后与各商业银行进行账务清算。这种模式的典型代表为快钱、首信易支付、百付通和拉卡拉等。

① 支付圈. 最完整270家第三方支付牌照公司名单［EB/OL］. http://mt.sohu.com/20150816/n418978183.shtml.

2. 依托电子商务平台且具备担保功能的第三方支付网关模式

该类型的第三方支付平台，依托于自有的 B2C 或 C2C 电子商务网站，同各大银行建立合作关系，凭借其公司的实力和信誉作为交易双方的担保，同时利用自身的电子商务平台和担保支付平台吸引商家开展业务。其运作流程为：买方选购商品下单，使用该平台提供的账户支付货款；货款暂由平台托管，并由平台通知卖方发货；买方检验无误确认收货后，通知平台将货款支付给卖方；平台最终将货款转至卖方账户。在该种模式下，第三方支付平台的收入来源主要包括交易手续费、行业用户资金信贷利息及服务费收入和沉淀资金利息。这种模式在我国颇具代表性，典型代表为阿里巴巴的支付宝、易趣的安付通和腾讯的财付通。

3. 由电子商务平台建立的第三方支付网关模式

该类型的第三方支付平台，主要是由那些独立经营且提供特定实体产品或虚拟产品的电子商务网站，出于满足自身配送商品和实时支付的需求，研发搭建的支付网关，并逐渐扩展到全面专业化的支付产品服务供给。这种模式的典型代表为云网支付网。

（二）P2P 网络贷款平台

P2P，即点对点借贷。P2P 网络贷款平台是指不同的网络节点之间的小额借贷交易，需要借助电子商务专业网络平台帮助资金供求双方确立借贷关系并完成相关交易手续。借款者可自行发布包括金额、利息、还款时间和还款方式等内容在内的借款信息，通过 P2P 平台搜寻到有出借意愿和出借能力的贷款人，完成自助式借贷。借贷利率的确定方式有两种，一种是由贷款人竞标确定，另一种是由 P2P 平台根据借款人的信誉水平和银行利率水平确定。通过 P2P 平台，不同贷款人通过共享一笔借款额度达到分散风险的目的，而借款人也可以在充分比较后选择于己最有利的借款条件。该平台的收益来源主要包括向借款人一次性收取的费用及向贷款人收取的评估费和管理费。P2P 网络贷款平台目前尚无严格意义上的概念界定，其运营模式主要包括以下几种：

1. 纯线上模式

这也是最为传统的 P2P 模式，搭建平台，通过电商撮合借款人和贷款人完成资金的转移。资金借贷的全过程都在线上进行，不配套线下审核，在审核借款人资质时，主要基于视频认证、查看银行流水和身份认证等。此种模式的优势在于借贷双方不受地域限制、规范透明、交易成本低；劣势主要在于数据获取难度大、坏账率高，盈利水平很大程度上取决于用户数量。此类模式的典型代表为拍拍贷。

2. 线上线下相结合模式

此模式的特点为，P2P 平台在线上公开借贷及以相关法律服务流程吸引贷款人，在线下注重借款人开发及强化风险控制。借款人通过 P2P 平台在线上提交借款申请后，平台通过所在城市的门店或代理商采取入户调查的方式审核借款人的信用和还款能力等情况。相比纯线上模式，此模式提高了信用审核的可靠性，坏账率得以控制，更为适合目前中国信用环境尚不完善的现状。此类模式的典型代表为翼龙贷。

3. 债权转让模式

在该种模式下，投资人并不是把资金直接出借给借款人，即借贷双方不直接签订债权债务合同，而是由某个特定的第三方对借款人进行筛选，以个人名义进行借贷之后再在线下将此债权转让给投资人，这个特定的第三方称为专业放贷人。此模式的优势在于平台交易量提升迅速，适合线下；劣势在于线下的债权转让存在操作方式不透明、资金使用不规范甚至被挪用的风险。此模式的典型代表为宜信。

4. 担保模式

担保模式是通过 P2P 平台，引入相应的交易担保主体。根据担保主体的不同，目前市场上流行的 P2P 担保模式可分为平台自身担保、一般担保公司担保、融资性担保公司担保和保险公司直接给客户提供财产险保障模式四种。此模式的优势在于资金安全保障度较高；劣势在于涉及的关联方较多，如果 P2P 平台不够强势，很可能会失去定价权。此模式的典型代表为易贷网。

（三）众筹融资

“众筹”的概念来源于“众包”（Crowd Souring）和“微型金融”（Micro Finance）。按照美国法案中的解释，众筹是指融资者借助于互联网上的众筹融资平台，为其项目向广泛的投资人融资；同时每位投资人通过少量的投资金额从融资者那里获得实物或者股权回报。通常是一些创业企业、艺术家或个人展示他们的创意及创新项目，吸引投资人的关注，进而获得资金的支持。

不同众筹融资平台的运作流程基本相同，大致表现为：有融资需求的个人或团队将融资项目策划书上交众筹平台；通过相关审核后，便可在众筹平台的网站上建立网页，发布项目信息，要求每个项目必须提前设定筹资目标和筹资时间；在设定的筹资时间内，募集的资金达到目标金额即为成功，融资方获得对应资金；但若未能在设定的时间内筹集到目标资金，即为项目筹资失败，已获资金全部退还投资人。另外要注意的是，众筹不是慈善事业，所有投资人必须要获得相应的回报，同时众筹平台会从募资成功的项目中提取一定比例的服务费。

相比 P2P 网络借贷平台，众筹融资的特点如下：第一，不同于 P2P 资金投入少、收益回报快的特点，众筹融资一般需要较长时间的沉淀，收益回报相对较慢；第二，众筹融资比 P2P 的形式灵活，它既可以为实物融资，也可以为权益融资；第三，众筹融资比 P2P 的安全性高，因为它要求对融资项目基本情况和商业模式进行非常详尽的信息披露，这样就在某种程度上避免了通过设置虚假标的物来套取资金的风险。

（四）大数据金融

大数据金融是指集合海量非结构化数据，通过对其进行实时分析，可以为互联网金融机构提供客户的全方位信息，通过分析和挖掘客户的交易和消费信息掌握客户的消费习惯，并准确预测客户行为，使金融机构和金融服务平台在营销和风控方面有的放矢。

相较于传统金融模式，大数据金融拥有着难以比拟的优势。互联网的快速发展不仅大大拓展了企业所拥有的数据信息，也使得企业与客户之间的距离拉近了，企业能够更了解客户进而为之提供非标准化的精准服务，提高了客户的忠诚度；同时企业以大数据为基础建立自己的征信系统，提高了风险的可控性和管理效率，有效降低了坏账率和运营成本，实现了规模效益。大数据金融模式广泛应用于电商平台，对平台用户和供应商进行贷款融资，从中获得贷款利息以及由流畅的供应链带来的企业收益。大数据金融的代表模式为以阿里小贷为代表的平台金融模式和以京东、苏宁为代表的供应链金融模式等。

（五）互联网金融门户

互联网金融门户是指利用互联网进行金融产品的销售以及为此提供金融服务的第三方平台，它的核心价值体现为渠道价值。在此种模式下，各家金融机构将金融产品放在互联网平台上，潜在客户通过垂直比价的方式，自主选择适合的金融产品。此平台不参与交易和资金融通，主要扮演着信息媒介的角色，其实质功能是“搜索+比价”，因此不存在太多政策风险。互联网金融门户通过多元化的发展创新，目前已经形成了针对信贷、理财、保险、P2P 等细分行业的门户，其典型案例为平安陆金所、融 360、91 金融超市和网贷之家等。最具代表性的余额宝是以渠道为特征的互联网理财产品销售的典范，由支付宝打造的余额增值服务和活期资金管理服务，于 2013 年 6 月 13 日正式上线，其整体业务流程如图2－3所示。余额宝与天弘基金旗下的增利宝货币基金对接，最大特点是操作简便、门槛低、没有手续费、可随取随用，也可直接用于购物、转账、缴费还款等，充分实现了投资和消费的无缝对接。余额宝公布的统计数据显示，截至 2017 年 1 月初，总规模已突破 8000 亿元，收益涨幅达 32%。同时，余额宝用户数超过 3 亿，其中农村用户超过 1 亿。[①] 增利宝货币基金已成为世界第四大货币基金，同时也是中国规模最大的货币基金。

---

① 雪球网，https：//xueqiu. com/7886851669/7972366.

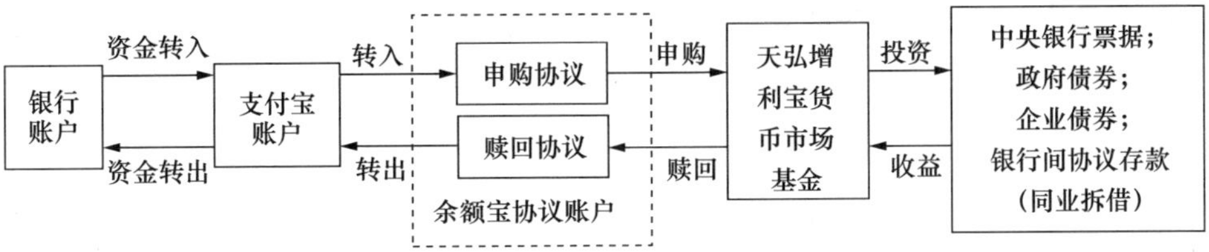

图 2－3 余额宝的业务流程

资料来源：笔者绘制。

（六）信息化金融机构

所谓信息化金融机构，是指银行、证券和保险等金融机构借助于信息技术，对其传统运营流程进行改造或重构，实现全面电子化的经营管理模式。以银行为例，其传统的贷款业务呈现流程化和固定化的特征，银行出于成本节约和风险管控的需要，倾向于向大型企业和机构提供金融服务。通过信息技术的应用，银行可以有效缓解信息不对称的问题，为其与小微企业的合作创造了条件，深化了金融机构服务于实体经济的职能。

从金融行业整体来看，银行的信息化建设一直处于业内领先水平，不仅搭建了由自助银行、电话银行、手机银行和网上银行组成的电子银行立体服务体系，而且也在积极自建电商平台。对于银行来讲，电商平台的最深刻意义在于线上操作的便捷性增加了用户的黏性，真实可信的用户数据不断累积有助于银行发掘用户的真正需求，银行内各部门数据共享的“藩篱”被打破，最终形成了“网上银行＋金融超市＋电子商务”三位一体的互联网平台，以应对互联网金融对传统商业银行经营的冲击和挑战。

从我国商业银行搭建电商平台的现实来看，国有银行走在了前列，中国建设银行的“善融商务”、中国工商银行的“融 e 购”、中国银行的“中银易购”、中国农业银行的“e 商管家”和交通银行的“交博汇”等金融服务平台陆续上线。与此同时，中国民生银行、兴业银行、中国光大银行和华夏银行等股份制银行也纷纷推出了网上商城，城市商业银行也紧随其后布局电商领域。

第三节 互联网金融在我国的发展趋势

互联网金融是伴随互联网技术不断普及而出现的创新型金融模式，其飞速发展也对我国一直处于较为严格管制中的金融行业产生了强烈冲击。在经济增速下滑的大背景下，政府对于将互联网金融作为经济增长新引擎寄予厚望。一方面，互联网金融为我国“大众创业、万众创新”的战略实施提供了更加多样化的金融服务支持，是一股重要的推动力；另一方面，在互联网金融迅猛发展中，一些行业乱象如涉嫌非法集资和平台卷款“跑路”等现象，也需要监管部门的及时跟进与规范。

一、互联网金融发展的关键是规范化和风险管控

现代市场经济体系的建立以规范化为前提，我国目前正处于经济体制改革深化和市场经济体制完善的攻坚期，互联网金融作为金融市场的子系列之一，当然也应以规范化为基础。规范的、正规的互联网金融机构，既是贯彻政府推动互联网金融发展战略的必要载体，也是确保客户资金安全和投资收益的重要保障。

此外，互联网金融虽然基于大数据分析建立了整体的风险收益模型，颠覆了传统金融企业的风险管理模式，但同时也催生了金融风险产生和扩散的新机制。互联网金融高度依赖技术平台造就了货币的数字化，因此技术风险或 IT 系统风险将成为最重要的风险之一；互联网金融参与主体的彼此依存使得风险的传导和扩散更为便捷；P2P 平台主要服务于被传统金融体系排斥的小微企业和个人的特征使得信用风险的控制更加困难；如此等等。这些说明如何抓住互联网金融创新涌现的机遇而又有效防范风险，是监管层面临的新课题和大课题。监管部门必须正视其风险，不能缺位；同时又要避免过度监管，不能越位，要在充分了解互联网金融行业生态和动态特征的基础上实施有效监管。

二、互联网金融助力传统产业改造升级

2015 年 3 月，“互联网 +”被写入《政府工作报告》，互联网与金融的结合使得资源配置变得更有效率，金融能更好地为实体经济服务，发挥“普惠金融”的功能。当前经济下行压力不断加大，一方面是有效需求不足、过剩产能无法消化，另一方面是有效供给不足，国外“代购”行业风生水起，可见传统产业的改造升级势在必行。互联网金融发展的根本目标是服务实体经济、实现普惠金融，“互联网金融 + 传统产业”也是“互联网 +”国家战略的实践与推进。“互联网金融 + 农业，+ 服务业，+ 文化产业，+ 高端制造业，+ 房地产业，+ 医药健康业，+ 餐饮业，+ 影视业，+ 服装，+ 汽车……”互联网金融与各行各业的融合必将促进传统产业的跨界整合、转型升级，创造出新产品、新商业模式、新发展机遇，形成经济发展的新动能。“互联网金融 +”的发展过程必将伴随着传统产业的转型升级过程，最终实现产业生态重构。

三、互联网金融维持活力的根本是因势而变

互联网金融填补了传统金融市场的空白，它所具备的普惠特性，使得它在短时间内就获得了庞大的投融资群体基数，这同时也说明，互联网金融的产品必须根据大众的需求随时调整，才能维持行业整体的生命力。影响大众需求未来变化方向的因素主要包括以下几个：第一，目前接触互联网频率最高的人群是“80后”、“90后”，他们乐于接受新生事物，收入水平稳步提高，零壹财经于2015年12月底发布的一份报告显示，这些主流人群尝试互联网理财的比例分别高达83%和77%，逐渐成为互联网金融消费主力，因此互联网金融投资群体呈现年轻化的趋势；第二，根据2016年1月22日中国互联网络信息中心发布的第37次《中国互联网络发展状况统计报告》，截至2015年12月，中国网民规模达到6.88亿，其中手机网民占90%以上，手机的使用突破了时空的限制，它的便捷性和丰富性使得人们更乐于通过手机移动端开展金融业务，因此移动金融会成为未来互联网金融的最高级形式；第三，互联网金融的最初定位已经决定其并不适合大额交易和复杂交易，因此其未来的发展方向一定是“做小、做分散、做简单产品”；第四，金融产品和服务的设计将越来越秉承“场景化”思维，因此垂直化、细分化将成为互联网金融发展的核心理念。

四、互联网金融引领中国金融业格局重塑

在当前互联网企业金融化和金融企业互联网化的双重变革下，互联网金融带来的绝不仅仅是简单的媒介革命或融资渠道的变化，它必将重塑整个金融业的格局。首先，互联网技术的普及使金融活动更便利地发掘产业价值链上下游之间的价值联系，形成丰富多彩的企业金融活动，如制造业企业可以发展供应链金融，电商平台企业可以拓展金融服务……这使得金融企业和非金融企业之间的界限日益模糊。其次，通过各种形式的互联网金融平台，投融资双方可以直接沟通，信息充分披露，商业银行作为间接融资渠道的传统优势不再存在，倒逼商业银行必须适应性地转型，加快推进线上线下业务的有机融合，加快推进业务的综合化和多元化。再次，依托互联网平台和大数据技术的新型金融中介公司应运而生，例如，为投融资者提供投资价值分析预测的大数据分析公司，为P2P平台和众筹平台提供风险分散的担保公司等。最后，互联网金融的存在使得更多企业与个人能够更加自主和平等地获取金融资源和服务，优化了资源配置，扩大了金融服务惠及的范围，进而对社会经济的发展产生巨大的推动作用。总之，伴随时间的延续和技术的进步，互联网金融必将从对传统金融服务方式的影响逐步深入到对中国金融业全面改革的影响。

第三章　互联网金融解决小微企业融资问题的机理分析

从实践来看，互联网金融在解决小微企业融资难问题方面的作用越来越被世界各国广泛认可。互联网金融是在传统金融与现代信息网络技术基础上衍生而出的新型金融模式，其最核心的创新在于可利用互联网所特有的低成本信息优势与大数据资源优势，借助于云计算等技术，重建一个公平竞争的金融新秩序。自互联网金融诞生以来，小微企业就是其服务的主要客户群之一，以灵活、便捷、低成本为特征的互联网金融服务和产品设计与小微企业的融资需求有效对接是解决小微企业融资难题的新方向。

第一节　互联网金融解决小微企业融资问题的相关研究

国内外诸多学者对互联网金融解决小微企业融资问题进行了理论研究和探讨，主要集中在两个方面：一是互联网金融为何能解决小微企业融资问题，即互联网金融解决小微企业融资问题的可行性；二是互联网金融如何能解决小微企业融资问题，即互联网金融解决小微企业融资问题的具体策略。

一、国外相关研究综述

（一）互联网金融解决小微企业融资问题的可行性

Malone（1987）提出，通过 IT 互联网等网络技术可以降低市场交易双方的沟通协调费用及寻租费用，使得市场交易方式逐渐从间接转向直接，进而可以促进整个社会经济活动的提升。

Steelman（2006）认为，匿名交易是互联网金融模式最具特色的地方，也是世界各国互联网融资平台共有的特点。由于交易双方无法获得对方的真实可靠信息，这种交易的缺点就是信息不对称引起的市场失灵现象，并且互联网金融不要求小微企业提供抵押品，以信用贷款为主，使得发生信用风险的概率比较大。

Granados（2006）认为，IT 互联网技术对金融市场的结构和市场信息的透明度方面有着很大的影响，并基于此观点构建了全面、准确的有关市场信息的模型，说明 IT 技术有利于金融市场的公正和透明。

Hauswald 和 Agarwal（2008）认为，导致小微企业在信贷市场较难满足资金需求的最重要原因是小微企业普遍缺乏市场认可的信用评级。以网络融资为特色的互联网金融模式，对信用评级的要求相对较低，降低了小微企业的融资门槛。

Lin 等（2009）认为，社交网络可以大幅度降低借贷双方的信息不对称程度，减少借款人的逆向选择风险，从而提高小微企业借贷的成功率。

（二）互联网金融解决小微企业融资问题的具体策略

Johnson（2008）通过研究美国社区银行经营模式，发现“信贷工厂”模式是通过把小企业的整个信贷流程划分成各个组成部分，然后将信贷各个组成部分以类似于流水线的形式进行集中处理，这种规模化和标准化的信贷流程，迅速提高了信贷流程效率，有效解决了小企业融资难的问题。此外，社区银行借助于分析小微企业的软信息而设计出的“信贷工厂”模式可以很好地缓解投融资双方的信息不对称的问题。

Greiner（2009）以在 Prosper 公司借贷平台上已完成的 1 万多笔借贷业务为样本，分析了借贷双方的交易行为信息，发现该借贷平台不仅提高了借款人的信用状况，而且借贷双方对借贷利率也达到了互惠互利的局面。

Boot（2000）认为，随着信息技术的发展，相比于小银行，大银行在信息搜寻的广度和风险控制方面的信息生产具有明显的优势，因为小微企业通常缺乏完整的财务制度且财务信息透明度低，因此大银行更适合为小微企业放贷。

Duarte 和 Siegel（2010）研究发现，企业信用是传统金融模式与互联网金融模式共同关注的关键因素。通过实证分析得出，网络联保模式对小微企业融资难的问题提出了一条全新的解决思路。从客观上来说，网络联保模式具有一定的权威性，其在降低贷款风险的同时，也确保了参与联保的企业之间通过互相约束而建立起信任关系，为扩大融资渠道打下了良好的基础。

Jorge Rocholl（2010）从如何承担贷款违约风险以及风险由贷方还是借方承担的角度对互联网金融模式进行了重点考察。其研究表明，一方面，互联网金融融资平台如果只是单纯的中介，以服务费为主要收益来源，在信贷过程中不承担任何的信用违约风险，那么平台为了自身利益的最大化极有可能引入风险较高的信贷项目，进一步导致平台的违约率升高。另一方面，如果平台参与到信贷过程中，并为违约事件承担一定责任，将会使得平台在选择信贷项目和对信贷风险的把控上更为严格，从而为平台的持续健康运行创造了可能。

二、国内相关研究综述

（一）互联网金融解决小微企业融资问题的可行性

李安朋（2011）认为，互联网金融能为小微企业在业务拓展中出现的资金匮乏局面提供解决方案，同时，通过互联网能够更好地构建信用体系，从而使小微企业端和银行端两方面的信息更加趋同，因此互联网金融是解决小微企业融资问题的最好模式。

谢平和邹传伟（2012）第一次从概念角度明确界定了互联网金融模式，他们认为，金融的网络模式化，从理论上可以通过提高资源配置的效率来促使交易成本下降，确保经济的增长，同时可以增强小微企业对投资人的吸引力。

巴曙松（2013）提出，互联网金融云计算技术的出现能够解决小微企业融资难和融资贵的问题，因此政府应积极对待、鼓励和扶持网络金融板块。

汪渝（2013）认为，网络金融行业可以降低金融服务成本、增加金融风险规避方法、提高金融服务的智能化水平、实现信用贷款的规模化，因此网络金融行业的发展可以缓解小微企业在资金链上的短缺局面。

刘芸和朱瑞博（2014）也支持小微企业融资难问题可以通过网络金融解决的观点，但他们强调，征信体系的细化是其中的关键环节。

郑庆明（2014）认为，互联网金融在给小微企业融资带来便利的同时，也面临着运营风险、技术风险、信息泄露风险和法律风险等问题。

马瑞博（2014）认为，互联网金融对小微企业融资的影响有利有弊。其优势在于互联网金融可有效解决小微企业与商业银行的信息不对称问题，并在一定程度上解决融资担保问题，从而降低小微企业的贷款成本。其劣势在于我国对互联网金融行业进行规范的法律法规并不健全，导致小微企业的违约成本很低，金融风险具有高度的不确定性。

吴俊英（2014）认为，网络贷款快捷、高效的特征与中小微企业“短、频、快”的融资需求充分吻合，网络贷款的灵活性降低了中小微企业的融资成本，网络信用数据库的建立提高了企业信息透明度，信息的无障碍传播降低了中小微企业的授信成本。

曹廷贵、苏静和任渝（2015）从金融机构角度建立小微企业金融排斥的分析框架。他们的研究表明，硬信息缺乏、软信息获取成本高是造成小微企业金融排斥的主要因素。充分运用互联网技术是当前降低软信息成本的重要方法和发展趋势。在这种趋势下，将互联网软信息成本引入模型，降低软信息成本，能扩大小微企业融资的可能性边界，拓展融资可能性集合，降低金融排斥度。

王馨（2015）基于安德森提出的长尾理论，对互联网金融解决小微企业融资的可行性进行了分析。小微企业是金融需求的“长尾”，互联网技术可以促进“长尾”小微企业的需求甄别，而对于小微企业融资需求市场来说，互联网金融具有外部经济、规模经济和范围经济三重效应。在传统金融市场中，存在“超常态”的信贷配给，小微企业往往被排斥在正规金融体系之外，金融供给曲线呈现“臂弯”状态，互联网金融的加入，在一定程度上改变了“臂弯”曲线的位置，弥补了适量的供给缺口，减轻了信贷配给程度，促进了金融资源的合理配置，这也为解决小微企业融资困境提供了新的视角。

史贞（2016）认为，融资难、融资贵一直困扰小微企业的发展，互联网金融为解决这个问题提供了一条途径，而且互联网金融的属性与小微企业融资相匹配，并不表明小微企业可以从互联网金融中自动获得融资。其通过实证研究发现，身份认证对于融资可得性的影响较小，住房抵押、信用和融资设计是提高融资可得性的关键。

吴腾（2016）认为，从我国构建普惠金融体系的角度而言，基于金融错配分析框架，互联网金融融资模式尽管存在局限，但它对现有体制的突破是解决小微企业融资问题的关键步骤，对互联网金融融资模式创新的研究将会使小微企业融资难的解决路径与体系得到有益补充和完善，从而推动企业发展和全方位多层次的融资体系完成。

（二）互联网金融解决小微企业融资问题的具体策略

赵岳（2012）分析了商业银行联手电子商务平台合作的方式如何改善了小微企业信贷配给问题，其将电商平台融资模式、供应链融资模式概括为电子商务，利用宏观信贷市场均衡的分析方法来比较传统银行信贷业务引入电子商务合作前后小微企业信贷配给状况的变化。

翁旻（2013）认为，互联网金融解决小微企业融资问题的具体模式可以直接借鉴国际上其他国家的成功案例。

屠建平和杨雪（2013）对比分析了基于实体贸易的供应链融资模式和基于电商平台的供应链融资模式，认为基于电商平台的供应链融资模式具有风险屏蔽、双重审核、信用捆绑的优势，可以显著地改善小微企业的信贷配给问题。

朱小红（2014）认为，若要提高互联网金融解决小微企业融资问题的有效性，应建立完善的小微企业信用评级制度，健全网络贷款平台工作人员的素质考核和业务审核制度，加强对贷款企业的信息分级管理，真正实现普惠金融。

王艳林（2015）认为，以阿里小贷为代表的基于大数据平台的互联网金融降低了小微企业融资交易成本，缓解了信息不对称程度，向小微企业提供了在传统金融模式下无法享受的信贷金融服务，为破解小微企业的融资困境开创了新的解决路径。

郑志来（2015）根据互联网金融对中小微企业融资现有模式，从 P2P 网贷平台、股权众筹融资平台和大数据金融平台三条路径提出了优化和修正，指出互联网金融中小微企业融资发展方向。

廖传惠、杨渝南和陈永华（2015）认为，引导互联网金融向科技型小微企业提供融资服务是破解小微企业融资难的新渠道。在现有的电商平台融资模式上，引入公共科技金融体系，通过融合区域科技创投平台、科技政策担保公司和区域风险补偿基金等公共科技金融主体，构建融合公共科技金融体系的电商平台“集合贷款”融资模式，提出权责分享、风险共担、差别化激励的对策建议。

综上所述，关于互联网金融对解决小微企业融资难问题能够发挥积极作用这一观点，学者们基本上已达成了一致。也有一些学者已经从互联网金融解决小微企业融资难的机理和具体策略方面取得了一定的研究成果，但大多是通过问题演绎、推导和归纳形式进行的研究，方法论视角的深入探讨还有所欠缺，针对互联网金融解决小微企业融资难的广泛实践还需要深度探究。

第二节　互联网金融解决小微企业融资问题的机理分析

由于小微企业自身特点，以及传统银行类金融机构服务不足和资本市场不完善等一系列现实障碍存在，小微企业在融资方面往往出现困难。互联网金融的服务模式和产品设计在很大程度上与小微企业的融资需求可以充分对接，在解决其融资问题方面具有内在机理。

一、互联网金融与小微企业融资风险高问题的对接

小微企业融资风险高的根本原因是相较于大企业，其融资过程中的信息不对称问题更加显著，因为大企业与小微企业的信息结构存在明显差异。大企业经营规范，信息透明且可信度高，对其信息质量的审核相对简单，因此适用于传统的基于财务报表与抵押物质量的信贷审核方法；小微企业经营管理水平差异性较大，信息披露较少，甚至部分小微企业财务报表造假，单凭资产负债表等“硬信息”是难以准确判断企业的真实经营状况的，因此对小微企业信贷的审批需要更多的人力、物力成本，且审批的依据要从财务报表等“硬信息”放宽到交易数

据和单据等“软信息”。

互联网金融依靠大数据和云计算技术，可以有效缓解小微企业融资中的信息不对称问题。大数据与信贷业务结合的核心优势在于重塑信息结构，削减业务成本，其分析流程如图3-1所示。互联网金融企业更加关注除了财务报表、抵押担保品等“硬信息”之外的“软信息”，“软信息”包括交易数据、信用记录、客户评价、货运数据、认证信息、纳税记录、海关记录等，甚至囊括小微企业主日常生活中的所有交易数据和社交数据。“硬信息”主要以数字形式存在，可量化，在信息传递过程中不容易失真；“软信息”则很难量化、检验及传递。电子商务平台、第三方支付与社交化网络的发展积累了海量“软信息”，这些信息没有多少单位价值，但把这些信息整合起来综合分析，就可以挖掘出借款方的个性习惯、财务状况等，再根据这些进行风险评判。而且，这些数据都是在互联网上收集的各类碎片信息，因此造假的可能性非常低。大数据处理技术具有强大的数据收集和分析能力，大数据经过云计算后得到的逻辑与规律信息，在贷前有助于对目标客户进行有效的筛选、甄别，对目标客户的还款意愿和还款能力进行信用评级；在贷后管理中利用大数据处理技术的行为追踪能力对借款方进行实时监测，持续考核与监控小微企业贷款的去向、经营的稳健性以及现金创造能力，一旦发现异常情况即自动报警。同时，一旦借款方违约，互联网金融机构还可利用网络公开借款方的违约行为降低其评级结果，通过提高违约成本的方式降低其违约行为发生的可能性。信息结构的改善令金融机构可以清晰地甄别出企业的资质，大大降低了由信息不对称可能导致的逆向选择和道德风险问题，提升了信贷风险的控制能力。

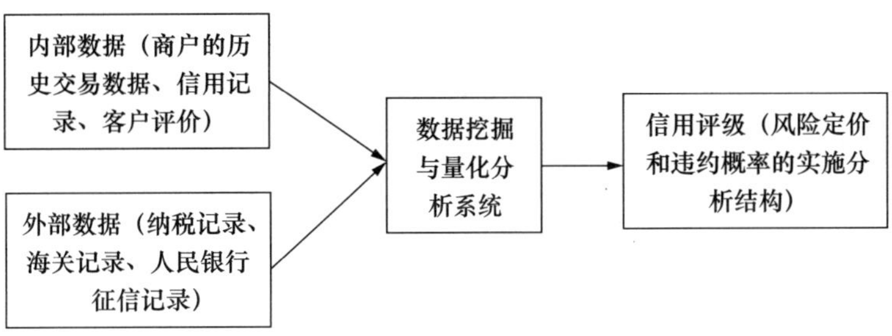

图3-1　大数据分析流程

资料来源：笔者绘制。

二、互联网金融与小微企业融资成本高问题的对接

互联网金融模式下，对目标客户信用等级的评价以及风险评估主要通过线上

数据的挖掘及分析来完成，进而降低了借贷双方的信息搜集成本和信用评估成本；此外，互联网金融机构通过搭建、开放网络金融平台，可以使客户克服时间和空间的约束，实现在线自助式交易和多方对多方同时交易，交易的“可能性边界”得以拓展，信贷批量化处理的规模效应得以显现，从而小微企业的签约成本也大大降低。具体来说，互联网金融可以大幅度降低小微企业融资成本的原因主要表现在以下三个方面：

第一，互联网第二代即 Web2.0 模式以开放、共享为显著特征，信息在网络上不断积累、不会丢失。数据安全技术的提高使隐私保护和交易支付顺利进行，同时也带来了智能终端用户的爆发式增长，电子商务、第三方支付和搜索引擎等平台都积累了海量的数据。这些数据是原始的、零散的、半结构化的，但却构成小微企业信用评价中的最为真实有效的“软信息”。因此，不再需要额外投入，信息的搜集成本几乎为零。

第二，基于云计算和行为分析理论的大数据挖掘技术，用户行为分析的对象不再局限于人们的经济行为，而是逐步扩展到人们的信息行为、社交行为乃至情感行为。基于这些海量数据可以挖掘到最关键的能够预警欺诈风险和信用风险的信息，互联网金融可以以极高的效率和极低的成本，动态地算出借贷的风险定价和违约概率，信息的处理成本很低。

第三，互联网金融模式下，借贷双方通过互联网平台直接对接，不再需要传统的多层次营销网络，同时，基于大数据挖掘的系统处理与实时监控显著缩短了信贷业务流程，提高了信贷业务效率，信贷交易协商和签约成本也大大降低。

总之，在这三方面因素的综合作用下，互联网金融对小微企业的融资成本大大降低。以阿里小贷为例，其服务的客户群主要是阿里巴巴 B2B 电商平台和淘宝平台上的小微企业，资产大多在 100 万元以下，其中 76% 的小微企业融资需求在 50 万元以下。阿里小贷客户经理足不出户，单凭这些客户在阿里巴巴平台上的商品发布、销售数据、供应链情况及客户评价等“软信息”就可以方便地判断小微企业的财务与运营能力，掌握其信贷风险，做出放贷决策。阿里小贷上小微信贷单笔的操作成本仅为 2.3 元，而银行的单笔信贷操作成本平均在 2000 元左右。[①]

三、互联网金融与小微企业融资效率低问题的对接

大数据具有五个主要的技术特点，即大数据的 5V 特征（见图 3－2）。现实世界中的大数据具有各种不同的格式和形态，互联网金融企业拥有的先进技术使

---

① 蔡恺. 阿里小贷大数据精控低成本放贷　单笔信贷成本 2.3 元［N］. 证券时报，2014－01－30.

得对这些数据信息和业务处理的方式更加先进，系统化和自动化程度人为提高，不仅可以跨时间、跨空间点对点地满足企业信贷的个性化需求，而且放款速度以及贷款审批流程也变得更为方便快捷和简单。以阿里小贷为例，在银行可能等待几个星期甚至几个月的一笔贷款，阿里小贷最快只需几分钟就能够完成贷款审批，一天之内就能拿到贷款，极大地提高了信贷业务的资金配置效率，更加符合小微企业贷款需求"短、频、急"的特点。在阿里金融的后台操作屏幕上，工作人员可以看到每个贷款环节客户的信用状况、滞留情况和推进速度，阿里小贷已经初具能够进行批量式贷款的"信贷工厂"雏形。其内部数据显示，截至2014年上半年，阿里小贷累计发放贷款突破2000亿元，服务的小微企业已达80万家。此外，小微企业由于对资本市场缺乏全面了解，在申请贷款时也处于信息劣势的地位，而在互联网金融模式下，数据信息处于全开放状态，小微企业可以通过网上查询等方式充分掌握和比对各种贷款产品，从中挑选出与自身需求最为匹配的金融产品，金融资源配置的效率大大提高。

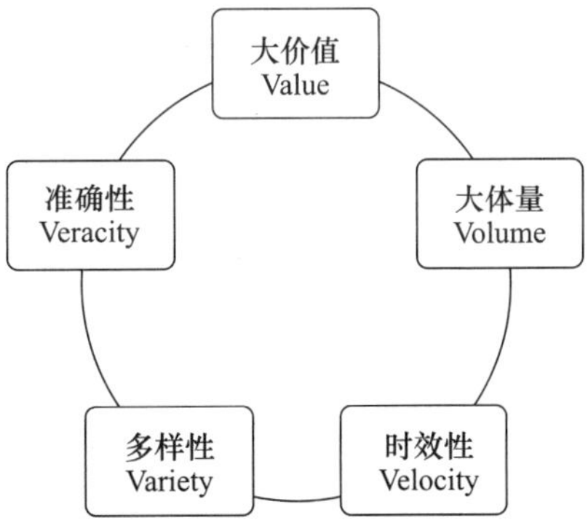

图3-2　大数据的5V特征

资料来源：笔者绘制。

第三节　互联网金融解决小微企业融资问题的比较优势分析

金融的核心功能是资金的融通，这是任何金融创新形式都无法改变的事实。互联网金融虽然不同于传统金融的组织结构与服务形式，但不能替代传统金融，其功能的实质依然是在不确定环境下，对金融资源进行跨时间和跨空间的配置，以更好地服务于小微群体、中小创业者和普通投资人等，更好地服务于传统金融关照不够的那些客户，发挥长尾效应，做大普惠金融。与商业银行信贷和民间小额借贷进行对比，互联网金融在解决小微企业融资问题方面有比较优势。

一、互联网金融相比商业银行信贷等正规金融的优势

一直以来，“二八定律”被各家商业银行视作金融决策的重要依据，80%的银行利润来自20%的优质客户，其余20%的利润则来自80%的普通客户。这也决定了商业银行的信贷业务主要针对大中型企业，在服务小微企业方面存在着空白。互联网金融作为新兴的金融业务模式为传统金融模式带来了新思维和新渠道，其重在对80%的“长尾”客户的挖掘，为我国小微企业的发展增添了活力。互联网金融信贷模式与传统商业银行信贷模式的对比如表3－1所示。

表3－1　传统商业银行信贷模式与互联网金融信贷模式的对比

对比条件	传统商业银行信贷模式	互联网金融信贷模式
贷款申请	手续烦琐，过程缓慢，需要多次跑银行，不符合小微企业“短、小、急、频”的融资需求	在线提交申请，一年365天24小时不停歇，符合小微企业“短、小、急、频”的融资需求
贷款审批	由于小微企业自身的劣势、融资需求的特点和严重的信息不对称问题，通常采用信用评级的方式，填写一系列申请材料，流程严苛，条件不满足很容易被银行拒之门外	门槛低，只要企业提供真实的信息，以往的信用记录良好，通过平台的审核一般都可以获得一定额度的贷款，成功率较高
办理周期	贷款办理周期较长，需要贷前咨询、向银行递交申请、提交证明文件、银行进行审核评估和最后审批贷款等一系列流程	贷款办理周期较短，放款速度快，或利用互联网金融平台进行贷前评估，或线上申请线下审核，流程简单
贷款成本	对小微企业贷款的时间成本、征信成本和交易成本均较高，因此贷款利率通常高于银行基准利率	对小微企业贷款的时间成本、征信成本和交易成本均较低，虽然贷款年化利率较高，但多数按日计息，总成本较低，方便快捷
还款方式	约定相对固定的时间还款，比较刻板	可以随借随还，比较灵活
风险管理	贷前通过人工考察、实地调查获取企业的财务信息，贷后监管成本较高且精力有限，一般要求有抵押担保品作为风险补偿	利用大数据挖掘和分析，对小微企业的信用、现金流、经营状况及还款能力进行评估，贷后通过后台数据进行实时监控，无须抵押担保

资料来源：笔者根据相关资料整理。

通过表3-1的对比分析可以发现，互联网金融相比商业银行传统信贷模式的比较优势体现在如下几个方面：

（一）手续更简便，效率更高

商业银行需要按照传统周期较长的贷款流程运作，难以解资金需求者的燃眉之急；互联网金融依托先进的信息技术，业务办理更快捷。而且互联网金融往往不需要实体经营场所，虚拟的营业网点使金融服务突破了时空的限制，而且可以为小微企业提供点对点、个性化的金融服务。

（二）交易成本更低

商业银行作为经济生活中最重要的金融中介，长期以来对金融资源的有效配置和经济增长发挥了积极的作用，但其市场交易成本也相对较高。互联网金融为资金供求双方提供了直接沟通的平台，可以实现一对一、一对多甚至多对多的同时交易，利用大数据的信息处理技术对客户进行信用评级，交易成本极低。

（三）信用贷款占较高比例

商业银行以大客户为主要服务对象，单笔贷款额度高，且放贷时一般要求抵押品和第三方担保，信用贷款比例极小。通过互联网金融平台进行融资，因为平台大数据本身已经是最为可靠的决策依据了，所以一般无须抵押品和第三方担保，纯粹信用贷款占比较高，与小微企业欠缺抵押品的特征正好吻合。

（四）提供个性化的融资解决方案

大部分商业银行缺乏针对小微企业的专业化信贷产品和服务，而互联网金融面向巨大的小微市场，具有高效的贷款审批流程，掌握着小微企业的资信状况，可以为小微企业设计专业化的融资解决方案，填补了商业银行服务领域的空白。

二、互联网金融相比小额信贷等民间金融的优势

互联网金融出现之前，小额贷款公司在弥补商业银行等传统金融机构的融资缺陷中发挥着中坚作用。以扶持“三农”和中小微企业发展为初衷的小额贷款公司，自2005年开始试点，到2008年《关于小额贷款公司试点的指导意见》的出台，再到2015年1月30日，中国小额贷款公司协会的正式成立，小额贷款公司经历了不亚于今天的互联网金融一般快速崛起的过程。根据中国人民银行《2015年小额贷款公司统计数据报告》，截至2015年末，全国共有小额贷款公司8910家，贷款余额9412亿元。小额贷款公司作为金融中介，主要发挥的是小额资金借贷的第三方服务平台的作用。从现实发展情况来看，由于它不得吸收存款，主要以股东投入的自有资本放贷，导致资金来源渠道较窄；财务杠杆率低，导致其盈利水平也较低，缺乏针对性的优惠政策，税收负担较重；对其日常监管薄弱，公司内控管理水平低，甚至个别小贷公司存在违法行为。与其相比，互联

网金融服务于小微企业的比较优势体现在如下几个方面：

（一）资金来源更广泛

在2008年《关于小额贷款公司试点的指导意见》中，小额贷款公司被定位为“一般工商企业”，无法向公众吸储，其资金来源仅有两种：一是股东缴纳的资本金、捐赠金；二是来自不超过两个银行业金融机构的融入资金，并且规定融入资金不得超过公司资本净额的50%。苛刻的条件，让小额贷款公司的资金来源问题成为一个硬伤。

互联网金融机构的资金来源更广泛，资金供给更充足。一些基于电子商务平台设立的互联网金融机构可以通过发行证券投资基金、理财产品和资产证券化等方式达到融资规模的扩张。从2015年末伊始，“供给侧结构性改革”就一度成为了备受关注的“热词”，李克强总理在多次讲话中反复提及要唤醒“沉睡的资金”，让社会资金流向实体经济最需要的地方。互联网金融理财平台在闲置资金无法得到优化配置管理的理财者和融资难的中小微企业间架起了桥梁，实现了社会资金的合理配置，与供给侧改革中激活市场的作用不谋而合。

（二）手续更加简便

小额贷款公司和互联网金融平台在运作模式上有相似之处。小额贷款公司虽然可以发放信用贷款，但其额度通常不是很高，一般在100万元以内；当这一额度不能满足企业需求时，仍需要申请抵押贷款，这将在无形中增加小微企业借款的成本和难度。互联网金融平台放贷时一般无须抵押担保，基于电子商务平台积淀的大数据和数据处理技术，就可以直接对借款者做出信用评估，借贷手续得以大大简化。小微企业在网络化金融生态中可以更为便利地获取贸易伙伴、融资支持、财务咨询等标准化融资服务资源，互联网金融服务小微企业具有产品类型多、放款速度快、审批流程简、获贷成本低等便捷特性，降低了小微企业的融资门槛。

（三）安全性更高

小额贷款行业是民间金融的重要力量，但由于民间金融市场放开和发展的时间不长，立法和监管制度上仍然存在诸多缺陷，导致小额贷款公司在经营活动中存在超范围经营、高息放贷、担保形式单一及手续不完善、内部管理和风险防范能力弱等违法违规现象。互联网金融企业将民间金融阳光化，因此更容易受到监控，安全性更高。例如，通过考察阿里金融、人人贷等多种网络贷款模式可以看出，互联网金融业基本建立了多层次的微贷风险管理和预警体系，发放贷款之前、贷款进行中以及发放贷款后三个部分环环相扣，根据企业在交易平台上积累的信用数据，对企业的还款能力及还款意愿进行评估，从而有效地控制了贷款风险。

（四）创新能力更强

小额贷款公司在自身业务经营过程中的电子化、网络化和信息化的程度较低，加之专业技术人员的匮乏，直接导致了小额贷款公司在金融产品设计、满足客户多元化融资需求方面创新能力不足。互联网金融企业本身的网络信息化水平较高，其从业人员多是具有互联网或金融行业相关背景的专业人才，因此拥有较强的创新研发能力，可结合信息技术不断对金融产品和金融服务进行升级，也可充分以市场需求为导向，为小微企业设计相应的个性化信贷产品。

第四章　互联网金融解决小微企业融资问题的国际比较

任何事物的产生和发展都离不开社会需求和科技进步的推动，互联网金融也不例外。互联网金融的兴起是社会需求推动下时代发展的必然产物，具有其深刻的人文、社会和技术背景。互联网金融依托技术进步逐步发展壮大，在解决小微企业融资问题中发挥了越来越重要的作用。全球主要经济体都根据自己的国情建立了符合自身经济发展的互联网金融发展模式，梳理和比较各国互联网金融在解决小微企业融资中的实践，有助于帮助我们学习经验和吸取教训，从而更好地利用互联网金融服务我国小微企业融资。

第一节　各国运用互联网金融支持小微企业融资的实践

一、美国互联网金融发展及其对小微企业的融资支持

在美国，中小微企业占企业总数的99%，影响其可持续发展的最重要因素仍然是融资。纽约联邦储备银行在2013年的小微企业调查中发现，在被访问的670家小微企业中，49%的企业认为融资问题是影响企业未来发展壮大的首要因素。如前文所述，美国政府通过成立专门服务于小微企业的小企业管理局（SBA），并出台了相关法律和政策加强对小微企业的融资支持，形成了以市场化为主导的融资模式，政策性融资的规模相对有限。根据小企业管理局的数据，小微企业融资中仅有约5%的比例为政策性融资，虽然政策性融资规模不大，但具有针对性和专业化的特点。目前，美国小微企业融资形成了以商业银行、股权投资、互联网金融等传统和非传统市场化手段融资为主，政策性支持为辅的格局。

互联网金融作为融资体系中的重要环节发挥着积极作用。

（一）银行等传统金融渠道

根据美国小企业管理局的数据，商业银行贷款仍然是美国小微企业融资的最主要方式，所获融资资金超过40%来自商业银行；此外，小微企业的第二大融资渠道是财务公司，资金来源于财务公司的小微企业超过16%。然而小微企业在传统的融资渠道方面，相较于大中型企业，无疑是具有先天弱势的，在过去的几年中，小微企业从银行获得的融资总额在逐步下降。根据小企业管理局数据显示，组织架构相对更完善、财务状况更好、盈利能力和流动性也相对较强的小微企业更容易通过银行贷款渠道获得融资，资金流动性越好、固定资产比例越小的企业，获得银行融资的比例也就越大。由此可见，美国银行对小微企业的贷款不再是以固定资产为首要考虑因素，更多的是以财务流动性和现金流为依据，表明银行融资有向轻资产行业的企业和成长型企业倾斜的倾向。

（二）逐渐发展壮大的非传统融资渠道

美国逐步走出金融危机后，小微企业的融资困境有所缓解，一些非传统的融资渠道开始孕育发展，包括风险投资和互联网金融融资等形式。

（1）股权投资比例逐渐增大。2000年，美国风险投资在互联网泡沫的作用下达到了最高点，但随着互联网泡沫的破灭，风险投资行业遇上了融资困境。2003年，该行业增长达到低潮，此后的一段时间略有改善，以13%的复合增长率上升，在2009年金融危机之后，美国的风险投资行业才开始以相对稳定的态势持续发展。无论是投资金额、投资项目数量还是平均投资额，2014年都达到了近6年的投资高峰期。2011~2013年，风投行业的项目平均投资额在700万~739万美元，而2014年项目平均投资额达到1100万美元。近年，风险投资公司投资的企业主要以扩展期和初创期的企业为主，投资企业的企业规模在增大，2014年，扩展期企业的投资金额占比达到了41%。由于风险投资的趋势是往更大的初创期和扩展期企业投资，种子期企业和小企业融资的渠道则更倾向于天使投资。2009~2013年，天使投资的总投资额、项目平均投资额和投资数量都逐渐提高，而且保持相对稳定的增长趋势，天使投资对小微企业的投入呈现出项目平均投资额小、投资项目数量较多的特点，这也是天使投资分散项目投资风险的内在要求。

（2）日渐兴起的互联网金融。在过去数年，互联网金融平台的数量呈现数倍的增长，互联网金融发挥自身独特优势，为投资人和贷款人建立了新型的直接贷款模式。美国国内有各种具有代表性的互联网金融平台，如On Deck向融资方提供了不超过25万美元的直接贷款；Biz2Credit和Boefly仅利用互联网平台将融资方和资金需求方进行配对；Accion利用互联网仅提供小微贷；LendingTree和

Lending Club 是向个人提供资金的 P2P 平台；Dealstruck 则聚焦于特定市场，向个人提供 5000 ~ 250000 美元的贷款，贷款年限不超过 3 年，年利率为 5% ~ 15%。此外，还有一些互联网金融平台仅将资金投放到某一细分市场和某一特定客户群，如 PayPal 向其平台的商户提供营运资金贷款；Kabbage 向国内外客户提供营收账款融资；LighterCapital 的客户全部为高增长的软件 IT 公司。自 2012 年起，众筹融资逐渐在美国扩大其影响力。目前，美国是众筹融资发展最快的国家，北美地区的众筹融资超过全球数量的一半。众筹企业一边逐渐使自身的影响力扩大，一边不断变化其组织形式，以股权为基础的众筹集资正逐步成为主流。原来以捐献为基础的集资逐渐向以借贷和股权投资为基础的集资形式过渡，后者与前者相比较，更看重经济效益和更能优化组织结构。美国互联网金融发展历程如图 4 - 1 所示，按照业务性质，美国互联网金融行业的商业模式大致可以划分为 P2P、众筹、第三方支付及其货币市场基金、网络银行、网络券商和网络保险 6 种主要模式。其中，P2P、众筹、第三方支付及其货币市场基金是通过互联网形态对原有的金融业务进行了一定程度上的创新，属于新兴互联网金融形态；网络银行、网络券商和网络保险属于传统金融业务的互联网化，对传统的金融商业模式并没有进行颠覆性的改造。美国监管当局对互联网金融采取了审慎宽松的政策，基本上通过补充新的法律和修改现有法律来适应互联网金融发展的需要，在保障互联网金融行业健康发展的同时，也为互联网金融企业开展创新创造了一定的条件。

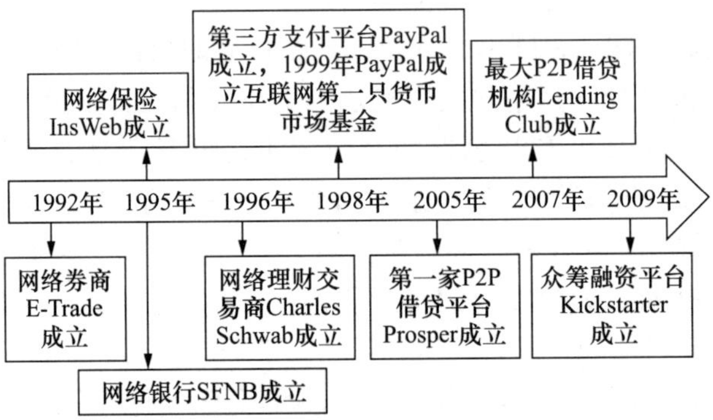

图 4 - 1　美国互联网金融发展历程

资料来源：互联网金融 CEO 说．美国的"互联网金融"发展历程及监管经验［EB/OL］．http：//mt. sohu. com/20160412/n443944877. shtml，2016 - 04 - 12.

二、英国互联网金融发展及其对小微企业的融资支持

英国在现代银行业的起源和发展中发挥了重要的作用，在各个经济部门都已

被互联网技术和产业有所渗透的背景下，英国成为金融业与互联网产业融合发展最早的国家之一，P2P 网贷的发展和应用是其特色之一。2005 年全球首家 P2P 互联网贷款平台 Zopa 出现在英国，此后英国的互联网金融开始了快速发展。英国 P2P 金融协会的数据显示，2015 年第一季度英国互联网借款平台累计贷款总额超过 26.4 亿英镑，市场规模较 2013 年增长了近 3 倍。P2P 平台便捷、快速的贷款程序也受到了小微企业的青睐，使其成为互联网金融平台的重要参与者。英国 P2P 金融协会 2015 年第一季度数据显示，小微企业在 P2P 平台的贷款平均规模是 7.3 万英镑左右。其中，23% 的贷款流向制造业企业，专业服务业、零售业和建筑业吸收贷款数量比重分别为 14%、14% 和 11%，四大产业部门成为 P2P 公司信贷的主要对象。

英国政府通过减税、直接投资等方式支持互联网金融发展，而英国 P2P 行业也为当地小微企业融资提供了强劲动力。2013 年 3 月，英国政府通过“英国金融合伙”计划（British Finance Partnership）在 P2P 平台 Funding Circle 上为 2000 多家小微企业发放了 2000 万英镑贷款。同年 4 月，英国政府成立了专门扶持中小微企业的英国商业银行（British Business Bank），该银行将政府资金投放给中小微企业。英国三家最大的 P2P 平台被英国商业银行选定为“英国金融合伙”计划的合作伙伴，分别为 Funding Circle、Ratesetter 和 Zopa。以 Funding Circle 为例，其可为小企业提供 1～3 年期的授信服务，将企业的融资项目打包在网上承销，邀请有意向的投资人认购，投资人选择认购份额和借款利率，公司负责在两周内募集齐资金，如伦敦的 T 恤印制企业 Indigo Clothing 借助 Funding Circle 的服务以 7.6% 的利率获得 2.5 万英镑融资。Funding Circle 继 2013 年 2000 万英镑的政府信贷合作之后，2014 年 3 月又获得了英国商业银行 4000 万英镑的信贷。

英国互联网和金融产业的融合发展，得益于英国政府和监管部门的积极推动。在互联网金融的发展中，市场参与者对其可靠性存在着疑虑和担忧。为了解决这一问题，英国金融市场行为监管局与行业自律协会——P2P 金融协会、众筹协会等组织密切合作，制定了一系列法规和文件，对互联网金融进行了详细规定，要求互联网贷款平台制定相应的资金方案或者保险计划，以保护客户资金安全。在监管的同时，英国政府还鼓励互联网金融的发展，制定了税收优惠政策。英国财政部规定，从 2016 年 4 月开始，通过 P2P 等互联网金融获得的收入中，第一笔 1000 英镑的收入完全免税，这一税收杠杆作用非常明显。Zopa 公司分析认为，如果按照 5.1% 的年利率来计算，这一税收减免政策意味着未来每一笔将近 2 万英镑的 P2P 贷款的收入都是免税的。不仅居民储蓄受到了这一政策变更的鼓励，互联网金融的发展也从中获得了动力。

除加强监管和提供税收激励等间接途径之外，英国政府还通过直接参与 P2P

融资的方式向市场展示其对互联网金融产业发展的信心和支持。2015 年 3 月，英国政府出资 200 万英镑设立“P2P 影响力基金”，不仅是为了解决社会组织的融资问题，同时也是为了展示政府对于促进 P2P 平台发展的决心和意愿。英国政府在与 P2P 平台合作时，采用了“跟进投资”的方式，例如，与 Funding Circle 合作时，标的发布之后，Funding Circle 平台上的众多注册投资人首先参与竞标、投标，政府资金在所募集的资金达到 90% 且平均利率已经确定时再介入，按已确定的平均利率投资最后剩下的 10%，起到支持融资项目成功的作用。还有一点值得关注的是，英国政府对借款人的信用、活动和 Funding Circle 的流程不做任何背书、推荐或担保，政府的投资与其他私人投资人承担同样的风险。这种做法有两个优点：①如果政府对小微企业直接补贴或者设法引导金融机构向小微企业发放贷款，那么最后很可能出现资金的使用效率不高甚至“跑偏”的问题，而政府与 P2P 平台的合作，恰好最大限度地除去了中间环节，直接将资金投向了有需要的小微企业；②政府只是“跟进”投资，并未真正参与选择标的和利率竞价的环节，可以最大限度地减少政府行为对市场的干预和干扰。这样政府在减少干扰互联网金融平台发展的同时，仍很好地帮助小微企业解决了融资问题。

此外，英国剑桥大学互联网金融中心（Centre for Alternative Finance）和创新慈善机构 Nesta 于 2015 年共同发布的《2015 年英国互联网金融行业研究报告》显示，英国的互联网金融行业规模在 2015 年达到了 32 亿英镑（约折合 300 亿元人民币），共 109 万人参与，同比增长 84%，其中，第二季度比第一季度增长 20%。增长最快的是公益众筹和股权众筹。公益众筹虽然小众，但规模却从 2014 年的 200 万欧元增长到了 2015 年的 1200 万欧元，增长率达 507%。股权众筹增长达 295%，从 8400 万欧元增至 3. 32 亿欧元。2015 年英国有 2 万家小微企业通过互联网金融平台融资，而在 2014 年这一数量为 7000 家。在小微企业借贷领域，通过互联网金融贷款的数额相当于银行贷款的 13. 9%。互联网金融作为传统商业银行之外的替代方式，逐渐成为小微企业融资的重要渠道。

三、法国互联网金融发展及其对小微企业的融资支持

法国属于互联网金融业发展较早的国家，法国的金融市场出现了第三方支付、众筹、在线理财、网上交易所、小额信贷等多种新的服务类型，法国金融服务业的内涵和版图正经历着深刻的变革，在服务小微企业融资方面发挥了积极作用。

首先是众筹业务发展。法国的众筹业务起步较晚，但发展迅速，2013 年，法国境内通过众筹平台共筹集了约 8000 万欧元针对项目或者公司的资金，是 2012 年筹资额的两倍，目前法国有 My Major Company、Kiss Bank 和 Ulule 三家公

司在欧洲众筹行业中排名靠前。其中，My Major Company 可以称为法国乃至欧洲众筹行业的先驱，通过众筹平台向粉丝或其他民众筹集资金是该公司的特色，有实力的音乐人会被发现和支持，音乐人唱片发行的收益由参与人获得，2010 年起该公司开始涉足图书行业，即有潜力的作家会通过同样的方式被发掘和支持。目前已有法国、德国和英国 4.2 万个项目在该公司进行融资，融资金额达到 1580 万欧元。由于法国众筹机构的具体业务和运作形式多样，往往涉及法国监管和机构决议部门（ACPR）及法国金融市场监管局（AMF）两个监管部门的监管。例如，某家众筹机构的业务包括支付、发放贷款等，需要获得 ACPR 信贷机构的牌照；但如果某众筹机构仅是中介机构，由另一家具有资质的信贷机构发放贷款，则不需要获得信贷机构牌照，也无须受 ACPR 的监管。值得关注的是，法国财政与经济工业部目前正在研究针对众筹行业的法律框架，并在 2014 年初正式颁布实施，体现了法国政府对众筹行业健康稳定发展的支持。

其次是 P2P 网贷发展。相对于 P2P 信贷快速发展的美国、英国等国，法国仍处于起步阶段，相关立法尚未建立。法国的 P2P 网贷平台有盈利和非盈利两种模式。盈利模式以 2011 年底成立的 PRTD' UNION 为代表，由于股东具有银行背景，它是同时获得 ACPR 颁发的信贷机构牌照（金融机构子牌照）和经纪牌照的 P2P 信贷平台，是法国最早也是唯一的一家。它提供融资的主要群体是以消费为目的的借款人，融资金额平均为 9000 欧元。贷款者通过该平台购买特定贷款的份额或借据，以期获得本金和利息，每个贷款人的贷款金额为 3000 ~ 30000 欧元不等，期限限定为 2 ~ 5 年。截至 2013 年 11 月底，该公司累计放贷 4700 万欧元，其中，新增贷款仅 2013 年就达到 3500 万欧元，贷款增长率达月均 10%。非盈利模式的代表是 Babyloan，Babyloan 是法国主要的为发展中国家的个人或小企业提供创业支持的非营利平台，借款金额从几百欧元到几千欧元不等。Babyloan 负责筹集资金，用户可选择感兴趣的项目或个人进行公益投资，筹集的资金发放给发展中国家当地的小微金融合作机构，并通过这些机构将贷款发放给借款人。这些机构会审核借款人及借款用途的真实性，进行贷后管理以及跟踪资金去向等。此类项目都是不收取利息的公益性质项目，贷款人的资金都为无息资金。

在法国，P2P 信贷和众筹都属于“参与融资”的范畴，行业中的机构准入、个体行为等由 ACPR 进行监管，行业规范及涉及金融市场和产品的部分由 AMF 进行监管。ACPR 与 AMF 于 2013 年 5 月联合发布了业务指引，对于该行业中某类具体的业务是否属于信贷机构的范畴、是否需向 ACPR 申请信贷机构牌照、是否需遵守 AMF 的市场规定等，制定了较为详细具体的规定。

四、日本互联网金融发展及其对小微企业的融资支持

日本小微企业自有资金较少，在其融资结构中自有资本仅占 1/4 左右，其余

均主要依赖外源融资（以间接融资为主）。受日本传统文化影响，日本融资体系呈现“政府+市场”的特征，政府扶持在日本小微企业融资中一向占据着主导位置，其余融资来源还有商业金融和风投机构。政府对小微企业的融资支持主要体现在信用担保上，政府在地方成立了50多家信用保证协会，采用双重担保模式为中小微企业提供融资担保，即首先由地方担保，其次由中央对其进行再担保。这种政府担保的融资模式再加上日本健全、针对性强的小微企业融资法律体系，使得小微企业对间接融资依赖性较强，整体融资结构不平衡，也不利于形成自由竞争的融资市场。互联网金融的发展有利于活跃小微企业融资市场，调节融资结构，在竞争中降低信贷成本，缓解小微企业融资成本压力。

集团化发展模式是日本互联网金融的主要特点，因此不同于美国多头并进的发展模式，日本互联网金融更容易产生行业巨头。1998年，日本金融厅允许金融机构以线上交易平台的模式进行网络交易，这标志着互联网金融自由化的开始。1999年，日本第一家互联网证券公司SBI集团成立，开始实现线上销售金融产品。2003年，日本第二家互联网证券公司乐天证券成立，开始正式展开互联网金融业务。2005年，NTT DOCOMO和Edy合作推出的“手机钱包”标志着移动支付和第三方支付的开始。2009年，乐天集团收购eBANK，成为日本最大的网络银行，实现了传统商业银行的线上改革。从日本互联网金融发展历程来看，其在移动金融领域领先于美国，这一方面有赖于日本监管当局较宽松的监管制度，另一方面也得益于日本快速发展的移动互联网。日本支持小微企业融资的互联网金融实践主要有以下典型案例。

（一）电子商务平台乐天集团

日本的乐天集团类似于国内的阿里巴巴集团，都是传统的电子商务平台，且都是国内取得较好成绩的互联网企业。乐天集团作为电商平台，其积累的海量、真实交易数据为其构建线上金融服务提供了丰富的数据支持和客户资源。乐天集团从2005年开始重点发展线上金融服务，到2012年金融贡献营业收入已占总收入的30%左右，目前，乐天集团对外发布的财务报表中将集团业务分为互联网服务、互联网金融和其他三大类，其涉及的金融服务领域包括银行、信用卡、保险、证券等。在信贷产品方面，乐天银行面向个人消费者、个体工商户以及小微企业主个人身份推出了一款“超级贷款”，其贷款不限制使用用途，贷款金额最高可达500万日元。

（二）P2P网络借贷平台

与英美蓬勃发展的P2P市场相比，日本的网络借贷市场发展较慢，其最早的P2P网络借贷平台是MANEO股份有限公司于2008年推出的maneo以及Exchange Corporation KK公司于2009年推出的AQUSH，此外还有SBI集团于2011年推出的 SBI 社会借贷 P2P 平台。其中 maneo 平台建立伊始主要经营个人消费信贷，但经营不久后转为以小微企业借贷为主的借贷平台。maneo 作为日本最大的 P2P 平台，其在 2015 年初的未偿贷款余额约为 6000 万美元，比起英美市场相对规模较小，可能由于民众偏向存款且实体经济缺乏刺激点，无法为互联网金融提供强有力的支持，但 P2P 平台仍在一定程度上支持了小微企业融资。除 maneo 外，日本另一个提供中小微企业贷款的 P2P 平台是 Crowd Securities Japan 于 2013 年底推出的 Crowd Bank，其主要提供小企业贷款和房地产抵押贷款，也为亚洲的小额信贷机构提供海外小额信贷。

（三）其他互联网金融案例

日本的互联网银行 eBANK 将自身定位于专业小额支付银行，主要扩展移动金融和第三方支付业务；索尼银行则以资产管理银行为主要业务方向。两者的业务均具有金融服务专业化、成本低、费用少的特点，符合小微企业对金融服务的要求，在为小微企业服务中具有优势。

针对互联网金融的不断发展，日本开始对其实施高度集中、较为严格的监管体系。首先由政府部门负责制定完整全面的信息安全规定和其他法律规章，其次出台了《利息限制法》、《贷金业法》等监管法规，针对互联网金融建立了较为完备的监管体系，涵盖了投资人权益保护、第三方支付、消费信贷等方面，规范了民间金融，减少了风险。其次由金融监管机构（日本金融厅、法务省、日本银行、通产省等）及其下属机构根据各自职责对互联网金融进行监管，从风险管理、交易信息安全、互联网金融行业规划、法律制度具体实施等多方面推动互联网金融产业的发展，加强其对小微企业融资的支持功能。此外，日本的征信体系多采用会员制，行业协会负责成立信用信息中心，构建征信信息交换平台，不以盈利为目的，会员间实行征信信息共享时只需支付成本费用。日本这种会员制的征信体系模式减少了对互联网金融的监管要求，并在政府工作中加入对大数据的开发管理，鼓励金融创新和技术进步，有利于降低互联网金融企业对小微企业的信贷成本。

五、韩国互联网金融发展及其对小微企业的融资支持

韩国小微企业按照《世界银行经济统计归类指引》的划分标准，约有 300 万家，约占韩国全部企业的 9/10，小微企业员工超过 700 万，占据全国 2/3 以上的就业岗位，因此小微企业是韩国经济发展和社会稳定的根本所在。韩国小微企业融资现状与我国小微企业类似，同样存在着融资难题。因此，互联网金融在韩国也具有一定的发展潜力。韩国是全球移动互联网普及率最高、最发达的国家之一，随着互联网的普及，韩国人民的消费和生活方式也在发生极大的改变，但相

较之下，韩国互联网金融发展较为落后，在其金融体系中占据主导位置的还是传统金融机构。韩国互联网金融支持小微企业融资实践主要表现在以下两个方面。

(一) 运用众筹模式服务小微企业融资

众筹是互联网金融的一种创新融资模式，受到创造就业机会和培育创业小微企业的利益驱动，亚洲国家也开始开展众筹业务。2015 年 7 月，韩国法律将众筹纳入合法化范围，这一方面支持了小微企业创业，另一方面也为韩国年轻人提供了更多的就业岗位。在立法之前，众筹平台只能通过依靠海外众筹项目来为韩国创业企业提供融资服务，此次立法不管是对韩国新建企业还是众筹网站，都是一大利好消息，是韩国互联网金融立法改革中的里程碑。

(二) 运用 P2P 模式服务小微企业融资

从 2007 年开始，韩国的 Pop Funding、Money Auction 等企业开始经营 P2P 网络借款平台，但由于政府资格限制，P2P 平台需要借助贷款公司的运营渠道经营，贷款年化成本高达 20%。2015 年初上线的 8 Percent P2P 平台通过严格的信用评价体系筛选贷款申请者，只挑选现实身份确定、历史信用记录良好的借款人，为其寻找投资人。优质的借款对象降低了 P2P 贷款成本，年化贷款利率降为 8%，其中包括目标收益率 5%、P2P 平台中介手续费 2% 以及亏损率限制 1%。该平台在示范运行期间提供免手续费优惠。但韩国各项法规的限制阻碍了 P2P 的发展壮大，韩国 P2P 市场尚处于调整改革期，等待市场体系和相关立法的健全。

关于互联网金融监管，韩国并没有对 P2P 网贷行业单独进行监管立法，而是在现有的金融监管法规上增加条款进行管制。具体监管实践中，将 P2P 平台看作一般的电子商务中介公司，按针对网络中间商的法规对 P2P 平台进行监督管理。韩国针对 P2P 的相关法律有《电子商业基本法》、《促进信息通信网络利用及信息保护法》、《电信法》等。其具体监管规定可归纳为交易信息保护、政府优惠政策和禁止性规定三大部分。

六、新加坡互联网金融发展及其对小微企业的融资支持

新加坡企业总数多达 15 万家，其中，仅有 1% 为大型企业，微型企业大约有 12 万家，在其经济发展过程中，小微企业有着基础且重要的作用。目前，新加坡政府针对小微企业融资难问题实施了许多金融扶持计划，如“微型贷款计划”、“本地企业融资计划”、“贷款保险计划”等。但这些计划还是不能完全覆盖小微企业融资需求，需发展直接融资，降低小微企业融资成本，依托互联网金融进行产品创新成为支持小微企业融资的又一路径。在此现实背景和市场需求下，新加坡也涌现了一批互联网金融企业。Capitl Match 是新加坡的一家 P2P 贷款平台，专门为小微企业提供短期商业信贷服务，该平台可获得的贷款金额为

4 万 ~15 万美元，借款期限从 3 个月到 1 年不等，P2P 投资人月收益率为 1.2% ~2%。该平台旨在为小微企业提供更加包容、便捷的融资渠道，并使投资人获得稳定、丰厚的投资回报。

新加坡国内金融监管部门（MAS）认为，互联网金融业务的风险与传统金融业务的风险在本质上是相同的，没有必要重新确立监管框架，互联网金融机构和传统金融机构均应在审慎的框架中进行监管。2000 年，MAS 制定了对网络金融的监管制度，其对新加坡互联网金融的监管模式是：监管部门在现有灵活、审慎的监管体系下，继续采取以风险控制为首要目标的监管方式，积极披露风险信息，同时尽量保持银行经营的灵活自主性，借鉴国际先进互联网金融技术，向国际互联网金融发展脚步看齐。由于每一家银行的实际情况不同，统一的监管规则不能全部适用，为了降低风险，MAS 规定在满足一定条件的前提下，单个金融机构可根据其风险情况的不同采取单独的审慎监管措施。MAS 还采取定期发布通告、政策声明、指南这种实时监管的方式对互联网金融进行监督管理。在相关法律法规上，新加坡金融监管部门出台的法规有《网上银行及科技风险管理指引 3.0》、《MAS 网上银行声明》和《新加坡电子银行技术风险监管条例》等。总之，随着互联网金融业务和产品的不断变化创新，新加坡金融监管部门在随之改进监管政策、鼓励金融创新、提高金融机构竞争力的同时，维持审慎监管原则，确保投融资者对风险和收益信息的知情权。

第二节　各国运用互联网金融解决小微企业融资问题的比较

一、各国运用互联网金融支持小微企业融资的特点

通过梳理多个国家互联网金融发展现状及其支持小微企业融资的实践经验，可更清晰地了解国际互联网金融发展状况，其具有以下几个特点。

（一）服务对象主要为传统金融服务中的弱势群体

与传统金融机构不同的是，互联网金融更注重“长尾客户”，其主要吸引两大类目标客户：一是容易接受新事物、善于使用互联网和移动通信终端的年轻个人消费者，因为年轻消费者一般拥有高度依赖互联网的生活方式，习惯于即时沟通、网络消费，方便快捷的互联网金融无疑对其有较强的吸引力。二是非高净值客户，即难以从商业银行取得贷款的中小微企业。传统金融机构由于信息不对称

问题，往往需要花费大量的人力、物力成本对小微企业和中低收入者进行信息收集和审核，造成为其提供信贷的经营成本和服务成本要高于银行可获得的利润，资本逐利的天性导致传统金融机构更倾向于向大企业、大客户发放贷款，而中小微企业等弱势群体一般难以从银行取得贷款，或者难以承担较高的贷款利率。因此银行出现了“惜贷”行为，忽略了弱势群体对金融服务和金融产品的强烈诉求。正是由于传统金融行业不足以覆盖实体经济（特别是中小微企业）的发展需要，互联网金融才应运而生。互联网金融准入门槛低，经营成本也比较低，为小微企业进入互联网金融市场融资提供了可能，与此同时，其依靠大数据技术降低了传统小微企业融资时面临的信息不对称问题，填补了市场空白，丰富了金融服务体系。

（二）互联网金融在发展中国家发展迅速

互联网金融作为新兴行业，在发展中国家掀起的金融改革浪潮并不弱于发达国家，甚至在某些领域超越了发达国家。这主要是因为发达国家本身金融体系比较健全成熟，不容易实现大规模改革，互联网金融作为一种新的金融服务形式，是对其现有金融体系的有益补充，但所起的改善作用不如发展中国家明显。发展中国家金融市场相对落后，改革成本较低，且被传统金融机构忽视的贷款需求者较多，更需要切合其融资需求的新型金融产品。发展中国家贫困人口较多，很多人甚至没有银行账户、转账和信用记录，面临着金融服务和金融工具的严重缺失。互联网金融的前期投入成本和运营成本都比较低，使其为非高净值的低收入人群提供金融服务成为可能。例如，在非洲的肯尼迪，政府鼓励民众使用移动支付，通过手机客户端储蓄转账，当其家庭遭受突发灾难时，亦可使用手机银行在社交圈内寻求财务支持，帮助其渡过难关。目前，肯尼迪有近 2/3 的成年人使用这类金融业务。

（三）互联网金融发展还受到一些因素的限制

首先，互联网金融作为进入金融市场的新兴力量，试图在原有的市场结构中占有一席之地，必然需要面对原有利益集团的排挤和阻力，传统商业银行也在不断尝试依托互联网金融进行产品改革和创新，未来两者进行优势整合、互补合作要比单纯的竞争更有利于实现双赢。其次，互联网金融面临着较为严格的监管。每一次金融创新都伴随着新的金融风险，互联网金融由于其线上操作、部分无抵押担保的贷款模式，更容易滋生金融风险。因此，各国监管当局都针对互联网金融建立了较为严格的监管体系，这在缓解风险的同时，也在一定程度上阻碍了互联网金融的发展。

二、各国运用互联网金融支持小微企业融资的主要模式

随着互联网金融行业不断壮大成熟，其已发展成包括但不限于电子银行、第

三方支付、P2P网络借贷、金融电子商务、金融中介、众筹、在线理财等诸多模式在内的广泛的互联网金融应用集合体。目前，虽国际上大多数国家和经济体已经开展互联网金融业务，但其各自对互联网金融模式的侧重有所不同，整体看来，美国、英国等发达国家对各种模式均有涉猎，而在很多亚洲国家，互联网金融刚刚起步，发展模式比较单一，但发展速度较快。

（一）网络银行

传统金融机构借助互联网来提供金融服务是互联网金融的初始状态，1995年，美国三家银行合作推出了美国安全第一网络银行，成为得到监管部门批准的全球第一家纯网上银行，其代表特征是没有任何实体分支机构，通过互联网为广大客户提供涵盖活期存款、定期存款、支票账户、个人消费贷款、个人住房贷款在内的多种金融服务。该网络银行成立初期，凭借服务效率高、质量好、范围广的特点发展迅速，虽最终难免被收购的命运，但也一定程度上体现了线上金融的高效。随后，西班牙Uno－E公司与爱尔兰一家公司合作成立了第一家服务范围覆盖全球的线上金融平台。除此之外，纯网络银行的代表还有美国的Ally Bank和Capital One 360。网络银行有助于降低银行经营成本，对客户来说，也有助于提高金融服务效率，减少金融服务中时间和空间上的限制，因此，发达国家中绝大多数银行均已开始提供线上金融服务。随着互联网金融发展的不断深入，网络银行也不再局限于传统业务的线上化，有些商业银行逐渐尝试信贷业务的线上一站式服务，借助互联网信息技术进行借款人的身份核查和信用评价，直接从网上发放贷款，这种贷款模式避免了传统商业银行贷款的复杂手续和高门槛，但一般贷款额度较低，适用于短期小额资金周转。这是商业银行在互联网金融浪潮的冲击下，为抵御网络借贷平台的竞争而进行的产品改进和创新。

（二）P2P网络借贷平台

体现尤努斯“普惠金融”理念的P2P网络借贷平台在各国支持小微企业融资的互联网金融实践中均存在，已经成为互联网金融直接融资的典型代表模式。P2P网络信贷平台可以避开银行实现个人投融资的直接匹配，缩短了信贷流程，节省了信贷成本，成为互联网金融的主要运营模式之一，有助于解决小微企业融资困境。从运营模式看，各国P2P平台可分为以下三大类：一是纯中介型平台，即P2P平台只作为第三方撮合借贷双方，不参与交易，不承担责任，如美国的Prosper和Lending Club平台；二是参与交易型平台，即P2P平台除了撮合交易外，还负责P2P定价以及贷款追偿，如英国的Zopa平台；三是公益型平台，一般向发展中国家的低收入企业发放贷款，如美国的Kiva平台。日本、韩国、新加坡等国家的P2P平台也借鉴这几种运营模式，推出了适合自身、具有本土特色的P2P产品。

（三）互联网众筹

与互联网金融第三方支付和P2P网络借贷相比，众筹在国际互联网金融市场上兴起得较晚，大约在10年前形成其最初运行模式。但近年来，其在欧美国家发展迅速，步入了行业上升期，根据世界银行估算，国际众筹市场规模在2025年有望达到3000亿美元。目前，众筹产业规模分布主要在发达国家，亚洲众筹市场尚处于发展初期，但未来上升空间较大。目前，国际上的众筹模式主要有以下几种：一是实物型众筹，即筹资人项目成功后用实物或服务等非金钱方式向投资人支付回报，如美国的Kickstarter平台。二是募捐型众筹，即投资人不要求任何形式的回报，无偿为个人项目或企业提供资金，募捐型的众筹平台规模一般都比较小，大多数项目规模不超过5000美元。三是债权型众筹，即出资者以借贷的方式为筹资人提供资金，并收取一定的利息费用。只要出资人认为对方提供的收益率合适，任何人都可以成为债权人，债权型众筹主要是指P2P网贷，典型特征是低门槛，有利于吸收闲散资金，且与实物型众筹和股权型众筹相比融资效率更高。四是股权型众筹，即投资人在众筹项目成功之后，可获得筹资人企业的股权，或者项目收益的一部分来作为回报，这种类型特别适宜于解决企业成立初期的融资难题，但也存在分摊股权的危险。美国的Foufersclub和Wefunder平台就为股权型众筹平台。2012年4月，美国通过《创业企业融资法案》，使小微企业通过众筹获取股权融资合法化，这在一定程度上为小微企业提供了新的融资渠道，促进了互联网金融对小微企业的融资支持。

三、各国对互联网金融的监管制度和政策比较

（一）监管体制存在差异

国际上对于互联网金融的监管，一般是将其并入现有的监管框架，沿用原有的金融监管结构。美国、法国采用分业监管体制，将P2P网络借贷和众筹归入证券交易业务，将第三方支付归入货币转移业务，实行分别监管。英国采取的是集中监管模式，由英国金融监管部门——金融市场行为监管局（FSA）将第三方支付、众筹、P2P网络贷款等互联网金融机构及其业务统一纳入监管范畴。集中监管模式避免了多头监管、监管套利或者存在监管真空的缺点，降低了金融监管成本，但也容易造成过度监管。

（二）监管力度存在差异

在对互联网金融的监管力度上，国际上各经济体也存在差异。英国、澳大利亚等大部分国家对互联网金融采取轻监管，硬性监管要求比较少，占用的监管资源也不多；美国与其他国家相比，对互联网金融的监管力度要更大一些，主要是监管当局为了避免其监管不作为引起社会公众不满。

（三）监管模式存在差异

根据监管机构设置方式和监管权限划分方式的不同，金融监管模式可以分为功能监管和机构监管两大类。机构监管更易于监管部门审慎管理互联网金融企业，而功能监管的针对性和专业性相对更强一点，监管责任更加清晰。对于不同的互联网金融业务模式，一般采取的监管方式也不同。针对第三方支付，美国采用功能监管模式，而欧盟则更多地选择机构监管模式。针对 P2P 网络贷款和众筹业务，各国大多进行功能监管，如美国、法国、意大利等。

（四）注重外部监管与自律组织相结合

互联网金融业务发展的最基本要求是金融行为的合法性，因此，互联网金融立法是互联网金融发展的基础。为了监督管理互联网金融，美国、英国、日本、欧盟等经济体都在原有银行监管法规的基础上，针对互联网金融虚拟无形、线上交易的特点，制定了较为完备的法律法规体系，涵盖了互联网金融中的移动支付、网上消费、网络借贷、投资人保护等多个领域。其中，英国和美国的监管相对宽松，重点强调消费者权益保护、合格投资人教育、信息披露等方面；法国较为严格，使用银行业的监管规则来规范 P2P 平台。除了监管立法外，各国还通过成立互联网金融行业自律协会，依靠行业自律组织制定和完善行业规章制度。法律规范和行业自律相结合的方式是大多数国家的互联网金融监管模式。例如，英国在 2011 年成立了世界上第一个 P2P 网贷行业协会，一年后又成立了众筹行业协会；网络媒体协会作为德国的行业自律组织，有权检查互联网上的内容，并为互联网金融从业者提出意见和建议。

（五）强调信息披露

由于互联网金融的虚拟性特点，其信息披露成为各国金融监管的核心之一。在大多数国家，充分的信息披露是监管机构对互联网金融企业的首要要求。例如，美国 P2P 网贷平台需要将每天的业务详单提交给美国证券交易委员会（SEC），一旦有消费者针对某项贷款提起法律诉讼，SEC 可依据当日存档记录来证明 P2P 平台是否在交易中存在用虚假信息误导消费者的现象。这条监管要求旨在保证消费者在申请贷款或投资时不受虚假信息干扰。SEC 还规定了金融中介机构的信息披露要求和相关条文解释责任。在英国，其《众筹监管规则》指出，互联网借贷平台必须用浅显易懂的语言百分百告知消费者其正从事的业务，并公平、公正、清晰地将投资收益率与银行存款利率进行对比说明，在网络平台上对投资人做出的任何投资建议都将等同于金融销售行为，需要符合传统金融销售的监管规定。

（六）注重保护投资人权益

任何事物都有两面性，互联网金融利用其特有优势为传统金融不能覆盖的小微企业和个人提供更多投融资机会的同时，也更容易侵害消费者的权益。由于互联网金融门槛低，大量缺乏直接融资经验且风险承受能力较弱的筹资人进入互联网金融市场，由于缺乏经验和专业知识的支持，其合法权益很容易受到损害。保护投资人权益是各国金融监管的重要目标，因此大部分发达国家要求经营互联网金融业务的企业必须在监管部门登记注册，由监管部门向其发放从业执照，并在其经营期间实行强制性信息披露制度。同时，为互联网金融成立独立的金融消费者保护协会，严格监管互联网金融业务，加强对市场参与人合法权益的保护。例如，英国出台的《众筹监管规则》中将保护金融消费者权利确立为其监管目标，其具体规则规定，如果某一网贷平台未开放二级市场，则该平台的投资人有两周的冷静期，在两周之内可以不受任何限制地撤回投资，并不需要承担违约责任。在美国，交易委员会要求 P2P 公司在委员会数据系统中或在其公司网站上，详细地披露 P2P 贷款合同的具体条款，将所有可能出现的风险展示给投资人。

四、国际实践和经验对我国互联网金融发展的启示

（一）健全监管机制以有效降低行业风险

互联网金融在我国的兴起和发展无疑带动了传统金融行业的洗牌和革新，它拓宽了机构的服务渠道，而未来金融业的发展模式则取决于金融服务渠道。任何一种全新的同客户进行交流的方法都可能催生出一种新的金融服务模式，在未来社会里，网络将会无处不在，可以以互联网、移动通信网或物联网等多种方式实现，广义上的互联网金融可能是我国金融业发展的大趋势。故我们从当下就要保持对新技术发展的高度关注和敏感性，只有对自身在经济中的角色做好准确的定位，才能争取在新一轮的金融革命中取得领导地位。我国互联网金融发展模式是当前金融市场环境的必然产物。在发达国家，金融市场充分竞争，任何有金融需求的个体都会被给予相应的风险定价，并得到适当的金融产品，因此互联网金融是传统金融的有益补充，多以模式创新驱动行业发展的形态存在。但我国金融市场却是不同的，存在着效率低下、资金配置错位严重的缺陷，互联网创新更多体现在资金融通渠道的拓宽上，即能够满足银行主体客户之外的融资需求和提升资金收益率，对传统金融造成一定的冲击。

作为新生事物，互联网金融监管在全世界都面临挑战。国际上普遍认为互联网金融是传统金融业务信息化的产物，主要是融资渠道的创新，而非产品与内涵的改变，因此金融的本质并未被互联网金融改变，从功能上来看仍脱离不了支付、金融产品销售、融资、投资的范畴，既然仍然是金融业务，就应当且必须接受监管。同时，由于国外拥有监管体制较为健全的、完善的、包含各类金融业务

的成熟市场，体系内各种法律法规之间互相配合协调，互联网金融新形式大体被涵盖在内，不存在明显的监管空白。因此国际上普遍的做法是，将互联网金融纳入现有监管框架，不改变基本的监管原则。例如，美国证监会对 P2P 贷款公司实行注册制管理，对信用登记、额度实施评估和管控。英国从 2014 年 4 月将 P2P、众筹等业务纳入金融市场行为监管局的监管范畴，德国、法国则要求参与信贷业务的互联网金融机构需获得传统信贷机构牌照。而我国的金融市场尚不完善，现有的监管体制还不能很好地接纳互联网金融，目前存在着一些市场乱象，这就需要我国针对互联网金融制定出相应的监管制度。

具体来说，首先，要进行行业细分，分类监管。这样有利于监管部门对存在问题的互联网金融企业对症下药，例如，对待有实际交易支撑的业务给予适当的政策性扶持，对待中介性质的平台则要进行严格的控制；交易双方在一定限额内可自由交易，对超过限额的交易要有专门的金融机构进行控制；参照传统金融的监管方法，所制定的政策针对线上业务和线下业务要有所不同；随时改进监管方案，迎合新事物的发展。其次，从发达国家的经验来看，我们很难在短期之内对互联网金融进行专门立法，但是我们必须有明确行业底线，使业务参与方的责任与义务得到规范，一旦互联网金融的某些业务行为触及红线，就要进行批评、整改、处罚乃至停业整顿。最后，明确监管部门各自的职责，加强地区、行业间的协调程度，建立起自上而下层层监管的法律框架，不给不法行为留下可乘之机；引导中介的发展，加强行业自律。行业自律的优势在于它比国家监管灵活、高效，特别是在当前业务模式还没有定型的情况下，加强行业自律有利于业内机构组织之间的交流和整合，有利于早日形成统一的行业准则。

金融市场化及有效监管是互联网金融健康发展的制度基础。我国互联网金融能够飞速发展在一定程度上是与监管缺失有关的，但这种以规避金融监管为目的的创新虽然能够带来效率，但更存在着严重的风险隐患。如果互联网金融想要走上模式创新的正路，就必须加快改革步伐，早日实现金融市场化，让资金融通渠道更加高效和通畅。同时，监管机构应合理疏导，适当监管。虽然我国在互联网支付中介领域已有立法，但互联网信用中介、互联网理财服务、互联网金融信息平台仍处于发展初期，监管体系相对落后，应及时纳入监管体系。

（二）推动大数据应用并完善征信系统

信息不对称是信贷市场上最大的问题，而互联网的发展有助于解决这个难题。随着互联网技术的突飞猛进，互联网能够有效地记录下个人消费活动、兴趣爱好甚至企业生产经营等，通过积累数据并进行分析，研究个体在互联网上的行为，从而帮助我们更加客观地认识经济规律，了解自然世界和人类社会。如今，从企业的微观决策到国家的宏观政策，都需要互联网的支持。1999 年，我国开始了个人征信的试点工作；全国集中统一的个人征信系统于 2004 年开始建立；2006 年 1 月，企业征信系统和个人征信系统升级为全国统一的系统。2013 年 3 月 15 日《征信业管理条例》正式实施，该条例将征信系统明确定位为国家建立的金融信用信息基础数据库。截至 2015 年末，个人征信系统收录 8. 8 亿自然人，其中 3. 8 亿人有信贷记录，全年日均查询 173 万次；企业征信系统收录企业及其他组织 2120 万户，其中 577 万户有信贷记录，全年日均查询 24 万次。尤其是深化动产融资服务，截至 2015 年末，融资服务平台累计注册机构 7. 8 万家，促成应收账款融资业务 2. 8 万笔，融资金额达 14387 亿元。

国外互联网金融平台风控比较有效的很重要的原因是拥有比较完善的信用信息体系。1956 年，著名的 FICO 信用评分模型在美国的 FICO 公司被研发出来，通过不断实践、不断改进，FICO 信用评分模型在美国得到了广泛的应用，在世界上也产生了巨大的影响。欧洲从开始建立公共征信系统就将企业征信与个人征信结合起来，在此基础上的欧洲私营征信局系统也参照了该模式的发展。由于并购的盛行，美国征信机构的跨国并购，欧洲的私营个人征信机构逐渐被几家大的跨国公司所控制，故欧洲私营个人征信机构都具有明显的美国特点，但是欧洲的征信体系总体来说还是以政府为主导。在中国，个人信用体系还没能够建立起来，没有独立的第三方的个人信用评分系统。因此，P2P 平台首先必须完成对借款人的征信，其次对借款人进行信用评分，最后才是风险定价。由于国内没有共享 P2P 机构的征信信息，P2P 平台对借款人的征信信息不能直接从央行或政府查询到，平台的征信成本则会因此加大，如果资源共享能够实现就能为 P2P 行业的发展提供有力保障。这种共享应该是多方面的：央行和政府部门的资源能够共享给 P2P 平台，同时其他 P2P 平台和监管或征信机构也要一起参与到客户诚信信息的共享中去，从而加速征信系统的建立。我国不仅需要加快信用体系建设，改进信用评估方法，同时也要加强对公众的投资教育，使民众的风险防范意识得到增强。完善的社会信用体系是互联网金融能够更好、更快发展的基础，诸多互联网金融平台的案例表明，风险产生一方面是由于不法机构或个人钻了信用体系存在漏洞的空子，另一方面是投资人的专业知识以及风险防范意识有所欠缺。因此，我们要提高对保护投资人利益的重视程度，加强教育，引导投资人用谨慎的态度来对待投资行为。

互联网上的海量信息可以成为征信体系的新数据源。大量地利用互联网上的数据作为征信的数据来源是美国 ZestFinance 公司大数据实践的重要方面。中国互联网络信息中心发布的第 39 次《中国互联网络发展状况统计报告》显示，截至 2016 年 12 月，中国网民规模达 7. 31 亿，相当于欧洲人口总量。其中，手机网民 6. 95 亿，增长率连续三年超过 10%。网民中使用手机上网人群占比由

2015 年的 90.1% 提升至 2016 年的 95.1%，使用台式电脑、笔记本上网比例呈下降态势。2016 年，在手机应用方面，手机购物、手机外卖、手机在线教育课程规模增长明显；开展过互联网营销的企业通过移动互联网进行营销推广的比例为 83.3%，比 2015 年增长近一倍。国内征信体系建设可以很好地利用这些海量而且丰富的互联网数据资源，通过分析互联网上这些信用主体的基本信息、交易行为信息和金融或经济关系信息，来挖掘信用主体的信用模式。

大数据技术使得“一切数据皆信用”成为可能。在大数据时代，征信数据的处理环节主要包含数据的采集、加工和对外服务。在数据处理过程中，可以通过搜索引擎、云计算和数据挖掘等技术提升数据处理的效率，为了更好地把握市场可以研发出先进的业务分析模型，同时将征信体系的商业模式和运营体系进行优化。征信体系因为以大数据为代表的 IT 新技术的应用，获得了建设的新思路，经过对数据的清洗、匹配、整合和挖掘，那些海量庞杂、看似无用的数据，可以转换成信用数据，而且也在一定程度上提升了信用评估的效率和准确性。新的信用风险体系的一个颠覆性的基本思想是“一切数据皆信用”，这是需要大数据技术来支撑的。对于国内的征信机构来说，重点和难点是如何建立征信数据的标准体系和数据的共享机制。就目前的情况来说，差异仍在我国的各渠道数据系统中存在着，缺乏统一的标准，数据的共享遇到了严重阻碍。因此，为了尽快打造统一的数据标准体系，可以通过完善法律法规，加强各个资源部门间的协调，提升数据处理整合的能力，这样更有利于数据的融合和共享，促进社会征信体系建设的大力发展。

（三）通过融资环境改善助推小微金融发展

为了更好地扶持小微企业的发展，传统金融应尝试寻找与互联网金融的共生之路。首先，传统金融应借鉴互联网金融平台式的发展战略，银行作为具有天然资金优势的传统金融中介，在新时代应当秉持着开放态度，将网络服务平台与实体经济平台进行对接，以高效、快捷的金融服务满足客户需求。其次，传统金融应加快对互联网先进技术的利用，就所拥有的交易数据和账户信息范围来说，传统金融机构信息更广、历史更长，相比互联网企业其数据挖掘的潜在收益更大，故传统金融机构更应加快对互联网技术的运用。最后，传统金融应吸纳互联网金融导入的平等理念，从单纯的支付中介转向信用中介和信息平台，使互联网金融实现与客户间的协同发展，并通过满足中小客户的融资需求，实现普惠金融的理念，也使传统金融从中找到发展的新路径。

从国外互联网金融的发展来看，金融市场对银行提出了更多新要求，迫使银行做出改变。美国网上银行的崛起、法国银行“旗舰体验店”的出现、社交网络的渗透、在线理财和在线经纪的壮大，实际上都在改变银行和客户间的关系，未来将可能改变零售银行业的发展形态。随着互联网的发展，银行物理零售网点逐渐减少，甚至“被颠覆”的可能性越来越大，中国的银行业也应提前做好相应的准备。而对于未来企业与客户间的关系，国外互联网金融的发展预示了大数据时代企业的变革，无论是互联网公司还是传统金融机构，未来企业的创新和发展都将以人为中心、以客户为中心，只有不断地创新优化客户体验、满足客户需求，企业才能在日益激烈的竞争中立于不败之地。

传统商业银行在依托线下网点开展营销、销售时，需要投入大量的资金和人力来建立实体的营业网点，但互联网将时间和空闲的限制打破，普遍以线上渠道开展营销及业务办理，节约了很大一部分成本，且在业务办理的高效、便捷上，传统商业银行与互联网金融机构相比也并不占据优势。互联网金融平台对商业银行的改变主要体现在三方面：一是影响商业银行的业务定位，互联网金融平台服务的主要是更多、更广的小微企业和个人用户，所以面对中小客户银行应采用多种细分方法来提升产品和服务的差异化水平，个性化定制的服务再加上高效、便捷，以错位竞争切入，深入市场；二是改变了银行经理开展业务的方式，从传统的口碑营销和驻点服务，逐渐转变为以搜索专业的金融门户为主，为平台客户提供精准的定制化服务，实现点对点对接、一对一服务；三是银行意识到，金融门户成为了中小客户进行融资的新渠道，商业银行可以利用互联网金融门户进行客户引流，逐步将金融门户的客户迁徙到本银行的门户网站上。

从国外的经验来看，除了互联网金融的兴起和商业银行的不断改进，创新型小微企业的发展也离不开相应的政策支持。国务院明确提出设立产业创业投资引导基金，破解创新型小微企业融资难题，要继续拓宽小微企业直接融资渠道，进一步健全多层次资本市场体系，继续多渠道发展股权融资市场，在降低大企业融资成本的同时，继续优化小微企业板、创业板等市场，使得更多的中小微企业可以依托新三板、区域性股权交易市场、银行间交易市场进行融资。同时加快促进私募股权发展，探索建立并引进产业风险投资引导基金、创业投资基金、种子基金等各类风险投资机构，形成较为完备的风险投资体系，为成长型创新企业开拓融资渠道。引导和支持金融机构发行小微企业、“三农”金融债等，专项用于支持小微企业及涉农领域。

中央政府做出表率，地方政府也要继续做好有关工作。首先，继续充实国有融资担保机构资本金，提升国有担保机构服务能力；进一步完善“政银担”（政府、银行、担保公司）风险分担机制和再担保体系，强化省级信用担保再担保功能，为市县融资担保机构分险增信，扩大担保覆盖面；积极鼓励民间资本进入商业性融资担保公司，并在风险可控的前提下简化担保贷款手续，放大贷款担保倍数。其次，探索建立健全专项“两金”管理机制。设立担保互助基金，为小微企业贷款的担保方提供风险补偿，切实引导担保公司服务于小微企业融资需求；探索设立企业临时应急周转资金，对于符合条件的小微企业，在贷款到期后仍有融资需求、又临时存在资金困难的，可提供应急周转资金用以临时性过渡，从而有效缓解小微企业的“倒贷”问题。

第五章　P2P 网络借贷在小微企业融资中的应用与发展

P2P 网络借贷又被称为“人人贷”，是互联网金融的一种重要类型，指个人或法人通过独立的第三方网络平台相互借贷。其基本模式为：网络借贷公司提供平台，由借贷双方自由竞价，撮合成交。资金出借人获取利息收益，并承担风险；资金借入人到期偿还本金，网络借贷公司收取中介服务费。P2P 网络借贷平台承担了信用认定、信息配对、利率制定及法律文本起草等一系列中介角色，通过安排多位出借人共同分担一笔借款额度来分散风险，同时也帮助借款人以合适的利率条件获得融资。这种债权债务关系的形成脱离了传统的银行类金融媒介，资金出借人可以明确地获知借款人的信息和资金流向。通过互联网技术，在低准入门槛、低单位成本的信息和交易平台上，精准对接每个个体的借款需求和投资需求。P2P 网络借贷的出现为缓解小微企业融资难提供了新的渠道。

第一节　P2P 网络借贷国内外发展概况

一、P2P 网络借贷兴起的背景

P2P 网络借贷的理念起源于尤努斯教授在 1983 年创立的格莱珉银行，格莱珉银行以扶贫为目标，开展无抵押的小额信贷业务，不仅创造了可观的利润，也使得众多贫困的穷人摆脱了高利贷的剥削。格莱珉银行自创建以来，已经帮助了 630 万名借款人（间接影响到 3150 万人），其中超过一半脱贫，是当今世界规模最大、效益最好、运作最成功的小额贷款金融机构，在国际上被大多数发展中国家模仿或借鉴。这一小额借贷模式便是国际上最初的 P2P 金融的雏形，自全球第一家 P2P 平台 Zopa 在英国成立以来，P2P 网络借贷行业在全球各地迅速发展。

美国的 Prosper 以及 Lending Club 平台分别于 2006 年和 2007 年成立，其中，Lending Club 于 2014 年 12 月在美国成功上市。我国第一家 P2P 网络借贷平台——拍拍贷于 2007 年 8 月在上海成立，此后我国网络借贷平台如雨后春笋般快速发展。

(一) 技术进步的影响

首先，网络技术不断发展。网络技术已经由之前用户被动接收信息的 Web1.0 时代，进入用户可以参与其中、创造内容，甚至能够实现交互的 Web2.0、Web3.0 时代。基于网络技术的不断进步，通过网络平台实现借贷信息的发布成为可能，资金的需求者可以将资金的需求信息发布到网络借贷平台中，而资金的供给者可以浏览这些信息寻求投资机会，双方在平台的中介服务下实现借贷交易。网络技术的不断发展为 P2P 网络借贷提供了技术支撑。

其次，网络使用不断普及。一方面，网络让人们之间的联系变得更加紧密，信息的传递更加迅速、快捷，网络的发展和普及使信息传输的覆盖面不断上升，成本却大幅度下降，在网络借贷平台发布借款信息，使得资金的需求信息能够迅速传播开来。另一方面，网民的规模不断扩大，互联网覆盖率不断增长。2016 年 12 月，中国网民规模达 7.31 亿，相当于欧洲人口总量。网民中使用手机上网人群占比由 2015 年的 90.1% 提升至 2016 年的 95.1%，使用台式电脑、笔记本上网比例均呈下降态势。2016 年，在手机应用方面，手机购物、手机外卖、手机在线教育课程规模增长明显；开展过互联网营销的企业通过移动互联网进行营销推广的比例为 83.3%，比 2015 年增长近一倍。发布网络借贷信息能够覆盖众多网民，且越来越多的人接触到网络借贷，为 P2P 网络借贷的兴起及发展奠定了客户基础。

最后，移动支付不断成熟。伴随着移动互联网和多网融合的发展，移动支付技术变得更加成熟，人们可以在任何时间、任何地点以任何方式进行支付。并且移动支付的成熟，使得电商和线上金融平台更容易信赖，改变了大众的交易习惯，线上支付和线上投资已经被大众所接受和普及，P2P 网络借贷已经渗透到人们的经济生活之中。

(二) 信贷配给和金融排斥的存在

信贷配给是指由于正规金融机构的贷款利率受到限制，不能无限制提高贷款利率来弥补借款中的风险，导致信贷市场上的资金需求大于资金供给，即过多的借款人追逐过少的资金的问题。一些无法获得资金的借款人不得不寻求新的出路，所以信贷配给在客观上推动了 P2P 网络借贷市场的发展。

与此同时，市场上也存在一些资金需求者，他们没有抵押物，无法提供银行要求的财务状况证明文件，银行进行信息调查或者筛选借款人的交易成本非常高，而且受限于相关法律法规，无法提高借款利率来作为对信息不对称或者违约风险的补偿，因此正规金融机构将这些人排斥在信贷市场之外。所以当 P2P 网络借贷市场出现时，这些人中的大部分就转向网络借贷，实现借款，而这也推动了 P2P 网络借贷市场的发展。

（三）政策环境的推动

民间金融一直是小微企业获得资金的主要渠道，尤其在金融危机、银根缩紧、正规金融机构信贷供给严重不足的情况下，小微企业从正规金融机构获得贷款变得更加困难，民间金融作为正规金融的补充，对小微企业的重要性更加突出，潜在需求市场也引导了民间资本流向小微企业。

然而民间金融形式多样，大多数处于无监管状态，政府无法实时监测其运营状况及存在的风险，因此，多数民间金融形式游走于灰色地带，处于边缘位置。但中央和各地政府意识到，一方面民间金融对小微企业发展具有重要作用，另一方面传统“堵”的方式并不能有效缓解民间金融的危机及其无序状态，因此纷纷出台相关政策，通过完善相关辅助措施、搭建平台等方式规范民间金融发展，引导民间金融从“地下”走到“地上”，以推进阳光进程。2012 年各地政府出台的关于促进金融发展、支持小微企业发展等相关政策文件中，大多数的法规政策涉及规范民间金融、促进民间金融阳光化的相关内容，加速民间金融的规范化进程。P2P 网络借贷平台的出现，使民间金融开始与互联网结合，运用互联网工具，部分民间金融开始从地下走向阳光、走向规范，并且使原本受地域限制极大的民间金融突破边界，为小微企业和个人提供更加快捷、方便的借贷服务。

二、P2P 网络借贷的国内外发展

（一）P2P 网络借贷的国外发展概况

P2P 网络借贷行业兴起于英国，盛行于美国，但是真正将 P2P 网络借贷模式发扬光大并进行模式创新的却是亚洲，其中，中国和印度最为典型。除了上述这几个国家的规模较大之外，爱尔兰、德国、俄罗斯、澳大利亚、日本、韩国、新加坡、印度尼西亚、菲律宾、墨西哥等国都或多或少出现了 P2P 平台及相关产业，当前在全球经济系统中采用了 P2P 网络借贷模式的国家已经遍布七大洲各个国家。据不完全统计，目前全球正在经营的 P2P 平台数量超过 2500 家，仅中国就逾 2000 家，占全球总数的 90% 以上，此外，英国和美国正在经营的平台数也均超过 70 家。2016 年全球的 P2P 网络借贷平台累计交易额已经突破了 4000 亿美元，仅中国参与其中的投资人数和借款人数就分别超过了 1300 万人和 800 万人。

P2P 网络借贷发展较为迅速也相对成熟的市场主要集中在美国、英国、中国、印度、澳大利亚等几个国家，这几个国家的 P2P 网络借贷行业发展的历史和背景有以下特点：一是英美等国家的网络借贷市场由于征信体系较为成熟，使得 P2P 网络借贷市场发展颇为火热，虽然有很多借款人可以从银行获取贷款，但是 P2P 网络借贷的竞价机制以及放贷效率，使得一部分人会放弃银行贷款而选择 P2P，以便赢得更好的利率和更快的执行速度。二是中国 P2P 网络借贷市场快速发展的原因与英美截然相反，主要在于中国的征信体系不发达，使得绝大部分人群并没有进入中国人民银行征信数据库，因而无法从传统的金融机构获得贷款，可是这部分人群的贷款需求却是最大的，从而直接导致国内 P2P 浪潮的来临。三是印度是亚洲除中国之外的最大的 P2P 网络借贷市场，其小微企业融资问题与中国类似，得以迅速发展的最主要原因之一也是解决了诸多小微企业融资难的问题，在印度市场中，P2P 网络借贷也衍生出很多面向小微企业贷款、票据贴现等的平台。

从国外来看，基于比较完善的社会信用体系，P2P 网络借贷主要有三种模式：一是以美国的 Prosper 为代表的纯中介模式，网络借贷平台对借款人进行信用评级，采用竞价方式撮合成交，平台只发挥比较单纯的信息中介作用。二是以英国的 Zopa、美国的 Lending Club 为代表的复合中介模式，平台除了提供信息中介服务之外，还担负还款监督者、利率定价人的角色。Zopa 平台以强制要求借款人按月分期偿还贷款、要求借款人必须签署法律合同等方式控制风险。Lending Club 则依托 Facebook 等社交平台提供服务。三是以美国的 Kiva 为代表的非盈利公益模式，采取的是“批量出借人 + 小额借贷”模式，以辅助弱势企业、消除贫困为目的，提供包括集体贷款、住房贷款和农业贷款在内的小额贷款服务。

1. Prosper 平台

美国的 Prosper 成立于 2006 年 2 月，是一家单纯的借款中介平台，平台方只负责撮合借贷双方在线上完成交易，是一种类似于拍卖方式的运营模式。借款者（个人信用积分在 640 分以上的）通过 Prosper 平台提交自己的借款信息，主要包括借款额度、期限以及愿意支付给贷款方的最高利率（通常借款者的借款额度为 2500 ~ 35000 美元，贷款期限为 1 ~ 5 年），Prosper 平台对借款项目进行审核，通过之后便可以将借款信息发布于平台网络之上，而众多的贷款者（投资人）通过在线上降低利率进行竞拍，这种竞拍模式使得每一笔交易以最低的成本完成。借贷完成后，Prosper 平台分别向借款者和贷款者收取 1% ~ 3% 以及 1% 的服务费。

在平台的风险控制方面，Prosper 平台会对借款者进行严格的审核，并将借款者的信用等级分为 AA、A、B、C、D、E 以及 HR（High Risk）七个不同的等级，等级越靠前，信用水平越高，借款者所对应的借款利率越低，相应地，在这一信用水平进行放贷投资的贷款者的收益率也越低。Prosper 平台将借款者的信用等级进行审核、归纳，供贷款者根据自身的风险偏好进行投资。Prosper 的借款利率随时间有一定的波动性，收益率则相对固定。Prosper 平台上不同信用等级所对应的借款利率与投资人的收益率如表 5－1 所示。

表 5－1 Prosper 平台上不同信用等级所对应的借款利率与投资人的收益率

借款人信用等级	借款利率（%）	投资人收益率（%）
AA	6.05～7.96	4.32
A	8.19～11.33	5.05
B	11.56～14.06	6.06
C	14.59～18.27	8.34
D	19.00～22.68	10.98
E	23.44～27.04	12.58
HR	27.75～31.25	11.25

资料来源：Prosper 官网。

2. Lending Club 平台

美国的 Lending Club 是国内最大的 P2P 网贷平台，Lending Club 对借款者的审核较 Prosper 更为严格，只有个人信用积分达到 660 分以上的才能成为平台的借款用户，借款者的借款额度在 1000～35000 美元，借款期限一般为 2～5 年。

不同于 Prosper 的纯中介平台的运营模式，Lending Club 采用的是债权转让的经营模式。当有借款需求的借款者在平台发布借款信息之后，平台对借款者进行严格的审核，审核通过之后由 Lending Club 的合作银行 Webbank 向借款者发放贷款，而有投资需求的贷款者以购买 Lending Club 平台的票据的方式成为平台的债权人。

不同于 Prosper 平台的借贷双方互相竞价以形成借款利率，Lending Club 平台的借款利率是由平台方与合作银行 Webbank 共同制定的。平台将借款者分为 A、B、C、D、E、F、G 七个不同的信用级别，每个级别又包含 1、2、3、4、5 五个子级。当前 Lending Club 等级贷款中，A、B 两类贷款所占比例较大，C、D 两类贷款所占比例不断增加，E、F 和 G 三类贷款所占比例最小，且呈不断缩小的趋势。Lending Club 除了在运营模式上与 Prosper 有些不同以外，其他的指标选取上二者都有相似之处（见表 5－2）。

表 5-2 Prosper 与 Lending Club 比较分析

对比项目	Prosper	Lending Club
主要业务	个人信贷业务	小微企业贷款
定价模式	信用等级	信用等级
贷款最低信用积分	640	660
贷款金额范围（美元）	2500~35000	1000~35000
利率范围（%）	6.05~31.25	6.48~29.99

资料来源：Prosper、Lending Club 官网。

3. Zopa 平台

Zopa 是英国也是世界第一家 P2P 网络借贷平台，自 2005 年成立之后，Zopa 一直采用纯线上的运营模式提供个人的信贷业务。Zopa 的运营模式与 Prosper 较为相似，以互联网为媒介撮合借贷双方，由于平台只专注于个人小额信贷业务，其借款人的借款额度较低，为 1000~2500 英镑，借款期限主要集中在3~5 年。

就风险控制来讲，Zopa 公司机制健全，坏账率比银行还低。为了降低信用风险，贷款人的钱通常会被分散贷给 50 个以上的借款人，就公开透明来说，P2P 的平台上，不仅披露风险指标，还披露这些指标是如何计算出来的，使出借人了解其所面临的潜在风险，而借款人也可以了解到自己应承担多少借款成本。出借人可以在网上查到自己所借出的钱的去向，所有流向具有一一对应的关系，并且清楚知道回报/收益是多少，真正做到了 P2P。网站上还披露不少信息，并提供查询信息的渠道。

Zopa 与 Prosper、Lending Club 的不同之处在于平台成功地引入了第三方管理运营保障基金来保障贷款人的利益，保障基金来源于借款者按照约定缴纳的准备金。如果借款者出现违约，平台方可以用保障基金来偿还借款者的本息。

英美两国 P2P 网络借贷行业迅速发展除了得益于其成熟、规范的征信体系之外，平台严格的运营机制也值得国内 P2P 网络借贷行业借鉴。国外 P2P 网络借贷平台在交易过程中，只扮演中介的角色，且借贷资金或不经平台流动或经第三方机构托管，避免了资金池的风险，除此之外，平台的审慎态度在降低平台运营风险上也起到了重大作用，如严格限制借款额度、同一投资人分散投资等。

（二）P2P 网络借贷在我国的发展

自 2007 年以来，以时间划分，我国网络借贷行业经历了探索、扩张、爆发以及调整四个阶段：一是探索阶段（2007~2010 年），这一阶段我国的网络借贷平台只有不到 10 家，且绝大多数平台以纯线上的无担保经营模式为主。由于网络借贷理念刚刚引入我国，大部分的网络借贷从业人员缺乏民间借贷和金融从业经验，使得早期的P2P网络借贷行业发展缓慢，风险水平较高。二是扩张阶段（2011~2012年），这一时期，一些有民间借贷经验的创业者开始陆续进入P2P网络借贷行业，而软件开发公司也为P2P行业开发出较为成熟的平台运营模板，从业人员和用户量不断增加使得我国P2P网络借贷行业快速发展，行业成交规模及平台数量迅速增长。三是爆发阶段（2013~2014年），由于2013年商业银行贷款的收紧加大了小微企业融资难度，使得不少创业者看到了P2P网络借贷行业的机会，众多借款者纷纷踏入网络借贷平台寻求融资资金。这一时期，我国P2P平台数量和成交规模均大幅增长，随着行业爆发式的发展，问题也随之而来，一些平台以P2P为幌子进行自融，以高息吸引投资人，在面临挤兑时最终“跑路”。四是调整阶段（2015年至今），我国P2P行业以规范监督调整为主。在调整期内，国家表明了鼓励互联网金融创新的态度，并对P2P平台给予大力支持，相继出台指引规范，2016年8月，银监会、公安部、工信部、互联网信息办公室四部委联合发布《网络借贷信息中介机构业务活动管理暂行办法》，标志着监管层开始严格规范网络借贷行业以使其尽快走上正轨。

经过了多年的发展，我国P2P网络借贷规模已经成为世界第一，网贷之家数据显示，[①] 截至2016年12月底，网络借贷行业正常运营平台数量达到了2448家，相比2015年底减少了985家，全年正常运营平台数量呈现逐步减少的走势，与2015年数量大幅增加呈现截然相反的情况。2016年全年新上线平台为756家，其中2016年第四季度仅新上线了38家，可见我国网络借贷行业已经从“野蛮生长”阶段迈向了“规范发展”新阶段。2016年8月24日，《网络借贷信息中介机构业务活动管理暂行办法》正式出台，明确了我国P2P网络借贷是专门经营网贷业务的金融信息服务中介机构，规定对客户资金和网络借贷机构自身资金实行分账管理，由银行业金融机构对客户资金实行第三方存管。对P2P网络借贷行业实行依法、适度、分类、协同和创新监管，既满足了该行业创新的要求，也改变了基本无规则约束的行业现状。

由于网络借贷行业政策环境的原因，2016年大量平台退出市场。计入统计的30个省市中，2016年仅辽宁一地正常运营平台数量有所增加，但是增加数量也仅为1家。正常运营平台数量下降的29个省市中，山东、广东减少数量最多，分别减少了210家、183家，其余省市下降数量小于百家。

2010~2016年，我国网络借贷平台数量变化如图5-1所示。2016年底全国各省市正常运营网络借贷平台数量如图5-2所示。

---

① 盈灿咨询.2016年中国网络借贷行业年报（完整版）[EB/OL].网贷之家，http://www.wdzj.com/news/yanjiu/52614.html.

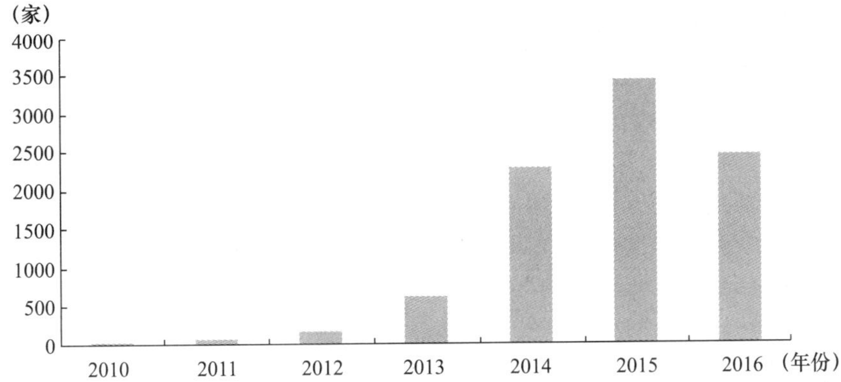

图5-1 网络借贷平台数量变化（2010~2016年）

资料来源：盈灿咨询.2016年中国网络借贷行业年报（完整版）［EB/OL］.网贷之家，http：//www.wdzj.com/news/yanjiu/52614.html.

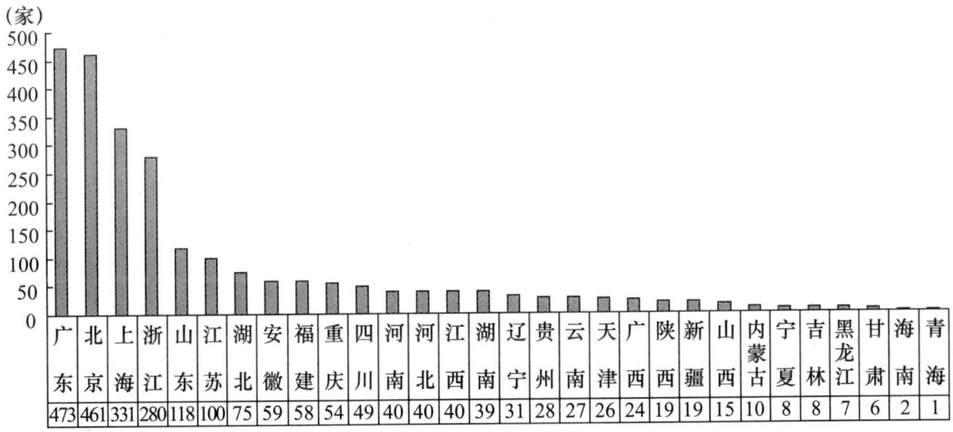

图5-2 2016年底全国各省市正常运营网络借贷平台数量

资料来源：盈灿咨询.2016年中国网络借贷行业年报（完整版）［EB/OL］.网贷之家，http：//www.wdzj.com/news/yanjiu/52614.html.

2016年网络借贷行业成交量达到了20638.72亿元，单月成交量更是突破了2000亿元，这一系列的成绩反映了P2P网络借贷行业仍然获得大量投资人青睐的事实。2016年12月，P2P网络借贷行业成交量前100的平台成交量占全行业成交量的比例为78%，前200的平台成交量占比为87%，前300的平台成交量占比高达91%，这也反映了成交更多地发生在成交量前100的平台中。随着成交量稳步上升，P2P网络借贷行业贷款余额也同步走高。截至2016年底，网络借贷行业总体贷款余额已经达到了8162.24亿元，由于资金的主要去向仍是以“强背景”大平台为主，大平台的借款期限普遍较长，业务增长较快，因此使得贷款余额出现了较为明显的增长。

2016年网络借贷行业投资人数与借款人数分别约为1375万人和876万人，较2015年分别增加134.64%和207.37%，网络借贷行业人气增长幅度仍然较大。2016年，监管政策对于借款金额的限制使较多平台出现了向诸如消费金融等业务模式的转型，因此借款人数增长速度远超过投资人数增长速度。从借款人角度来看，2016年单月单个平台借款金额介于0～20万元的借款人最多，占比高达95.07%；其次为20万～100万元，借款人数占比高达4.22%；100万～1000万元与1000万元以上的借款人数占比分别为0.68%和0.03%。综上可以看出，由于部分平台为了迎合借款限额的要求，纷纷转型业务发展小额消费金融业务，使得2016年单一平台借款人金额位于0～20万元占比出现较大幅度的上升。

我国P2P网络借贷平台引入了线下模式、提供融资担保、介入借贷双方债权债务关系等，具体运作模式主要有以下四种：一是类似Zopa平台的纯信息中介模式，拍拍贷是此类模式的代表，平台只起撮合借款人和出借人的作用，本身不为投资人提供任何形式的本息担保，也不会通过第三方融资担保机构或抵押担保方式为投资人提供保障。二是债权转让模式，该模式在国内为宜信公司首创，由平台向借款人贷款形成债权关系，再由平台将债权分拆打包成固定收益类理财产品销售给出借人，与Lending Club运营模式类似。在这一模式下，平台不再充当单纯的中介角色，而是参与了资金转移的过程，成为"居间人"，运作模式较为复杂，风险和监管难度也较大。三是提供担保模式，可分为第三方担保模式和平台自身担保模式，国内大部分主流平台为吸引投资人都采用了某种形式的担保。四是线上线下相结合的O2O模式，邦帮堂、翼龙贷等平台采用此种模式，P2P网络借贷平台在线上主攻理财端，吸引出借人，并公开借款人的信息以及相关法律服务流程，线下强化风险控制、开发贷款端客户，P2P网络借贷平台自己或者联合合作机构（如小贷公司、产业园区）审核借款人的资信、还款能力。

第二节　P2P网络借贷在小微企业融资中的应用

一、P2P网络借贷的特点及其优势

P2P网络借贷具有贷款期限短、金额较小的特点，并且平台对借款者的信用材料较为重视，相比而言，平台对借款者的财务状况重视程度较弱；另外，平台投资借贷双方主体广泛，P2P网络借贷并不针对特定主体，借贷双方主要是个体工商户以及中小微企业，二者需要资金周转，平台提供融资渠道，任何有融资需

求的个人、企业都可以参与其中。除此之外，P2P 网络借贷的交易方式灵活、高效，通过互联网进行融资，突破了地域、时间的限制。且借款利息、还款方式、借款期限等都比较灵活，可以由借贷双方自行商定。P2P 网络借贷与一般商业银行借贷最大的不同便是简化了层层的信贷审批程序，对缓解小微企业融资难起到重要的作用，并具有诸多优势。

（一）可以提供无须抵押的小额信用借款

我国小微企业普遍存在发展不稳定、存活时间较短的特点，同时，这些企业还存在财务状况混乱、所处行业竞争压力较大的状况，加之企业缺少融资抵押物，使得小微企业很难达到银行的贷款条件；从银行的角度考虑，小微企业贷款额度较小、信贷审核成本较高，使得银行难以对小微企业产生“兴趣”。P2P 网络借贷平台可以在相同的条件下为小微企业提供信用贷款，由于网络借贷平台的投资人大多来自普通工薪阶层，存在单笔借贷资金量较小，但资金来源广泛的特点，这恰好迎合了小微企业的融资需求。如今，大部分 P2P 网络借贷平台都涉及小额信用借款业务，且并不需要小微企业提供抵押物，借款方的小微企业只需提供详尽的个人征信信息和明确的贷款用途，再经过平台方审核后就可以获得小额的贷款资金以缓解自身的融资困难问题。

（二）相对于传统融资方式成本较低

受益于互联网的高效、快捷，有融资需求的小微企业可以很快地寻找到适合自己的 P2P 融资平台，大大减少了通过线下方式融资的时间以及成本。小微企业可以利用平台提供的信息选择适合自身的借款产品，选取利率较低的融资产品。小微企业借款申请的提交、借贷合约的签订都在线上完成，并通过网络银行、支付宝等支付工具进行还款，因此签约成本和还款成本都大大降低。传统的线下融资费用主要包括交通费、业务招待费、抵押物评估费、担保费，采取线上贷款的模式，可以在一定程度上减少小微企业这方面的费用，从而在一定程度上降低融资成本，加速企业的运营周转。

（三）小微企业的融资期限与 P2P 网络借贷行业的借款期限匹配度高

研究数据显示，我国中小企业平均寿命只有 3.7 年，其中，小微企业还不到 3 年，而大部分小微企业更是很难熬过初创期。根据网贷之家的统计，平均借款期限分布在 1 ~6 个月的平台占比约 82%，只有约 4% 的平台借款期限为 12 个月以上。一方面反映了投资人首先偏好流动性高的标的，其次考虑收益率；另一方面也恰恰符合初创期小微企业的借款需求特征，在一定程度上填补了传统金融机构对小微企业贷款不足的缺口。网络借贷平台的借款期限与小微企业的融资期限匹配度很高，平台容易满足小微企业“短期、小额、频繁”的融资需求。P2P 网络借贷平台的搭建则可以很好地实现小微企业与资金供给者的对接。P2P 网络借贷平台通过网上实现对小微企业的审核和评估工作，大大缩短了小微企业的贷款时间，为小微企业的发展提供了巨大的帮助。

二、P2P 网络借贷平台支持小微企业融资的典型模式

（一）纯线上信用贷款——拍拍贷模式

拍拍贷成立于2006年，是国内第一家纯信用借贷平台，拍拍贷的运营模式最为接近国外 P2P 网络借贷平台，只为借款者和贷款者提供对接的平台，借款人和投资人自行配对，拍拍贷平台自身既不吸储也不放贷，投资风险则由投资人自行承担，平台方只对提供虚假信息的骗贷情况承担责任。在整个借贷的过程中，平台方只为借贷双方提供必要的信息和服务。拍拍贷纯信用、无抵押的借贷模式，符合小微企业的借贷需求，成为了众多私营业主、网店卖家融资的首选平台。

在风险控制方面，拍拍贷有其独特的信用评级体系，这得益于拍拍贷拥有 P2P 网络借贷行业内最大的用户数据，且拍拍贷网站上的贷款人最为活跃。拍拍贷除了审核借款者提供的基本资料外（如学历证明、收入证明、历史借款记录等），还会根据大数据来对借款者的信用水平进行全方位的评价，最常用的方法为调查借款者在社交网站上的数据，或与第三方权威数据中心进行合作获取平台需要的信息（如与支付宝进行合作获取借款者数据），拍拍贷通过平台自身建立的信用风险模型来判断借款者违约的概率和成本，以此来设定借款者的贷款额度以及利率范围。拍拍贷大数据征信体系具体如图 5－3 所示。

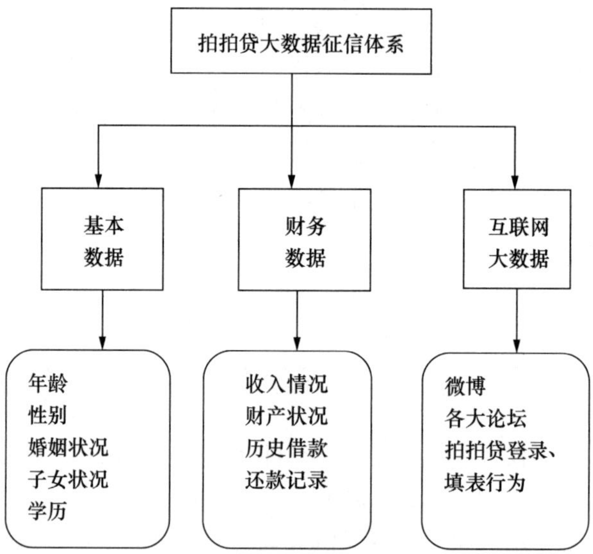

图 5－3　拍拍贷大数据征信体系

资料来源：笔者绘制。

拍拍贷平台的借款流程较为简单，可以很大程度上节省借款人的时间。通常有融资需求的小微企业或个人只需在拍拍贷网站发布个人的借款金额、借款用途、还款期限以及个人的基本资料，待平台方审核通过之后便可以为借款者制定合理的借款利率，与 Prosper 相似，拍拍贷根据借款者的信用状况，将借款者的信用等级分为 A +、A、B、C、D、E 和 E + 七个级别，信用级别越靠前借款利率越低。目前拍拍贷平台有 64% 以上的借款者都属于 A 和 A + 级别，而投资人在对借款者的信用状况有基本了解之后便可以根据自身的风险承受能力选择是否进行放贷。通常一笔借款标的会对应多位投资人以分散风险，当借款成功之后，拍拍贷平台会自动生成电子借条，借贷合同由借贷双方直接完成，借款者按月向投资人还本付息即可。在整个借款的流程中，平台方不参与资金流动，所有借贷资金的流出、流入都由第三方支付平台完成，拍拍贷的借款流程如图 5 - 4 所示。

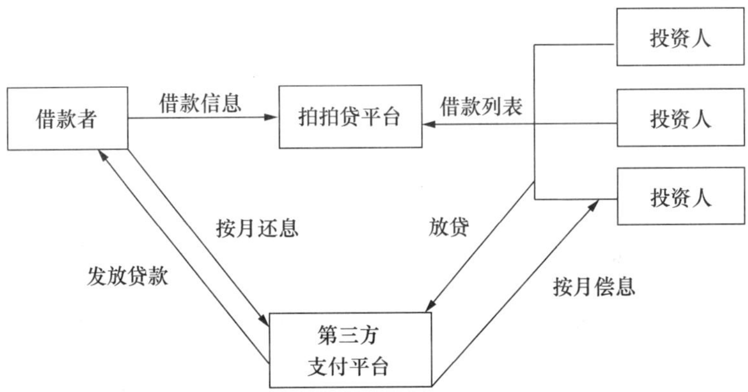

图 5 - 4　拍拍贷借款流程

资料来源：笔者绘制。

（二）线下债权转让——宜信模式

宜信公司于 2006 年在北京创立，涉及业务较为广泛，主要有财富管理、信用风险评估以及小微借贷服务。宜信于 2010 年 4 月获得了国际顶级创业投资机构 KPCB 千万美元的风险投资；2011 年 IDG 资本和摩根士丹利共同向宜信注资上千万美元，目前，我国国内众多的线下 P2P 网络借贷平台大都采用宜信的债权转让模式。

宜信的运营模式较为综合，主要以线下债权转让模式为主，宜信平台的借款端客户群以白领阶层、中小微企业主以及大学生为主。其借贷模式以宜信创始人唐宁为中介，唐宁先以个人的名义将资金放贷给有融资需求的借款者，签订合同并形成债权，然后再将其债权打包分割后转让给有投资需求的投资人。投资人与借款者并不直接进行沟通，具体的投资项目由平台方进行匹配，借款者的基本信息也由平台方负责审核。当投资人决定放款之后，宜信平台会将债权转让、受让协议寄给投资人，待投资人对债权无异议之后便可以将资金转入协议账户，从运作模式来看，宜信对借款人的掌控力度更强，投资人一般不参与审核，并且与借款人没有合同，而只有与第三方宜信的债权转让合同。这样，出借人就会有极大的风险，为了保护出借人的借款安全，宜信在总服务费中提取相当于总贷款金额的2%作为风险补偿基金，当违约发生时，用这部分基金进行赔付。宜信的债权转让借贷模式如图5-5所示。

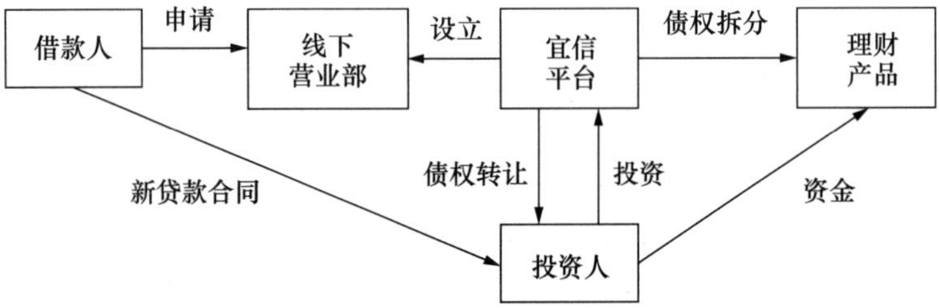

图5-5　宜信借贷模式

资料来源：笔者绘制。

在风险控制方面，首先，宜信加大了对产品风险的控制，主要包括贷前的充分评估调查，并对借款者进行严格的审查和信用评估，贷前会对借款者的信用报告、房产证明、经营证明、收入证明等资料进行仔细的审核。其次，宜信运用了第三方账户托管制度。宜信平台所有的投资人资金全部存储在第三方支付平台中，由第三方支付平台进行托管，避免了平台自身挪用资金的风险。另外，作为还款的有力保证，宜信采取分散贷款和每月还款制度，较大限度地保障了有效还款，除此之外值得一提的是，宜信对借款人进行审核的时候都要求见面，所以宜信在40多个城市都有网点，在见面之后由本人亲自出示各种证件原件并当面询问借贷资金的使用用途等情况，较好地保证了借款人信息的真实性。

（三）产业园区O2O——邦帮堂模式

不同于拍拍贷的纯线上融资模式以及宜信的线下债权转让模式，O2O模式采用线上线下相结合的方式，线上借款端负责吸纳投资人，而线下端则寻找还款能力强、融资需求旺盛的小微企业。产业园区又成为大量小微企业的聚集地，这就为园区型O2O模式的产生奠定了基础。

园区型O2O模式的典型案例是邦帮堂平台，其项目来自于母公司鑫茂集团高科技产业园区中的中小微企业以及其上下游产业链上的企业，自成立以来，邦帮堂已拥有近30万用户。在园区型O2O模式下，一方面，P2P网络借贷平台可以实现对中小微企业的全方位了解，筛选出优质的借款项目；另一方面，由于P2P 网络借贷平台与园区管理机构关系紧密，使得整个申请和审批周期短、效率高，对区内企业来说，融资更加便捷、高效。园区型 O2O 的整个借款流程如图5－6 所示。

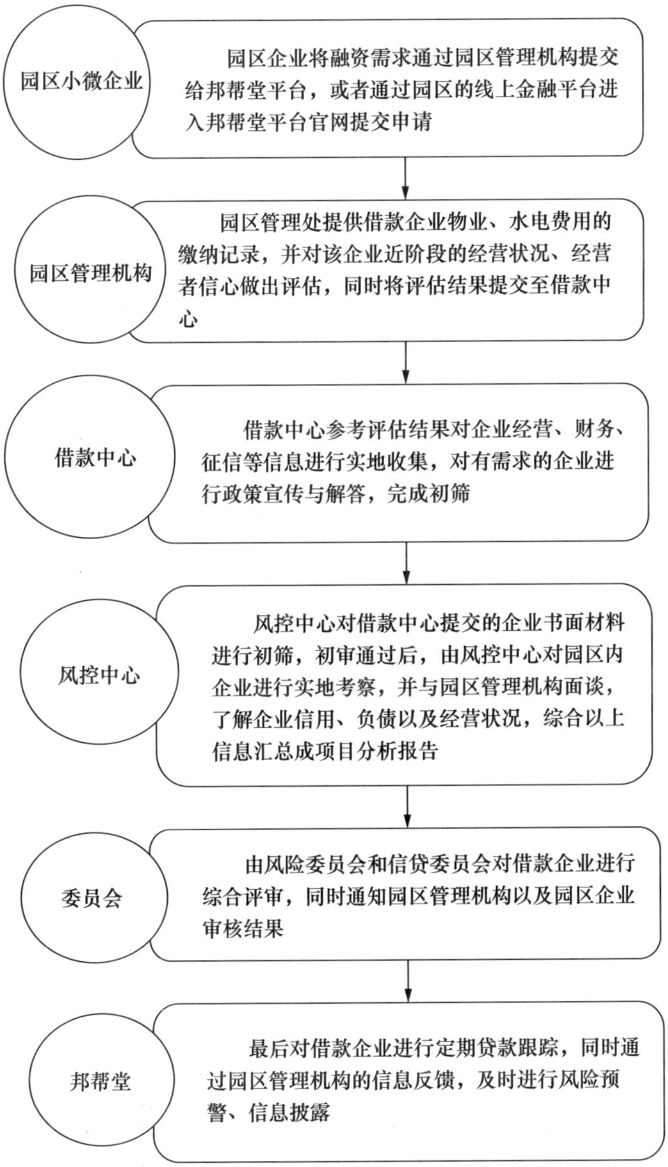

图 5－6　园区型 O2O 的整个借款流程

资料来源：笔者绘制。

从借款流程来看，园区管理机构可以很容易获得企业的经营状况，如物业、水电费用的缴费记录，有无政府行政处罚记录等信息，并根据这些信息评估企业的信用等级和还款能力。这一步骤的信用审核由园区管理机构完成，并且成本很低，园区管理机构将初筛过的符合贷款要求的企业的贷款申请递交给P2P平台。平台可以根据评估结果进一步对企业的财务、经营、征信等信息进行实地考察，进而进行放贷。贷款之后的跟踪由平台主导，园区管理机构进行辅助，园区管理机构的全程参与很大程度上增加了企业的违约成本，可以降低平台的坏账率。园区与平台的成功对接、园区小微企业数量庞大、融资需求旺盛所形成的规模优势在很大程度上降低了P2P网络借贷平台的征信以及风控成本，对园区小微企业和平台来说实现了共赢。园区型O2O模式的主要优势表现在以下几个方面：①快速、高效，园区内小微企业可以快速获得平台融资服务；②园区管理机构的成功参与，有效减少了融资的中间环节，降低了企业的融资成本；③通过网络借贷平台服务实体经济，助推小微企业建设，带动产业园区升级创新；④园区管理机构与平台共同进行风控管理，实现对企业360度尽职调查，进一步降低了投资人的投资风险。

第三节　P2P网络借贷的风险管控与发展趋势

一、P2P网络借贷面临的风险及控制策略

P2P网络借贷的风险主要集中于网络借贷平台，由于我国P2P网络借贷平台运作模式发生了较多变化，相应的风险也与国外平台有所区别。我国P2P网络借贷平台面临的主要风险来自于四个方面：一是法律和监管缺失的风险，二是信用体系不完善的风险，三是平台运作不规范的风险，四是网络技术不足的风险。P2P网络借贷既经历了平台“跑路”等负面事件带来的阵痛，又看到了一系列监管条例和合规标准出台给行业所带来的曙光。

（一）P2P网络借贷平台面临的风险分析

1. 法律和监管缺失的风险

目前我国法律政策与P2P的快速发展不相适应，虽然《中华人民共和国民法通则》、《中华人民共和国合同法》等法律在一定程度上能够对其进行必要的约束，但还缺乏专门的规则对其性质、责任、合规要求等进行界定，面临着比较大的法律风险。与之对应，缺乏规则也使监管层面临一系列现实问题。在很长一段

时间里我国P2P网络借贷面临“三无”问题，即无准入门槛、无行业标准、无机构监管。监管是P2P等金融创新健康发展不可缺少的保障，通过制定相应规则、明确合理边界，网络借贷行业才可能有序发展。P2P网络借贷行业存在大量由于信息不透明造成的道德问题，各类平台良莠不齐，不规范平台非法集资、卷钱“跑路”的情况不在少数，给借款人带来损失的同时也给整个行业发展带来不利影响。2016年监管文件陆续出台，尤其是8月出台的《网络借贷信息中介机构业务活动管理暂行办法》确立了P2P网络借贷的合法地位，随后与监管细则配套的监管办法也相继出台，如资金存管（征求意见稿）、备案指引等。此外，国务院组织十四部委在全国范围内对包括P2P网络借贷行业在内的互联网金融行业进行专项整治。随着监管政策逐步落地以及专项整治工作的开展，合规性调整将会成为未来一段时间行业的主旋律。

2. 信用体系不完善的风险

与发达国家P2P平台基于较为完善的社会信用体系的情况不同，我国的信用体系建设还不完善，征信系统还在建设深化的过程中。目前，中国人民银行征信中心的数据主要服务于商业银行的信贷业务，对于P2P网络借贷平台的服务还不充分，P2P网络借贷的数据还没有被纳入征信系统，也没有征信系统的使用权。因此网络借贷平台难以便捷地掌握借款人的信用信息，加之我国P2P行业的进入门槛较低，部分网络借贷公司从业人员的素质不高，对于借款人的信用状况进行评价可能存在偏差，容易造成潜在的坏账风险。另外，各网络借贷平台的数据尚未实现共享，存在同一借款人在多个平台进行借贷的“一人多贷”现象，以及同一借款人注册多个账号“骗取贷款”的情况，这可能造成借款人违约风险增大。虽然部分P2P网络借贷平台通过线下调查的方式对借款人的真实信用状况进行调查，在减少坏账风险的同时也增加了平台运行的成本，对于那些实力不强的P2P网络借贷平台而言并不适用，缺乏对借款人征信数据的掌握，平台的信用风险也会不断上升。因此，信用体系不完善的现状，既影响贷款效率，也影响贷款质量。

3. 平台运作不规范的风险

目前很多P2P网络借贷平台没有把借贷的信息交换与资金交易两项职能分开，P2P网络借贷平台普遍采用在银行和第三方支付平台开设的账户对借贷资金支付进行中间账户操作，但中间账户的资金和流动性情况处于监管真空状态，均由P2P网络借贷平台自行管理，容易诱发平台“卷款跑路，挪作他用”的道德风险。若将资金投入限制性行业或用于其他不正当目的，则会诱发变相揽储、非法集资、发放高利贷等风险。国内部分P2P网络借贷平台采取了以自有资金为投资人本金提供担保的方式，甚至为投资人提供本金与利息的担保，以此吸引投资人进入。在发生借款人违约风险时，平台先行垫付后再向借款人追偿，这给平台运作带来了压力，如果出现借款人大面积违约事件，平台可能面临无法垫付而倒闭的风险。

4. 网络技术不足的风险

P2P 网络借贷平台需要先进的信息整合技术和数据挖掘技术作为支撑，目前来看，很多 P2P 网络借贷平台对此重视不够，忽视网站的维护和升级，网络安全技术风险较高。由于 P2P 网络借贷需要借助网络对借贷双方的信息进行详细记录，一旦平台服务器被黑客或病毒攻击，个人数据很容易泄露，会给借款人和投资人带来巨大的损失。互联网技术是 P2P 网络借贷的精髓，如果相关的网络风险得不到重视，P2P 网络借贷的发展必将受其阻碍。

（二）完善我国 P2P 网络借贷平台风控体系的策略

1. P2P 网络借贷平台风险控制体系构建原则

（1）全面风险管理原则。通过对我国 P2P 网络借贷平台风险因素的分析可知，P2P 网络借贷平台的风险来自于各个层面，既有配套环境不完善造成的风险，也有交易过程信息不完全导致的风险，同时还有来自于投资人的风险。对于 P2P 网络借贷平台风险控制体系的构建，要综合考虑 P2P 网络借贷平台的各种风险因素。从一定意义上说，风险控制框架体系的构建遵从木桶原理，即决定平台风控体制构建效果的不是构建相对完善的部分，而是构建相对不完善的部分。因此，综合考虑 P2P 网络借贷平台风险的各种因素，建立全面风险管理的体系框架是 P2P 网络借贷平台风险控制体系框架构建的第一原则。

（2）内外风控相结合的原则。P2P 网络借贷平台是从事资金配置的金融中介服务机构。作为从事金融信息服务的机构，P2P 网络借贷平台从事的各项业务的开展要受到政策监管和法规的制约。外部监管机制的确立和相关配套服务的完善是推动 P2P 网络借贷平台健康发展的制度保障和物质基础。同时，P2P 网络借贷平台的风险控制也离不开平台自身管理体制的完善、经营理念的转变以及风险控制技术手段的更新。因此，P2P 网络借贷平台风险控制体系框架的构建，既要依靠外部制度和监管的制约以及配套设施的完善，同时也要发挥平台自身的主观能动性，要坚持内外风控相结合的原则。

（3）与资源条件相适应的原则。从现实条件来讲，每一个国家和地区的金融环境都有各自的特色，这和国家自身的经济发展程度、监管理念、金融结构等因素是密切相关的。同时，P2P 网络借贷平台的主要风险特征也是和本国或地区的金融环境息息相关的，不同金融环境下，P2P 网络借贷平台的主要风险积聚点爆发特征也存在差别。我国 P2P 网络借贷平台建立风险控制体系框架时也需结合我国金融和经济环境加以综合考虑。

2. P2P网络借贷平台风控体系基本框架

P2P网络借贷平台风险控制体系包括外部风险控制体系和内部风险控制体系。外部风险控制体系包括监管体系和自律体系，内部风险控制体系包括发展理念、组织架构、风控手段等方面（见图5－7）。

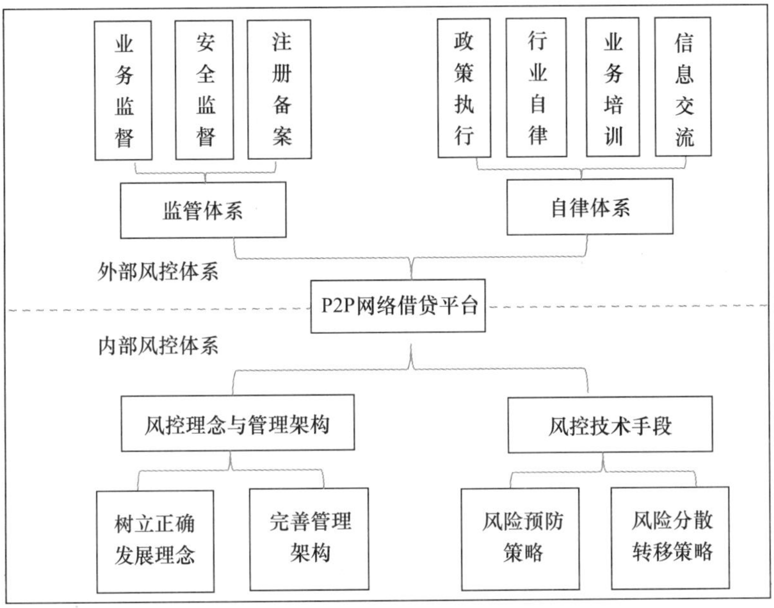

图5－7　P2P网络借贷平台风控体系基本框架

资料来源：笔者绘制。

3. P2P网络借贷平台风险控制体系构建策略

（1）加快监管体系建设。明确行业发展的监管部门，尽快出台针对我国互联网金融的监管规则。包括P2P网络借贷平台不能建立资金池；落实实名制原则，投资人与融资人都要实名登记避免违反反洗钱法规；明确P2P网络借贷机构不是信用中介，也不是交易平台，而是信息中介；应有一定的行业门槛，对从业机构应该有一定的注册资本，高管人员的专业背景和从业年限、组织架构也应该有一定的要求；投资人的资金应该进行第三方托管，不能以存款代替托管；P2P网络借贷平台不得为投资人提供担保，不承担系统性风险和流动性风险；走可持续发展道路，不要盲目追求高利率融资项目；P2P网络借贷行业应该进行充分信息披露、开展必要的外部审计；P2P投资人平台应该推进行业规则的制定和落实，加强行业自律的作用；坚持小额化，将支持个人和小微企业发展的原则等内容落实到具体监管规则中去，使 P2P 网络借贷平台发展有法可依。此外，监管部门还应积极推动 P2P 网络借贷平台加入到个人征信体系的建设中来，加强征信体系对行业发展的支持。

（2）完善自律体系建设。从我国金融行业监管现状来看，行业自律的作用不容忽视，是政府监管部门与行业发展之间的纽带和桥梁，通过行业自律组织既可贯彻执行相关监管政策，还可及时掌握行业发展最新的数据和动态。我国目前尚没有成立全国统一的 P2P 网络借贷平台行业自律协会，只有地区性的自律组织，缺乏权威性和统一性，在自律效果方面难以达到实行行业自律的初衷，需要进一步完善。可以考虑在人民银行支付清算协会牵头成立的“互联网金融专业委员会”基础上，积极整合其他相关自律组织，形成全国性的行业自律组织。行业自律组织重点在以下几方面发挥作用：一是形成和制定行业发展的统一服务标准和规则，引导 P2P 网络借贷平台规范发展；二是探索建立 P2P 网络借贷平台的登记备案制度，促进 P2P 网络借贷行业阳光化发展；三是推动建立 P2P 网络借贷平台发展的投资人保护基金，或设计和推广其他风险分担机制，增强 P2P 网络借贷平台自身对于风险的承受能力和行业自救能力，既保护金融投资人合法权益，也保障行业的健康发展。

（3）P2P 网络借贷平台要加强自身建设。P2P 网络借贷平台作为金融信息服务平台，主要职责是提供相应的信息中介服务，保证借贷双方信息的准确性，实现资金的有效配置。因此，P2P 网络借贷平台应树立建设“百年老店”、“做大做强”的发展理念，而不是跟风成立那些利用目前市场规范缺乏，进行短期交易和投机取巧的劣质平台。P2P 网络借贷平台的管理团队要把功夫下在强化平台实力、把控借贷双方资质、进行技术研发等方面，以此防范风险的积累和爆发。首先，平台应把重视高层次专业人才的引进作为一种金融创新。P2P 网络借贷平台的风险控制体系与方法仍处于探索阶段，高层次的专业人才比较缺乏。这也是部分 P2P 网络借贷平台产生大量坏账、无法持续运行、最终倒闭的重要原因之一。从目前市场上风险控制水平较高的平台看，拥有高水平的信贷管理团队、吸引名校的专业人才和来自传统金融机构的风控精英，是这些平台取得成功的关键。行业整体的健康发展能够发挥示范效应，吸引更多的人才进入这个领域，形成人才与行业发展的正向反馈机制。其次，应加大技术研发的力量。P2P 网络借贷平台作为基于互联网思维产生的金融创新，其发展面临着技术进步和金融创新两方面挑战，需要不断推陈出新，紧跟时代发展。P2P 网络借贷平台所有业务需要在网络上完成，网络的安全性、平台使用的友好性、交易数据的完备性、对客户信息的隐私保护等都需要不断加强，防止破坏行为的不利影响。另外，交易平台的虚拟性使 P2P 网络借贷平台要承担更多的技术风险，必须加大技术研发的力量妥善解决。

（4）完善 P2P 网络借贷平台风险识别与预防措施。首先，要健全针对借款人信息的审核体系，有效降低来自借款人的信用风险。在平台自身征信系统和征信技术开发建设的基础上，逐步建立行业风险信息共享机制，提升行业的整体风控水平是下一步的重点工作。风险信息共享是 P2P 网络借贷行业发展的基础保障，可通过黑名单共享来判断是否存在“一人多贷”等现象，让 P2P 网络借贷企业在提供借款时有更多参考指标，提高借款效率与风控水平。此外，改变互联网金融企业不能接入央行征信系统的现状，也能在很大程度上降低 P2P 网络借贷机构的审贷成本，提高审贷质量和服务效率，这需要有关部门尽快推动和实施。其次，建立对投资人合规性的审核机制，有效控制违法洗钱的风险。由于目前 P2P 网络借贷平台对投资人合规性的审核严重不足，其极有可能成为不法分子进行洗钱的场所和工具。P2P 网络借贷平台需要加强对投资人合规性的审核工作机制。具体而言可从两方面着手：一是对于大额资金，建立合法性调查机制。按照相关法律规定和监管部门要求，P2P 网络借贷平台对于进入平台的大额资金进行来源合法性的调查，及时发现和解决可能存在的问题和风险，从源头上做好投资人进行违法洗钱活动的风险把控。二是加强贷款业务过程中的投资人洗钱风险甄别。对于交易过程中出现的资金异常情况，利用数据挖掘、特征识别等技术进行分析和研究，加强网络借贷中的投资人洗钱风险识别。

（5）提高平台风险化解与转移的能力。P2P 网络借贷平台发展中面临的风险不可能完全消除，在风险产生后采取有效的化解和转移措施，可在一定程度上缓解平台的风险。大量出现的平台倒闭和“跑路”事件背后，存在着部分平台对于发生的风险处置不力的因素。P2P 网络借贷平台可从逾期借款支付机制和坏账风险的转移机制两方面采取措施。首先，建立科学有效的逾期借款支付机制。结合平台风险从产生到爆发的过程来看，投资人对平台公信力的认可程度具有决定性作用。在逾期借款支付机制缺失的情况下，一旦平台发生影响其公信力的事件，会带给投资人恐慌情绪，发生投资人集中收回投资资金的平台“挤兑”行为，投资人的这种羊群行为会导致平台风险的快速扩大并以倒闭等极端形式爆发出来。科学有效的逾期支付机制能够极大地维护平台的公信力，平台可以通过建立合理的账款催收机制、拨备一定数额的风险准备金等方式建立应对逾期风险的机制。其次，强化坏账风险的转移机制。一旦发生坏账，平台要在客观分析原因的基础上，综合运用各种手段进行坏账风险的转移，包括通过与保险公司合作、加强与担保机构合作等方式进行风险转移。

二、我国 P2P 网络借贷的发展趋势

随着监管细则的逐步出台以及互联网金融专项整治工作的开展，我国网络借

贷行业正式步入清理整顿阶段，“合规”是P2P网络借贷平台未来发展的首要任务，行业进入规范化发展阶段。早期野蛮发展导致的问题平台数量持续减少，少数的优质平台可以凭借其优势以及品牌继续扩大市场规模，一些综合实力较弱、经营不善、不符合监管要求的平台，将不得不选择退出网络借贷行业，行业将呈现出强者愈强、弱者愈弱的“马太效应”。

（一）从资产端角度看P2P网络借贷行业发展趋势

P2P网络借贷平台的资产端是指借款主体以及围绕借款主体的一些具体内容，是P2P网络借贷运营中资金的流向方。涉及借款主体（主要为中小微企业或个人消费者，统一归为借款端）、借款主体信用水平、财务状况等。P2P网络借贷的资产端几乎都在线上，平台通过网络发布借款标的，将投资端的资金汇集到一起，进而释放给有借款需求的主体。更为具体地说，资产端就是有形的债权资产，例如，借款主体抵押、质押给平台的二手车，以及抵押的房产，这些都是资产端里面的资产，大部分平台通过线下进行开发。

1. 资产端行业垂直细分趋势

目前，我国大多P2P网络借贷平台运营模式同质化严重，在优质资产竞争激烈的背景下，平台一味追求体量的增长、争夺已有的市场已不能帮助平台自身发展，只有依托自身商业模式的特色，深挖自身细分行业领域的平台才能在竞争激烈的环境中存活。一些平台在自身的细分领域拥有独特的资源，更容易把控运营中所出现的风险，以自身细分领域为核心业务，再慢慢向外发展业务。目前大多数P2P网络借贷平台对借款人所处行业没有明确要求，借款人只要能拿出抵（质）押物来，通常就可以获得贷款。但也有一些P2P网络借贷平台尝试在某一行业进行深耕细作，如以汽车抵押、质押为核心业务的果树财富平台，其平台上95%以上的借款标的均为汽车抵押、质押贷款，平台专注于汽车贷款领域，自身运营风险降到最低；还有专注于小微电商的阿里小贷，其依托阿里巴巴网站10余年庞大的电子商务数据库建立了一套贷款风险控制机制，为有融资需求的小微电商借款者提供融资服务；另外，美国的Social Finance同样是典型的垂直细分平台，Social Finance专注于信用高的人群——名校高才生，为高信用学生提供差别化的低息贷款，同时加入社交元素，以校友给师弟师妹提供贷款和就业帮助的方式，进一步降低违约率。

如表5-3所示，三家平台的运营模式虽然不同，但都是依据自身多年的资源、数据积累对资产端进行风险控制，且核心业务的服务半径小，易于控制风险。三家平台对借款端服务对象也定位精准，不管是名校大学生、电商小微企业还是私家车主，平台均能对授信对象的还款能力、经营水平有全方位的了解，平台的服务半径被缩小有效地减少了平台所面临的风险。且运营模式对地方性和行业性的认知优势得以体现，能够更好地进行资源辨别与配置，风控能力大大增强，最大程度保障了项目安全。借款端企业或个人地理位置上的集中，给平台的信审工作、追贷工作带来了很大的便利，随着授信对象的逐渐增多，平台可围绕核心授信对象由点到面地扩大范围。

表 5－3 三种资产端垂直细分模式对比

平台名称	核心授信对象	资产端风控依据	业务模式
Social Finance	名校大学生	社会征信系统，名校大学生违约风险低	以学生助学贷为核心，再贷款、房贷为辅
阿里小贷	电商小微企业	阿里巴巴庞大的电子商务数据积累	服务于阿里电商，外围覆盖其他小微企业
果树财富	私家车主	抵押物降低借款者违约风险	以汽车抵押、质押为核心业务

资料来源：笔者绘制。

2. 平台资产端创新趋势

金融机构围绕核心企业，管理上下游小微企业的资金流和物流，并把单个企业的不可控风险转变为供应链企业整体的风险把控。相对于信用贷、车贷、房贷这些传统的 P2P 借贷模式，供应链金融借贷模式由于掌握了借款企业的真实经营数据，对企业的资金流、信息流有全方位的管控能力，再加上核心企业联合风控、信誉担保，因而能极大地降低借款项目的潜在风险，最大限度地保障投资人本金和收益的安全。从目前新兴的 P2P 网络借贷平台与供应链核心企业的合作模式来看，主要分为上游企业应收账款融资和下游企业信用贷款。以上游企业应收账款融资为例，由于产业链竞争加剧及核心企业的强势，赊销在供应链结算中占有相当大的比重，上游供应商向上市公司输出产品或服务，通常资金结算都有一段账期，而在账期内，供应商仍然需要正常运营生产，于是就会出现资金短缺的问题，而这部分短缺的资金又较难从银行等传统金融机构获得，因此就产生了应收账款融资的需求，上游企业应收账款融资借贷模式如图 5－8 所示。

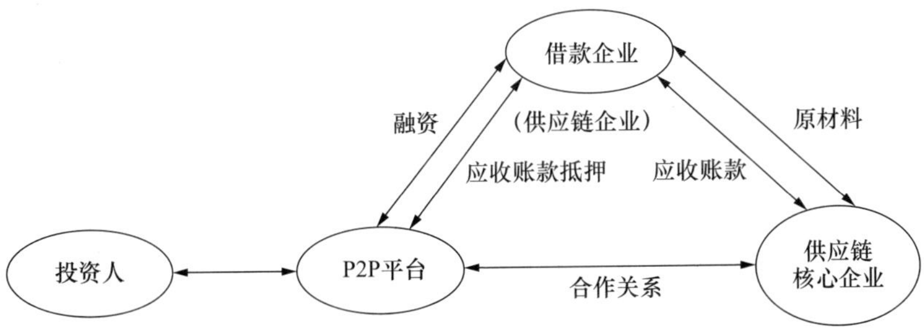

图 5－8 上游企业应收账款融资借贷模式

供应链核心企业的下游企业也可以向平台申请贷款，下游企业通常经营规模较小，但P2P网络借贷平台获得其经营数据较为容易，其风控更多来源于核心企业对其货单及发票等数据的梳理和分析，因此P2P网络借贷平台对企业的经营情况较为了解，可以向下游企业授予信用贷款。

（二）从平台角度看P2P网络借贷行业发展趋势

1. 互联网大数据风控成为趋势

目前，随着我国网络购物和互联网金融的不断兴起积累了海量数据，使P2P网络借贷平台能够运用这些海量数据来分析和评价个人和企业的信用情况，并据此发放信用贷款。P2P网络借贷平台的风控手段必须围绕互联网数据开展，服务于平台特有的商业模式，通过真实、深度的数据挖掘，得出企业的运营状况，包括资金流、资金运转周期、盈利状态、抗风险状况，再通过网络辅助补充数据，如借款人有无不良嗜好、是否养有宠物等。通过客观和主观数据相结合的方式，建立起属于平台自身的授信模型，进而判断各个企业的信用状况。P2P网络借贷平台需要经过长久的数据沉淀，不断做好资产端风控才能长久发展。

2. 平台回归信息中介打破刚性兑付

目前多数平台在借贷过程中仍然扮演着信用中介的角色，或者通过债权转让等方式介入交易或者通过担保本息来提供增信服务，其本质都是以自身资金或信用来撮合交易。债权转让模式由于平台的介入而导致借贷信息不透明，并且存在期限和金额的错配，一旦出现坏账容易引发流动性风险。担保本息则相当于由平台承担了违约风险，导致出借人在进行投资时只关注收益率，可能引发逆向选择和道德风险问题。随着监管层对P2P网络借贷定位的越发明确，行业将朝着回归信息中介、提供居间服务的方向发展。P2P网络借贷企业作为交易平台，将只负责提供借款人和项目信息并进行相应的信用评价，投资人根据自身偏好及风险承担能力进行自主选择，单纯中介型经营模式或将成为行业主流。同时，要求刚性兑付的传统势必被打破，出借人在投资时需承担相应的违约风险，平台可通过风险保证金或与保险公司合作的方式降低风险，但不能提供完全担保。

3. 平台小额业务竞争将日趋白热化

监管层对P2P网络借贷行业的定位是“小额、普惠”，更好地满足中小微企业和个人投融资需求，并对“小额”提出了具体的要求，大额业务势必会被摒弃在合规业务之外，更多的平台转向小额分散的资产。对于大额业务，平台可以通过降低借款上限以达到要求，联合放贷模式也是可行的方法之一。同时，有些平台也尝试通过获得私募牌照的方式将大额业务转至线下，通过对投资人进行分层，成立有限合伙或有限公司来承接大额资产进行有效过渡。另外，不少有条件的平台会谋求获得网络小贷牌照，成立或参股金融资产交易中心/交易所来对接大额业务。未来小微金融将会是网络借贷行业发展的方向，诸如消费信贷、车贷、供应链金融等将成为 P2P 网络借贷行业的主流业务。但大量平台的涌入，可能使车贷和消费金融变为红海，竞争异常白热化。以消费金融为例，无场景现金贷由于较强的互联网属性及规模效应，往往集中度非常高，互联网巨头多参与其中。行业洗牌加剧，为了能生存下去，或为了进一步的发展，越来越多的平台将选择战略合作，行业内会出现不少兼并收购，实力较强的 P2P 网络借贷平台收购金融公司的行为也将会增多，未来也会有更多的平台通过收购其他的金融公司以实现业务的拓展。

第六章　众筹在小微企业融资中的应用与发展

众筹一词源于英文 Crowdfunding，由众包（Crowdsourcing）引申而来，后者指个人或企业突破雇员与供应商的界限，从大量人群中获取人力、技术、观念或者服务。众筹获取的是资金，实质上是面向资金的“众包”。《牛津词典》对众筹的解释是：“通过互联网为某个项目或企业向众人筹集小额资金的做法。”国际证监会组织（IOSCO）将众筹界定为想要募集资金的个人或企业通过互联网网站，从大量个人投资人或机构投资人处获得部分资金来满足项目、个人或企业资金需求的活动。与传统依托于商业银行等金融机构的融资方式相比，众筹具有形式灵活、门槛较低、面向大众、注重创新等特征，其可分为债权众筹、股权众筹、回报众筹以及捐赠众筹等具体形式。债权众筹就是通常所说的 P2P 网络借贷，相关内容已经在第五章进行了介绍，除了整体性分析之外，本章主要结合回报众筹和股权众筹在小微企业融资中的应用进行阐述。

第一节　众筹融资的国内外发展概况

一、众筹融资的国外发展概况

早在 2001 年国外就开始出现面向艺术家及其粉丝的众筹平台——ArtistShare，被称为“众筹融资的先锋”。2005 年之后，众筹平台如雨后春笋般出现，如 Sellaband（2006）、SliceThePie（2007）、Indiegogo（2008）、Spot. Us（2008）、Pledge Music（2009）、Kickstarter（2009）、AngelList（2010）、WeFunder（2011）等。在欧美影响力较大的众筹平台 Kickstarter 和 Indiegogo 属于回报众筹，投资人预先把资金支付给融资者，来获得优先得到产品的权利以及融资者的其他馈赠，产品类型包括各类硬件产品、音乐、视频和其他创意产品等，其魅力在于一方面满足了消费者优先获得独特产品的心理，另一方面也测试了市场反馈，使融资者获得了早期开发和生产的资金。随着回报众筹的发展，股权众筹也开始出现，AngelList 和 WeFunder 属于典型的股权众筹平台，这使得普通大众能够通过互联网进行小额的股权投资。股权众筹的产生背景是：2008 年全球金融危机之后，各国资本市场监管趋严，IPO 数量大幅度减少使小微企业融资愈加困难，股权众筹所具有的“公开、小额、大众”的特点被认为是解决小微企业融资难的重要途径。随着美国《初创期企业推动法案》（简称 JOBS 法案）的出台，全球代表性发达及发展中国家都在股权众筹合法化方面进行了积极探索，如意大利在美国之后通过了类似的关于股权众筹的《Decreto Crescita Bis 法案》、英国和德国已经将股权众筹融资看作合法的融资模式，进一步激发了这一金融创新的活力，也为小微企业融资开辟了新的渠道。此外，众筹对资本市场发展和经济增长都具有一定现实意义，首先有利于缓解小微企业融资难的问题，鼓励创新创业；其次有利于引导民间金融走向规范化，拓展和完善多层次资本市场；再次有利于分散融资风险，增强金融体系的弹性和稳定性；最后有利于创造就业机会，促进技术创新和经济增长。

从近几年全球众筹交易的规模来看（见表 6－1、图 6－1），其发展速度很快，未来空间广阔。前瞻数据库数据显示，2010～2016 年全球互联网众筹融资规模保持 80% 以上年复合增长率，2016 年底达 1989.6 亿美元。世界银行预测 2025 年全球众筹市场众筹规模将达到 3000 亿美元左右，发展中国家众筹规模将达到 960 亿美元。其中在中国市场将达到 500 亿美元，数量众多的小微企业融资需求是最主要动力。

表 6－1　全球众筹融资交易规模

年份	规模（亿美元）	同比（%）
2016	1989.60	77.20
2015	1123.10	82.80
2014	614.50	94.60
2013	315.70	86.80
2012	169.00	82.90
2011	92.40	77.40
2010	52.10	62.10
2009	32.10	—

资料来源：前瞻数据库，http：//bg.qianzhan.com/report/detail/459/170123－e52c6385.html.

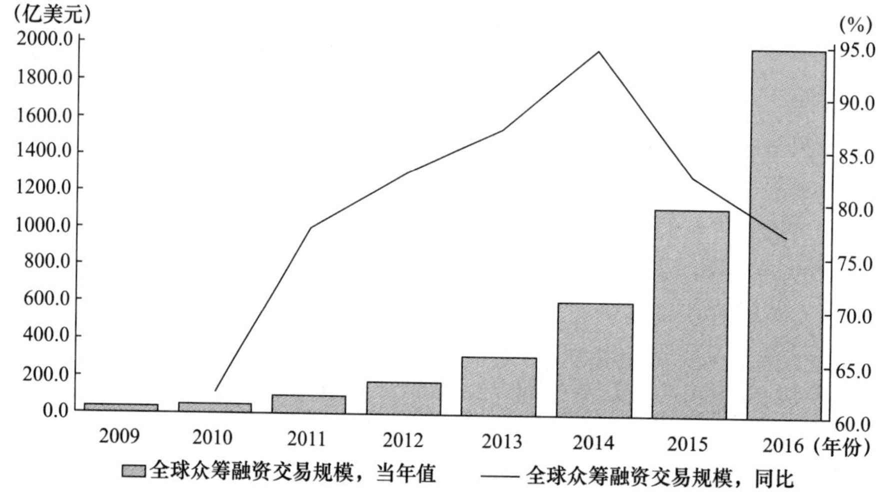

图6-1　2009年至2016年全球众筹融资交易规模统计

资料来源：前瞻数据库，http：//bg. qianzhan. com/report/detail/459/170123 - e52c6385. html.

国外典型股权众筹平台包括英国的 Crowdcube 平台，美国的 AngelList 平台、WeFunder 平台等。

（一）Crowdcube 平台

Crowdcube 于 2011 年 2 月在英国正式上线，主要为初创企业募集资金。截至 2014 年 7 月 10 日，Crowdcube 共为 131 个项目成功融资，筹资总额超过 3000 万英镑，投资人达 8 万余人。为提高融资效率，Crowdcube 制定了一套标准化流程：融资方首先提出申请，对项目相关情况进行细致描述，并制作融资计划书，主要说明拟转让的股权比例、目标融资金额、股权类型（分为 A、B 两类，A 类有投票权）、筹资期限。Crowdcube 进行真实性审核后，安排项目正式上线。投资人根据偏好对项目进行筛选，并可通过 Crowdcube 以及 Facebook、Twitter 等社交网站，与融资人直接交流以做出投资决策。根据规定，投资人最低出资额为 10 英镑，无最高额限制。募集期满后若融资成功，Crowdcube 与其合作律师事务所将会同发起人完善公司章程等法律文件，并发送给投资人确认，投资人确认后，资金将通过第三方支付平台转入融资方账户，投资人收到股权证明后即完成整个融资流程。若募集期未满而投资总额已达到融资目标，发起人可以增加目标金额，继续融资。目前，Crowdcube 免收会员费、项目发起费，但融资成功后将向融资方收取 500 英镑的咨询管理费以及融资总额的 5% 作为手续费。

（二）AngelList 平台

AngelList 成立于 2011 年，已经为 1000 多家初创企业成功融资，总额超过 3 亿美元。AngelList 创建之初更像是一个连接初创企业和投资人的社交网站——企业通过 AngelList 在线展示创意和项目，如果投资人感兴趣，双方一般会选择线下接触和谈判，达成意向后，AngelList 帮助双方生成融资所需的相关法律文件，除此之外，所提供的服务非常有限。2012 年，美国股权众筹市场迅速膨胀，AngelList 抓住时机完善了线上服务内容，使得投资人可以一站式完成股权投资，良好的客户体验有效提升了 AngelList 平台的知名度。2013 年，AngelList 在平台上推出"联合投资"（Syndicates）模式，由一名专业投资人作为项目领投人，并负责联合其他投资人跟投，项目筹资成功后，由领投人负责管理股权资金，监督项目实施，以帮助跟投人获取盈利。作为回报，领投人可以从跟投人最终的投资收益中提取 5% ~15% 的佣金（Carry），而 AngelList 则收取 5% 的服务费。这种"联合投资"模式与 VC 的机制颇为相似，不仅能够激励领投人发挥专业技能和人际资源，而且可以减少非专业跟投人对项目的顾虑，进而使得整个融资流程更加高效。"联合投资"上线不久，AngelList 又推出"拥护者投资"（Backers）模式，该模式的运作主要是基于普通投资人对领投人的信任。具体而言，某个领投人公开表示愿意出资进行股权投资，但是投资项目不确定，如果其他投资人信任该领投人，即可进行跟投，筹资成功后，回报机制与 Syndicates 基本相同。

（三）WeFunder 平台

WeFunder 创立于 2012 年 1 月，主要为科技型初创企业提供融资服务。与一般股权众筹平台不同的是，WeFunder 在整个融资过程的介入程度更深。根据流程，WeFunder 接到项目发起人提交的上线申请后，会组织专业人员对其进行深入调研，了解信息真实性和项目价值。这种严格的审核方式虽然限制上线速度，但却提高了项目质量和融资成功概率，在已经完成融资的项目中，多数筹款达到了数百万美元。项目被允许公开融资后，若投资人有意向，则将资金直接转入 WeFunder 专设的项目资金托管账户，并可在融资期限内随时要求撤回资金。在项目融资成功后，WeFunder 会将所有投资该项目的资金集中起来成立一个专项小型基金"WeFund"，通过该基金入股创业企业。基金成立后由 WeFunder 的专业投资顾问负责运作和管理，并代行所有投资人的股东权利。对融资方而言，所有投资人只相当于一个集体股东。根据 WeFunder 提供的法律合同，在项目实施过程中，投资人不能要求退出或转让，而是由负责"WeFund"基金的专业顾问自行决定何时转让集体股权以及向投资人分配收益。WeFunder 在融资成功后收取 2000 ~4000 美元的项目管理费，以支持"WeFund"基金的日常运作，如果最终成功退出项目，WeFunder 将再度分享投资收益的 10%。在"WeFund"模式中，对投资人专业知识要求不高，只需其足够信任 WeFunder 专业团队的管理水平和职业道德。这种模式自创立以来受到了市场欢迎，为很多项目筹集了充裕的资金，其中，仅飞车（FlyingCars）项目就筹得 3000 万美元。

二、众筹融资的国内发展概况

中国众筹融资起步较晚，但发展迅速。2011 年国内首家众筹网站“点名时间”成立，先后完成了《十万个冷笑话》、《大鱼·海棠》等国内原创动漫作品的众筹项目，引起社会广泛关注。同年成立的天使汇则是专注于早期创投服务的天使合投平台。2013 年众筹网成立，成为当年中国互联网众筹行业最为重要的一个事件，其在 2013 年做了很多常识普及工作，把“众筹”概念推到了风口。2014 年下半年，阿里巴巴发布了淘宝众筹、腾讯系发布了京东众筹、百度内测了百度众筹，并率先推出了消费板块，平安发布了平安前海众筹，苏宁、国美在 2015 年初陆续推出了自己的众筹平台。随着“大众创业、万众创新”政策的推动，众筹仍在不断升温，也得到监管层的重视，正在逐步走向规范化。

根据人创咨询发布的《2016 中国众筹行业发展年报》数据:① 截至 2016 年底，全国共上线过众筹平台 752 家，其中正常运营的为 532 家，下线或转型的为 220 家；运营中平台的类型分布为物权型平台 155 家，权益型平台 149 家，股权型平台 133 家，综合型平台 82 家，公益型平台 13 家（见图 6 – 2）。2016 年全年共有 58605 个众筹项目，其中成功项目有 48437 个，占比 82.65%；2016 年全年成功项目的实际融资额高达 217.43 亿元，约为 2015 年及之前所有成功项目总融资额 111 亿元的 2 倍。在细分领域中，2016 年二手车众筹市场的全部项目数和成功项目数都最多，除二手车众筹之外，科技众筹的整体市场规模最大，旅游众筹的超募率最高。2016 年，成功项目中融资额排名前 10 的股权型项目融资额均超过 7000 万元，成功项目中融资额排名前 10 的权益型项目融资额均超过 2400 万元，中国众筹行业最受投资人欢迎的 10 个项目的支持人数均超过 25 万。

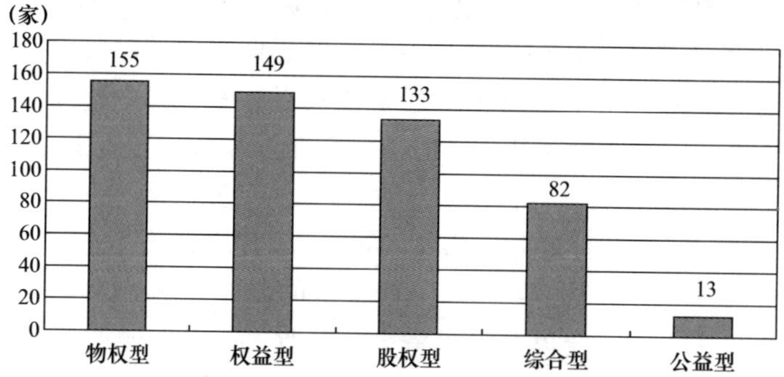

图 6 – 2　众筹平台类型分布

资料来源：人创咨询 . 2016 中国众筹行业发展年报［EB/OL］. http：//www. zhongchoujia. com/data/27000. html.

① 人创咨询 . 2016 中国众筹行业发展年报［EB/OL］. http：//www. zhongchoujia. com/data/27000. html.

从众筹平台的数量来看，《2016 中国众筹行业发展年报》显示，截至 2016 年底，国内上线过的众筹平台共计 752 家。其中，2011 年上线平台 3 家；2012 年上线平台 11 家；2013 年上线平台 20 家；2011 ~2013 年共计上线 34 家，仅占比 4.52%；2014 年，国内众筹平台出现爆发式增长，全年共有 166 家平台上线，占到所有平台的 22.07%；2015 年，众筹平台持续增加，全年共有 288 家平台上线，占到所有平台的 38.30%；2016 年，上线平台数稍有回落，全年共上线平台 264 家，占到所有平台的 35.11%（见图 6 –3）。众筹平台下线或转型，是内部因素和外部因素共同作用的结果。一方面，越来越多的行业巨头进入众筹行业使其他平台面临巨大的竞争压力，同时政策法规的相继出台也使平台面临监管压力；另一方面，这些平台自身也或多或少存在着不同的问题，如项目质量参差不齐、平台专业度不够等，这都使其难以持续稳步发展。

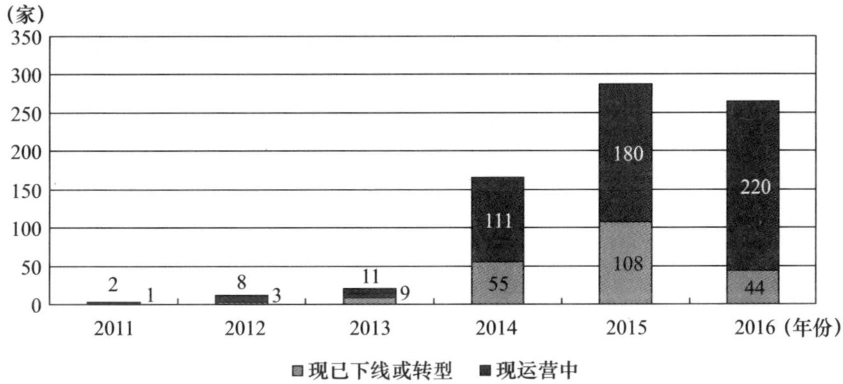

图 6 –3　众筹平台上线时间分布

资料来源：人创咨询 . 2016 中国众筹行业发展年报 [EB/OL] . http: //www. zhongchoujia. com/data/27000. html.

与国外类似，近年来股权众筹的发展越来越受到监管政策关注，成为众筹融资未来发展的重心。2014 年 6 月，证监会对互联网众筹企业进行实地调研，表示将结合调研情况并借鉴其他国家先进的监管实践经验，探索及构建适合我国众筹融资活动的监管方式。同年 11 月 19 日，国务院常务会议指出，要开展股权众筹融资试点。12 月 18 日，证券业协会发布了《私募股权众筹融资管理办法（试行）（征求意见稿）》，其中明确指出，“本办法所称私募股权众筹融资是指融资者通过股权众筹融资互联网平台（以下简称股权众筹平台）以非公开发行方式进行的股权融资活动”。该文件被视为首个规范股权众筹的规范性意见，由于征求意见稿所涉及的一些关于股权众筹的制度安排，包括非公开发行性质、投资人门槛、众筹平台门槛等，与普惠金融的发展理念存在一些方向性的争议，因此管理办法并未形成正式文件出台。2015 年 3 月，国务院办公厅印发了《关于发展众创空间推进大众创新创业的指导意见》，鼓励地方政府开展互联网股权众筹融资试点，增强众筹对大众创新创业的服务能力。同年 7 月，中国人民银行等十部委联合发布《关于促进互联网金融健康发展的指导意见》，明确股权众筹“主要是指通过互联网形式进行公开小额股权融资的活动”。随后 8 月，证监会在《关于对通过互联网开展股权融资活动的机构进行专项检查的通知》中细化了股权众筹的定义。具体而言，股权众筹是指创新创业者或小微企业通过股权众筹融资中介机构互联网平台（互联网网站或其他类似的电子媒介）公开募集股本的活动，具有“公开、小额、大众”的特征。同月，“私募股权众筹”概念被中国证券业协会在《关于调整〈场外证券业务备案管理办法〉个别条款的通知》中修改为“互联网非公开股权融资”。至此，我国股权众筹融资在监管政策演进下，由私募转向公募。虽然监管思路得以明确，但公募股权众筹的具体细则和配套政策仍处于制定过程中，现实中大部分平台仍在进行私募性质的股权众筹融资。2015 年 4 月 20 日，第十二届全国人民代表大会常务委员会第十四次会议上，全国人大财经委员会正式提出了《中华人民共和国证券法》修订草案，草案中包含允许互联网等众筹方式公开发行证券的内容。股市的波动导致《中华人民共和国证券法》修订的进程延缓，但没有改变国家鼓励创新的基本立场。相关政策一方面肯定了以股权众筹为代表的互联网金融意义，另一方面也为规范众筹融资发展指明了原则，留足了空间。

第二节　众筹在小微企业融资中的应用

一、众筹融资的参与主体与运作流程

（一）众筹融资的参与主体

一般而言，众筹的参与主体主要由筹资人、投资人、众筹平台和第三方托管平台四个部分组成。

（1）筹资人。创业初期的小企业或者创业者，他们通过自己的能力有了新的产品或服务，但是没有足够的资金来运作，因此这些小创业者就会通过众筹的模式来融资。

（2）投资人。投资人就是对创业项目的支持者，众筹的投资人对创业者的项目感兴趣，或者需要创业者的产品与服务，被项目的描述所吸引，就会拿出资

金来支持这个项目。

(3) 众筹平台。众筹平台相当于筹资人和投资人之间的桥梁，起的是中介作用。让筹资人通过平台向投资人展示自己的作品，同时平台有责任对筹资人的资质与真实性进行必要的审核，以保证投资的安全。

(4) 第三方托管平台。为确保投资人的资金安全以及投资人的资金能够切实用于创业企业或项目和筹资不成功的及时返回，众筹平台一般都会选择专门银行担任托管人，履行资金托管职责。

(二) 众筹融资的运作流程

众筹融资的操作流程如下：

(1) 筹资人在众多众筹平台中选择一个平台来发起项目，没有账号的要先注册账号成为该平台的会员。

(2) 筹资人向众筹平台提交项目资料，众筹平台依据项目资料对众筹融资的可行性进行审核评估；众筹平台审核通过后，在网络上发布相应的项目信息和融资信息。

(3) 投资人对众筹平台的众多项目进行筛选，选择自己喜欢或适合自己的众筹项目投资，建议投资人在自己能够承受的范围之内进行购买。

(4) 目标期限截止，筹资成功的，筹资人可获得筹集到的资金，投资人则有可能获得一定的回报；筹资不成功的，资金退回各出资人。

众筹投资流程如图 6－4 所示。

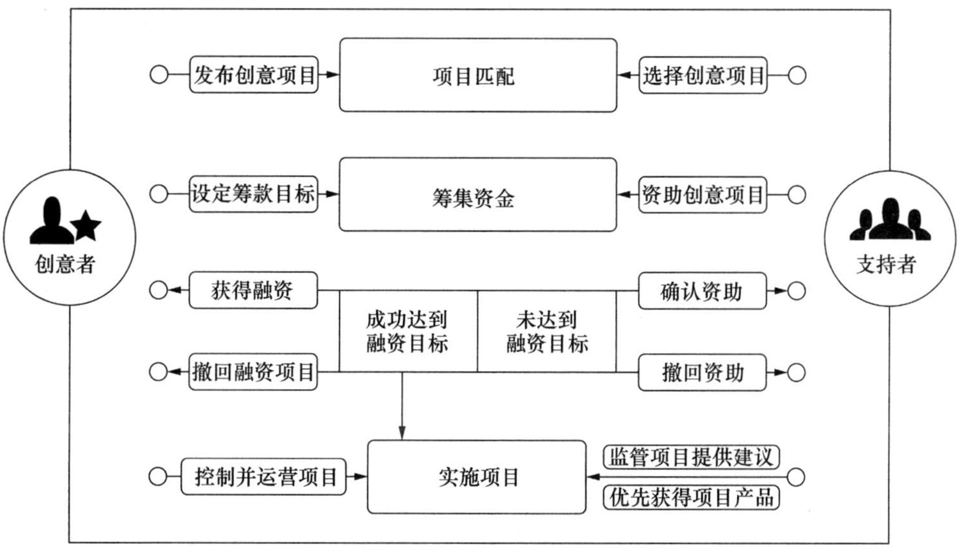

图 6－4　众筹投资流程

资料来源：众筹网，http：//www. zhongchou. com/partake.

其中，具体到不同平台，股权众筹投资流程还可以细分为项目筛选、创业者约谈、确定领投人、引进跟投人、签订投资框架协议、设立有限合伙企业、注册公司、工商变更/增资、签订正式投资协议、投后管理、退出设计等。在具体操作过程中或有顺序上的变更，如大家投网站上列示的流程图所示（见图6－5）。

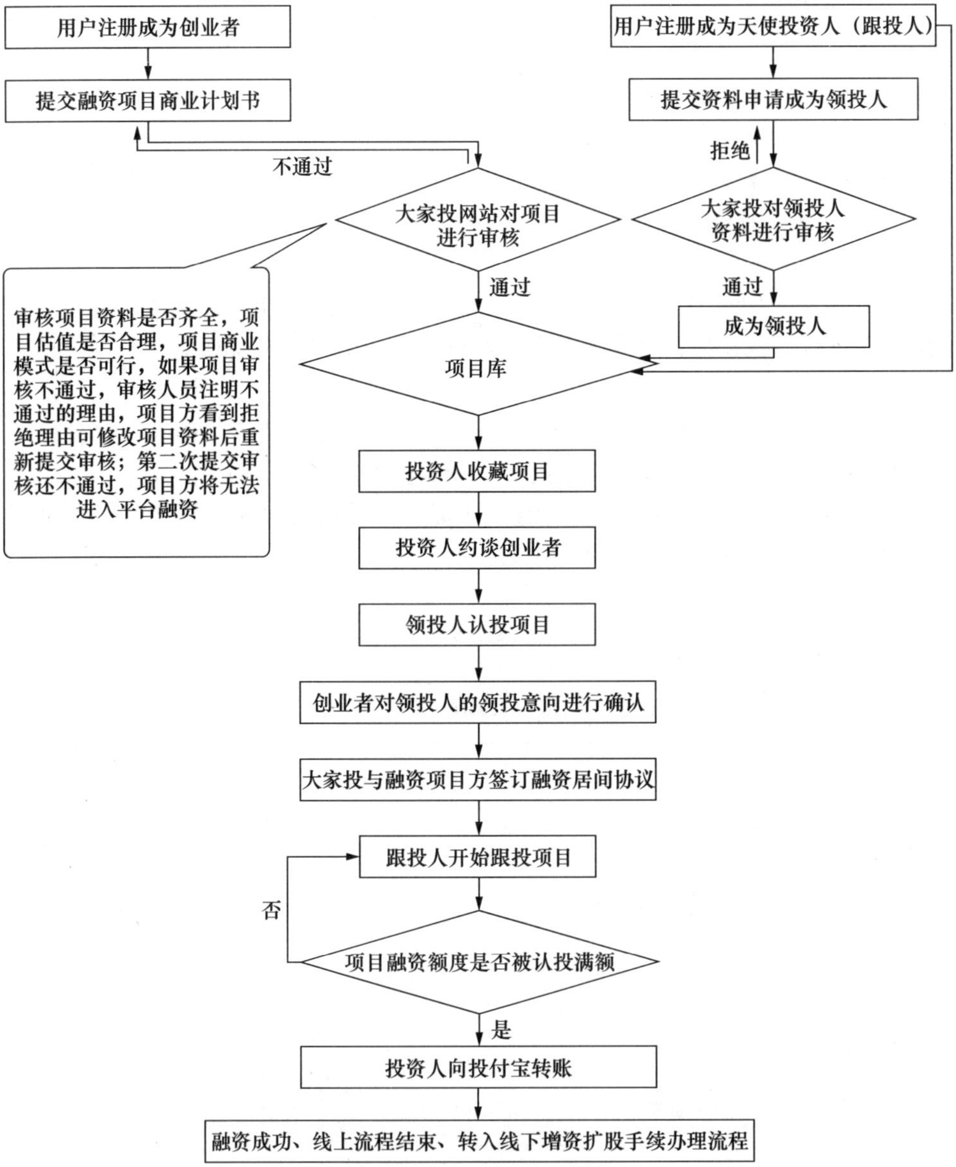

图6－5 股权众筹运作流程

资料来源：大家投网站，http://www. dajiatou. com/content－14－44－1. html.

二、典型众筹平台与项目融资案例

参考人创咨询发布的《2016 中国众筹行业发展年报》，将众筹平台按其回报模式划分为股权型、权益型、物权型、公益型和综合型。股权型众筹指互联网非公开股权融资，即融资者通过股权众筹参与互联网平台以非公开发行方式进行的股权融资活动；权益型众筹指发起项目的个人或公司以提供产品或服务作为投资回报；物权型众筹指通过互联网向大众筹集资金，用于收购实物资产，通过资产升值变现获取利润；公益型众筹是指发起项目的个人或公司无偿获得支持者的捐赠；综合型平台是指包括两种及以上众筹模式的平台。整体来看，不同类型的众筹融资在 2016 年全年发生的全部项目数、成功项目数、成功项目预期融资额、成功项目已筹金额和成功项目支持人次的具体数据如表 6－2 所示。

表 6－2　2016 年全年众筹情况一览表

众筹类型	全部项目数	成功项目数	成功项目预期融资额（亿元）	成功项目已筹金额（万元）	成功项目支持人次（万）
公益型	13081	10695	20.40	8.89	10260.17
股权型	1609	1087	49.78	58.70	5.26
权益型	20765	13562	20.47	62.39	3466.58
物权型	23150	23093	87.50	87.46	43.81
合计	58605	48437	178.16	217.43	13775.82

资料来源：人创咨询．2016 中国众筹行业发展年报［EB/OL］．http：//www. zhongchoujia. com/data/27000. html.

由于股权众筹代表未来众筹融资的发展方向，下面主要选取股权型众筹领域的典型平台与小微企业融资项目案例来说明其应用。

（一）天使汇与滴滴打车项目

天使汇（www. angelcrunch. com）是国内首家发布天使投资人众筹规则的平台，上线于 2011 年 11 月，专注于天使投资，旨在高效对接天使投资人和初创企业投融资需求。截至 2015 年末，天使汇平台认证投资人数达 3220 人，注册项目累计 51407 个，审核通过的挂牌项目为 4844 个；平台注册项目已有 499 家企业完成融资，融资总额近 50 亿元，其中知名案例有滴滴打车、大姨吗、黄太吉煎饼等。天使汇 2013～2015 年股权众筹项目情况如表 6－3 所示。

表6-3 天使汇2013~2015年股权众筹项目情况

年份	2013	2014	2015
当年非公开股权融资项目总数量（个）	5625	22135	19451
当年非公开股权融资项目通过审核总数量（个）	158	1153	3435
当年非公开股权融资金额（万元）	69692.9	172055	161881.2
当年非公开股权融资成功项目数量（个）	100	125	156
非公开股权融资项目进入下一轮比例（%）	36.50		

资料来源：陈伟.2015中国互联网非公开股权融资报告［EB/OL］.投中年度报告，https：//www.chinaventure.com.cn/cmsmodel/report/detail/1084.shtml.

天使汇关注投资人和创业者双向的用户体验，不断更新和迭代线上平台的功能。通过符合中国国情的制度创新，进一步完善了投融资平台、资产管理、数据媒体宣传、一网通公司治理和投后管理平台、大屏幕国际传媒平台等业务板块，致力于打造对创业者从创业辅导、媒体宣传、融资对接、公司治理、投后管理到对接合作资源的全链条全方位的服务模式，充分发挥互联网低成本高效率服务客户群体的优势。相较于其他股权众筹平台专注于发展互联网股权众筹的“去实体化”模式，天使汇强调平台服务业务线上与线下相连贯、创业项目线下路投、实地管理与线上宣传、投后管理高效对接。例如，天使汇业务“众创空间”通过互联网在线上匹配创业团队与实体空间，满足创业者寻找孵化场所的线下需求；“闪投”（Speed Dating）作为线下项目通过项目路演迅速募集资金，而其前期宣传工作和后期信息反馈、跟踪管理服务主要放在线上展开。通过整合线上线下资源，天使汇不仅为创业者和投资人打通了投融资渠道，也有效缓解了创业项目融资中线下项目成交效率低、线上投资人信任度不足的矛盾。

在盈利模式方面，天使汇平台提供的基本服务和增值服务全部免费，对于融资成功项目一次性收取1%的企业股权，在同类平台中较低（见表6-4）。此外，天使汇与北京市工商局的合作全面启动，目前可为创业者和投资人提供“足不出户”办理注册公司、组织机构代码证和税务登记证、银行开户等一系列的一站式服务，并免费提供财务贷记账软件等公司治理工具，增强了信息披露度，为投资人提供了一个了解所投资初创企业数据的平台，同时大大降低了创业者的门槛，为企业融资与投后管理提供了便利。虽然天使汇有引进“领投+跟投”的运行机制，但在其具体操作中，较为淡化领投人的作用。天使汇上认证的领投人仅有6个，且天使汇在《中国天使投资成交规则》中强调：“任何投资行为都是独立的，不应该建立在一定需要有领投人的前提下。”但天使汇对于认证投资人的信息公开，因此认证投资人的投资行为在一定程度上也能起到引导作用。

表 6-4 天使汇盈利模式

项目	费用	服务
挂牌	免费	快速创建项目
		建立项目专属页面
		设置隐私状态
快速合投	融资成功前不收费	首页展示机会
	收取佣金融资额的 2%	列表页置顶
	超募 200%，佣金全免	媒体报道
私募发行	不收取佣金，成功后收取 1% 的企业股权	一对一创业顾问
		私密闪投
		大屏幕全球直播
		协助尽职调查
		足不出户开公司

资料来源：陈伟. 2015 中国互联网非公开股权融资报告［EB/OL］. 投中年度报告，https：//www.chinaventure. com. cn/cmsmodel/report/detail/1084. shtml.

滴滴打车项目是天使汇平台典型的成功案例之一。“滴滴打车”这个 2012 年 9 月上线的打车软件，刚开始既没有市场，又没有资金，也未能获得风投的青睐，但它成功登陆股权众筹平台——天使汇，完成了首轮募资千万余元，随后，滴滴打车成功利用这笔关键的初始资金，完成了早期布局和扩张，由最初全北京只有 16 位司机在线开始，迅速发展到如今覆盖了全国多数城市。滴滴打车合理利用股权众筹解决了初创企业的融资困难，使自己度过早期最艰难的时刻，逐渐踏上成功之路。

（二）36 氪与 Yes 想要项目

36 氪是中国领先的互联网创业生态服务平台，主要面向有资产配置需求的高净值理财人士提供互联网非公开股权投资服务。平台自 2015 年 6 月中旬上线，已成为很多 TMT 领域创业公司的首选融资平台，此外平台上也活跃着近 6 万名高净值理财人士。36 氪股权投资平台致力于连接创业者和投资人，为中小型创业公司提供股权投资、品牌宣传、社会资源协调等服务，同时为广大投资人提供参与创投项目、挖掘行业“独角兽”的机会。依托于 36 氪媒体、氪空间及投融资各板块打造的创业服务闭环，让优秀的创业公司得到更快速成长，让广大投资人获益。

平台采用业界主流的“领投 + 跟投”模式。设置领投方是希望能够借助专业投资机构对创业项目的筛选审查能力，一方面找到靠谱的好项目，另一方面降低广大投资机构和广大跟投人的投资风险。跟投人大多数为财务投资人，相应的决策判断跟随领投人做出，与领投人同进同退。保持一致性，符合财务投资人的利益诉求，且涉及被投企业或项目的重大决定时，领投人亦会征求、听取跟投人意见或建议。截至2016年12月，36氪股权投资平台已帮助超过50个项目进行融资，平台总融资金额超过5亿元。

平台在服务创业项目融资时形成了一套相对成熟的制度安排。

1. 项目严格筛选

审核主要以考量合伙人综合素质、阶段性工作执行效能、问题解决能力、创意点、行业痛点解决、项目复制难点、竞品分析、盈利模式可持续性等问题为主，需要审核人具备一定的问题分析能力、项目经验以及主观判断能力。项目审核团队由资深项目顾问、专业调研人员、资深媒体记者、产品技术开发团队组成，通过三层筛选机制打造优质的投资项目标的。首先，项目顾问会对项目业务模式、经营数据、团队状况、市场规模、项目估值进行评估；其次，由平台专职质控人员对项目开展进一步调研，做更为深入的分析和判断，进行对比与分析并给出审核建议；最后，质控审核通过后，再由业务相关部门核心人员组成投委会，集中审核创业项目。投委会审核通过的项目才可上线融资。

2. 资金使用管理

36氪平台不设资金池，并承诺项目资金不做任何理财安排，更不会挪作他用。同时设置三天的付款冷静期，让广大投资人理性投资。投资人交付款全部专款专用。此外，36氪平台采用项目资金核对机制，后台系统与项目银行账户对接并有专人复核维护，项目账户资金额度会在平台该项目详情页内实时更新，各位投资人可随时监督。

3. 参与方违约风险控制

为了防止今后可能发生的因不可控因素导致领投方、融资方或合投方退出的情况，36氪目前也正在积极完善股权投资业务相关流程。作为平台方，一方面，加强对上线项目和领投机构的筛选和资格审查，确保上线前领投方和项目方之间的真实意愿，上线后积极推动所有机构投资人、领投人以及项目方之间SPA协议的谈判；另一方面，明确参与各方的权责义务，提高违约成本，防止可能出现的恶意违约现象。

4. 平台投后管理

一是针对投后交割环节，36氪启动优化方案，将原来预计3个月才能完成的交割全流程减少至52天左右。二是投后信息披露有严格规范，规定投后交割完成项目的运营数据定期披露的频次、范围和流程以及重大事件的不定期披露的原则：所有项目第一次披露时间以项目完成交割时间为准，在每年5月底、11

月底前完成交割的，分别在当年8月和次年3月完成第一次信息披露。之后每半年披露一次。此外，按照月度至少1次以上的频次，组织线上线下私享会、贵氪交流会等，加强股东与项目方的交流，保障信息沟通流畅。

5. 退出机制创新

针对股权众筹项目缺乏有效的退出机制的问题，36氪在2015年12月宣布推出“下轮氪退”退出机制，规定选择采用该机制的融资项目在正式交割完成后，该企业在两年内的随后两次正式融资，本轮股东均有选择退出的权利。如最终交割后的2年内，融资公司未发生任何一次正式融资，则退出期延长至最后交割后的3年内。跟投人在“下轮氪退”机制生效时有3个出让比例的选择，即不出让其持有的股份、出让其持有的50%的股份、出让其持有的100%的股份。而不做选择的，则默认为不出让其持有的股份。采用“下轮氪退”机制退出时受让众筹股东老股的顺序如下：一是该次众筹的领投人受让；二是后续融资时其他老股东受让；三是新股东受让；四是公司回购。最终，确保上轮要求退出的跟投人能够在本轮退出一部分。36氪推出的“下轮氪退”退出机制，使股权众筹退出难问题有了新的解决方案。

“Yes想要”是国内首个基于用户真实搭配的图片购物社区，用户上传时尚搭配或者把“想要”拍照上传，就会有时尚猎手和智能机器人搜罗并且提供网购链接或店铺位置。创始团队希望用共享模式，更简单便捷地满足个性化购物需要。目标总融资额450万元，众筹融资总额653万元，本轮出让股权比例2.28%。其中，领投人投资100万元，平台募集金额为553万元，超募187%。36氪平台积累的创投机构资源，聚集过万的投资人群和大量创业者、金融/互联网从业人员等社会精英，为“Yes想要”吸引了潜在的投资人和用户，进行品牌传播，实现了更全面的品牌推广效果。

（三）京北众筹与互融云项目

京北众筹于2015年6月上线，作为国内领先的精品项目互联网股权融资服务平台，首创“项目分板、投资人分级”、“联袂交易所构建第五种股权投资退出渠道”、“首家实行银行资金监管”三大行业领先标准，并通过严格的“领投+跟投”方式及完善的投后管理服务，为广大投资人、创业者提供专业、优质的一站式股权投资服务。

京北众筹在国内首创项目分板模式，将项目分为Q板、A板、V板、F板、S板。Q板用于项目展示，经过平台认证的专业领投人明确领投意向后，项目跳转A板或V板。A板项目为天使融资项目板，认定领投人至少领投20%以上，项目投后估值小于1亿元人民币，对应投资人要求投资1万元起投；V板项目为VC融资板，认定领投人至少领投20%以上，项目投后估值大于等于1亿元人民币，对应投资人要求10万元起投；F板项目由认定的领投人投资的项目再融资，在京北众筹项目部团队进行严格尽职调查及进行科学合理估值后在京北众筹进行融资，对应投资人一般要求10万元起投；S板项目为大项目融资板块，主要为新三板及超级板项目，相对估值较高、融资金额较大，企业估值一般5亿元以上，融资额度3000万元以上，对应投资人要求100万元起投。京北众筹没有简单地把自己定位为互联网股权交易撮合平台，而是以私募基金的要求建立一支具备独立筛选、判断和尽职调查能力的投资团队。在具体的投资领域上，京北众筹重点关注于新金融、新消费、新服务、新实业四个领域。

京北众筹已经建立起具备自己特色的项目评估体系。京北众筹项目融资阶段覆盖较广，为了准确评估项目风险与价值，京北众筹创新性地提出项目评估的价值指数和风险指数指标体系。价值指数在于揭示项目的投资价值，根据TCP－MOP模型进行评估。模型参数指标包括以下几个：①团队（Team）指标分析CEO和核心成员的情况。其中，CEO分析指标会分析CEO的领导能力、战略能力、招募能力及格局等。对核心成员的评估则包括团队完整性、能力互补和执行力等。②商业机会（Chance）指标评估宏观市场、行业发展、需求分析及政策法规等。宏观市场和行业分析包括市场规模、发展趋势、竞争分析等。③产品技术（Product）指标评估产品成熟度和竞争优势。其中，产品成熟度分析客户定位、产品阶段和可规模化程度等参数。竞争优势则分析产品质量、产品品牌、技术创新性和研发持续性等参数。④商业模式（Business Model）指标评估价值创造、盈利模式和利益分配。其中，价值创造需要衡量商业模式创造价值高低、创造价值难度，盈利模式需要衡量收益来源和利润空间，在利益分配方面则考察利益紧密程度和利益分配合理程度。⑤运营（Operation）指标考察企业运营情况，包括营销、资源、制度和财务。⑥价格（Price）指标主要考虑项目估值合理性和可谈性。在风险评估方面，提出风险评估指数，主要考察的指标包括政策风险、法律风险、市场风险、技术风险、经营风险、财务风险、代理风险、投后管理风险、机会成本。价值评估指数和风险评估指数共同构成京北众筹的项目评估方法论，为投资项目评选的标准化和降低风险提供了有力的工具。对于创业者来说，京北众筹及京北系公司不但提供了一个优质靠谱的众筹平台，同时也为被投企业提供了全方位的投后服务，意味着资金、人才、智力的全方位服务及后续源源不断的资源供给，保障企业健康成长。

互融云是一家金融ERP系统提供商。2015年8月在京北众筹上线，计划出让10%股份融资500万元，最终投资意向796万元，超募159%（企业最终还是仅要了500万元的资金）。该项目的核心团队自2004年起就从事企业信息化应用服务，2008年起聚焦类金融行业的企业应用信息化系统服务，2014年专门注册

"互融云（TM）软件"品牌，专注于金融信息化领域企业级应用及云服务。公司业务涵盖小贷、网贷、车贷、财富管理、众筹、消费金融、供应链金融、交易所等各金融细分领域，自成立以来已经为近千家客户提供了专业的软件系统及金融解决方案，客户遍布全国各省市。

第三节　众筹融资的风险管控与发展趋势

一、众筹融资的风险与管控策略

（一）众筹融资的风险

尽管众筹在全球市场得到了快速的发展且取得了长足的进步，但作为一种创新型的融资行业，不可避免地面临一系列来自监管、市场环境和行业内部的困难和挑战。相较于回报众筹，股权众筹发展中面临的风险更具有代表性，下文主要结合股权众筹的发展进行论述。①

1. 法律地位及监管机制缺乏

由于立法缺位以及相关监管制度不完善，我国股权众筹行业在发展中面临着规范性不足的风险。无论是诺米多诉人人投的全国首例股权众筹案，还是36氪"宏力能源"项目涉嫌欺诈的风波，无不反映出行业发展中诸多的"痛点"。我国对股权众筹融资尚未出台专门的法律，缺乏针对性的监管法则，仅以"试行办法"、"指导意见"等形式出台了一些规范性或指导性文件。虽然证监会针对股权众筹出台了相关意见，工商部门也开展了非法集资专项检查，但是对于股权众筹尚未形成职责明确的监管体系和执法依据，在具体问题解决或案件审理中仍可能出现无法可依的情况。

2. 股权众筹平台的规范性有待加强

股权众筹在我国发展迅速，既有依托大型电商企业设立的股权众筹平台，也有互联网公司的自建平台，还有依托移动社交，如微信、微博、QQ空间等形成的平台。由于缺乏市场准入规范，其中可能存在一些未备案或资质不够的不合规平台，易形成运营方面的潜在风险。在资金管理上，有些股权众筹平台推出了类似"投付宝"这样的第三方托管机制，而有些平台则自身持有资金并进行管理，资金管理方式的不规范增加了资金运用的风险。股权众筹平台担负着对融资项目

① 张杰，张泽伟，刘丽娟．完善我国股权众筹融资的监管制度研究［J］．经济纵横，2016（10）．

审核的责任，但在项目审核缺乏外部监管、信息披露制度不完善的情况下，易出现弄虚作假、编造项目筹集资金的行为。还有些平台以高回报率吸引投资人，易产生非法集资等风险。

3. 股权众筹投资人利益保护存在不足

虽然在股权众筹领域尚未出现类似 P2P 网络借贷“跑路”、诈骗那样的恶性事件，但并不意味着对投资人的保护已经到位。客观来看，股权众筹是一种更为专业的投资方式，融资项目从初创期到成熟期往往需要较长时间，投资人能否获得预期回报面临诸多不确定因素。从现有很多平台采用的“领投 + 跟投”运作模式看，在投资人的利益保护方面存在不足。首先，普通投资人由于专业性的局限容易受到宣传信息的误导而对项目产生错误的估值；其次，投资后由于地理间距的存在难以有效监督项目的实际运作；再次，领投人与普通投资人之间利益绑定相对薄弱，主动维护普通投资人权益的动力不足，甚至存在与项目发起人合谋损害普通投资人利益的可能；最后，平台运作水平良莠不齐，一旦制度设计存在缺陷，很容易造成普通投资人的损失或产生法律纠纷。

4. 知识产权保护的缺失

融资过程中，发起者面临着知识产权被侵犯的风险。众筹与其他融资方式相比，除了能够为初创企业的发展提供资金支持，更是为了鼓励和支持富有创意的人实现梦想。许多投资人也是出于对项目创意的兴趣而给予支持。因此，大多数众筹项目都具有创意因素或高科技因素，如软件、信息技术、游戏等。对互联网时代来说，知识产权的保护是互联网自身带来的一种风险的延伸。互联网的公开性、快速传递性、广泛性等特点使得获取信息只需要找到搜索引擎、网站，输入需要查找的关键语句即可，这也给版权管理带来很大的难度。融资项目交由平台审核，一经网站发布后，注册投资人甚至普通网民均可在网站中查看融资项目相关信息，包括企业的创意构想方案思路、成立后产品的细节、对市场的评估以及企业未来规划等，这就涉及知识产权如著作权、专利权、商标权的保护。然而，我国的知识产权保护体系建设并不完善，再加上目前处于互联网时代，知识产权保护难度大大增加。传统知识产权的客体是有形的，但在网络空间，知识产权的无形性为知识产权的保护增加了难度。此外，智力成果可以通过网络迅速在全球范围内传播，导致侵权主体难以确认。

5. 技术不足造成的风险

众筹平台需要依靠电脑程序和软件进行业务操作、资金流转以及相关的风险控制，必定会存在相应的信息技术性风险和管理安全性风险。对于互联网运行系统来说，由于其本身存在的技术性，访问的授权控制管理就显得尤为重要。首先，可能存在内部的错误使用甚至滥用的情况。据统计，这种情况在我国发生的比例高达75%以上，如何采取事前控制有效地防止误用、阻止滥用，同时监测业务是否健康运行，并且在发生此类问题后能够成功地进行定位和取证分析，及时调整和整改，也是对互联网股权众筹平台提出的更高的要求。其次，黑客的存在使不少互联网平台受到威胁，他们能够利用系统漏洞和缺陷非法进入平台窃取平台数据和信息进行各种危害活动，导致某些互联网系统受到攻击之后无法正常运行。最后，计算机病毒通过互联网进行扩散，传播速度十分迅速，病毒一旦在平台滋生将可能导致各个环节的业务数据遭到破坏，甚至整个系统瘫痪，局域网络无法工作。此外，众筹的重要特征就是项目、资金信息的实时传播和实时获取，如果传播的数据是错误的或不能传播，可能延误交易，导致虚假的交易或者引发大规模的纠纷，对平台信息使用者的影响将是十分巨大的。

（二）股权众筹风险管控的国际经验借鉴

从国际视角来看，股权众筹已经发展成为一个不错的投资品类，因而也是各国金融监管的重点。以美国、欧盟、英国、日本、意大利、韩国等为代表的国家或地区，在鼓励股权众筹发展的同时，也积累了一些经验，可资参考与借鉴。

1. 将股权众筹发展纳入法律框架约束之下

国际上股权众筹发展较好的国家无不建立了相应的法律法规体系，及时将这一金融创新纳入法律框架约束之下，有的出台了针对性的法律，有的则对原有法规进行了微调，与本国监管制度有效衔接，从而保证创新与监管的平衡。例如，美国在《工商初创企业推动法》（即《JOBS法案》）出台前，股权众筹主要在私募发行框架下进行，接受美国金融业监管局（FINRA）和美国证券交易委员会（SEC）的监管。2012年《JOBS法案》出台后，第三章创设了“众筹公开发行豁免”制度，在增加发行的便利性、降低发行成本和信息披露义务、帮助新兴成长企业顺利低成本出售证券实现融资三个方面体现出创新。再如，英国对股权众筹监管并未制定新的规则，主要是在《2000年金融服务与市场法》监管框架之下进行微调，《网络众筹和促销不易变现证券的监管规则（2014）》规定：其一，在传统私募投资人之外，新增了一类基于投资限额的零售投资人，以便让更多的投资人参与股权众筹；其二，强调投资人适当性，确保只有能理解和承担相应风险的投资人才能参与股权众筹融资。此外，加拿大、法国、日本、澳大利亚、韩国等国家针对股权众筹出台或修订了相关法律，使股权众筹业务能够在本国金融监管框架下合法开展。

2. 以股权众筹平台为核心环节开展监管

从世界各国来看，无论采取何种监管框架，对股权众筹平台的监管都是核心环节，主要从平台准入、平台功能、项目推介三个方面予以规范和约束。平台准入方面，从事股权众筹业务的中介机构需要取得金融监管或证券监管机构的注册或许可。如美国、加拿大和意大利等实行注册制，美国股权众筹中介机构必须在SEC注册为集资门户或经纪—交易商；英国、新西兰等实行许可制，英国股权众筹中介机构必须获得FCA的许可，才能向合格投资人进行资金募集。此外，股权众筹平台或其运营机构普遍都被要求具备一定的条件，通常包括适当性、能力、运营基础设施、财务资源、治理结构以及赔偿保险等方面的要求。平台功能方面，各国监管机构规定了股权众筹平台要对融资项目进行必要的尽职调查和管理，这被视为股权众筹平台的核心服务，具体内容包括融资项目真实性核实、关联方和利益冲突调查、资金用途规范性和安全性等。项目推介方面，要求股权众筹平台保持中立和客观，不得提供不实或有诱导性的投资建议，对于平台从发行人等利益相关方获得的报酬要及时披露，为投资人的投资决策提供充分的信息参考。

3. 对发行人的监管兼顾融资便利和风险防范

由于各国经济发展与金融环境存在差异，对于股权众筹发行人的类型、规模、范围等制定了不同的监管规则，但其中也有一些相似的做法值得借鉴：在发行的地域范围上，一般都要求发行人是本国企业或经济主体，如美国、澳大利亚等国均有此要求。对筹资的额度和时间加以限制，如对一年内单个发行人累计融资额度，美国规定不得超过100万美元，加拿大资金限额为150万加元，法国规定不得超过100万欧元。这样不但将股权众筹与资本市场其他类型的融资方式进行了明确区分，而且能够有效控制单个发行人出现项目运营失败时所波及的范围和对金融稳定的冲击。在发行主体方面鼓励小微企业融资，体现出解决小微企业的融资难题的导向，而诸如投资公司、投资基金、房地产企业等一般不允许通过股权众筹进行融资。保持适当程度的信息披露要求，发行人在进行股权众筹融资时，虽然多数国家采取了豁免规则，大幅降低了发布招股说明书、财务数据的信息披露和审计要求，但是仍然规定需要提交融资计划书等必要的书面资料，以保持适度信息披露，减少由于信息不对称带来的风险。

4. 在投资人监管方面体现投资人保护理念

投资人是股权众筹中资金来源的重要主体，各国在对股权众筹实施监管过程中，力图寻求效率和安全之间的平衡，在投资额度、投资人教育、冷静期设置等方面采取措施保护投资人利益。主要做法如下：通过限制投资人投资额度防范投资过度风险，如美国《JOBS法案》采用净资产或年收入的一定比例作为投资人限额指标，英国强调投资人适当性并做好投资人教育。很多国家通过让投资人在投资前填写风险测试问卷、签署风险揭示书等方式提示资金损失、流动性风险等投资风险。美国、意大利、日本、澳大利亚等国家设置了投资人冷静期制度，允许投资人在冷静期期间无条件撤销投资，更好地保护自身权益。此外，在股权众筹融资成功后，针对“领投＋跟投”模式中可能出现的跟投人利益受损风险，美国、韩国等国家通过对股权转售制定限制性条款保护投资人，在转售期限以及转售对象方面进行具体规定，比如美国《JOBS 法案》严格限制二级市场的股权众筹证券交易，规定自购买日起 1 年内投资人不得转售或者售出股权众筹股份，转售对象严格限制在发行人和股权众筹投资人之间，以此防范领投人和发行人合谋套利。

（三）众筹融资风险的管控策略

1. 完善股权众筹发展的外部环境

（1）加快完善相关法律制度。尽快明确股权众筹融资的性质和法律地位，出台《股权众筹管理办法》，为股权众筹监管建立标准，对其组织形式、经营模式、风险防范和监督管理等进行规范。在相关法规出台前，对现有法规和制度进行动态修订、补充与完善。例如，金融领域中《中华人民共和国证券法》、《中华人民共和国保险法》、《中华人民共和国商业银行法》、《中华人民共和国合伙企业法》等基础性的法律法规可以结合股权众筹的特点进行适当修订，将其涵盖在内，纳入相关法律的保障与约束之下。此外，在基础立法和修法工作基础上制定配套法规和规则。例如，在《中华人民共和国民法通则》中增加关于股权众筹融资民事违法行为的规定；在《中华人民共和国商业银行法》、《中华人民共和国证券法》、《中华人民共和国保险法》等基础上进一步完善有关互联网金融业务的法律法规，制定《电子资金划拨法》、《数据保护法》等。

（2）加强信用体系和制度建设。国际经验表明，完善的信用体系是股权众筹等新兴互联网金融模式健康发展的重要基础。股权众筹融资中的信息不对称程度可通过信用信息有效缓解，达到保护参与各方和促进行业发展的目的。当前我国正在大力进行信用体系和制度的建设与完善，央行征信系统已经覆盖了商业银行等信贷机构，但对于股权众筹等互联网金融领域尚处于空白状态，亟待补充和加强。根据我国《征信业管理条例》规定，监管机构有权推进本行业的社会信用体系建设。证监会作为股权众筹的监管部门，应担负起相应责任，推动股权众筹平台和投融资方的信用信息数据库建设，在充分调研的基础上加快推出统一信用信息采集标准，明确信息采集的种类和类型，为信息入库奠定基础。在征信体系建设中重点建立有效的失信惩戒机制，发挥信用体系的规范和引导作用。尽快完善互联网信用监控机制，改善国内的信用环境，提升大众对于互联网股权众筹平台的信任度。

（3）发展互联网安全技术。互联网股权众筹依赖于互联网技术的发展与应用，然而互联网技术本身还存在很多不安全的因素，因此，必须加强技术安全的建设。互联网基础设施的完善是互联网股权众筹发展的必要保障，我国的互联网基础设施在建设上较为滞后和缓慢，现有的互联网基础设施的质量也令人担忧，处处存在运行过程中的安全隐患。因此，要把互联网基础设施建设放在国家的角度考虑，加大建设力度，构建有效的互联网金融基础。首先需采用综合性的智能互联网管理系统，提供较为全面的一体化管理服务，对互联网资源进行优化配置，提供互联网的性能、故障、恢复等服务，使系统安全高效运行。其次要完善系统设施的内部控制管理，构建综合、可循环的管理控制过程，对于互联网股权众筹平台的信息安全建设，关注互联网权限设定、数据加密、安全操作管理系统、防火墙、黑客入侵防御以及病毒识别过滤等互联网技术风险的防范。最后可以利用身份和信息认证技术，建立更为信任的交易关系。

2. 建设众筹发展的内控制度

（1）明确股权众筹平台准入制度。对于我国的股权众筹平台，应定位于信息中介机构，明确在监管机构许可下方可运行。目前，我国股权众筹领域内私募与公募并存，无论是私募还是公募方式都是为小微和初创企业提供融资支持的渠道，因此这两种方式都应鼓励发展。对于公募股权众筹平台，考虑到技术要求和监管难度，采取类似美国的较为严格的牌照制监管比较适宜；对于私募股权众筹平台，建议继续以备案制为宜，设定必要的准入门槛要求，如注册资本金、高管团队要求、平台信息披露、资金监管等，引导此类股权众筹平台的合规设立和运营。在准入基础上，借鉴国际经验，监管机构应赋予股权众筹平台在尽职调查、信息披露、投资人教育等方面的义务或行为要求。

（2）强化发行人融资项目的信息披露制度。作为多层次资本市场重要组成部分的股权众筹，无论是公募还是私募都涉及相应的投资行为，因此需要设立一定的信息披露标准，其核心任务是让投资人清楚筹资项目的基本情况和投资价值，从而做出正确的投资决策。监管制度在信息披露方面应有明确要求，筹资人在股权众筹平台发布项目时需披露项目基本情况、筹资用途和资金使用计划等信息，并及时地披露经营状况，以有利于投资人掌握相关信息。在此过程中还要考虑对初创期企业核心商业模式、商业机密进行保护，以及信息披露的详细程度及披露成本。

（3）建立投资人投资限额控制制度。从基本属性来说，股权众筹应面向大众投资人，风险识别能力和风险承担能力是股权众筹投资人保护的落脚点。从投资人利益保护的角度出发，必须评估投资人风险承担能力，保证其能够承受投资失败的高风险，这就需要对投资人金融资产的投资限额进行控制。例如，美国的《JOBS 法案》规定个体投资人如果年收入少于 10 万美元，每年可参与投资额度为 2000 美元或其年收入的 5%；个体投资人如果年收入多于 10 万美元，每年可参与投资额度为其年收入的 10% 或者个人净资产的 10%，等等。这就是基于投资人风险承担能力而设定的约束标准。建议监管部门在充分调研和论证的基础上制定我国股权众筹投资限额的规则，起到风险控制的作用。此外，为了更好地保护投资人利益，建议在进行额度控制的同时建立股权众筹投资的冷静期制度。

（4）建立投资人资金第三方存管制度。资金的第三方存管在一定程度上能够降低众筹资金被挪用的风险，建议在股权众筹平台进入行业发展时，将建立投资人资金银行存管/监管机制作为发放公募股权众筹平台牌照和私募股权众筹平台备案的前提条件之一。在具体运作中，通过相应制度和规则设计，实现投资人投资资金与股权众筹平台自身资金分账管理、独立审计，定期将审计报告提交监管机构并向投资人公开。通过资金存管/监管机制，可以在不提高股权众筹平台设立的投资门槛的情况下，有效提高平台管理的规范性。

（5）建立完善行业自律制度。股权众筹行业的参与者对于新兴业务模式的运营方式、风险特征等都有深刻认识，建立行业自律组织进行行业自律可以作为行政监管的有效补充。2015 年 7 月，国内 80 家众筹机构发起成立了“股权众筹行业联盟”，探索建立行业自律技术标准，增强行业透明度，减少运行和摩擦成本，抑制不正当竞争。深圳、上海等地区还建立了区域性的股权众筹自律组织，建议在此基础上成立覆盖范围更大的全国性行业自律组织，制定全国性的自律准则或自律公约，充分发挥自律监管的作用，不断提升自律监管的效率。自律组织作为监管机构和股权众筹行业之间的桥梁纽带，能够将行政监管和自律监管有机结合，促进行业的整体健康发展。

（6）完善知识产权保护制度。加强知识产权的保护，为融资项目提供赖以生存的基础，同时也是平台核心竞争力的体现，是吸引更多优质融资项目的前提。首先，互联网股权众筹平台培养指导并强化融资者的知识产权保护意识，注意对以剽窃创意为目的的投资人的识别和防范。其次，建立知识产权备案制度。融资者一旦发现项目发布过程中的侵权行为均可在备案审批后追求剽窃者责任。最后，平台自身也应与融资者签订保密协议。

二、我国众筹融资的发展趋势[①]

（一）平台构建生态闭环

无生态不众筹，这是由股权融资的复杂性和高风险性决定的。经过几年的探索，股权众筹平台已经充分意识到这一点，并开始着手发展、整合自己的生态资源以构建生态闭环。具体而言，第一，综合类商品众筹平台致力于打造新生活方式的入口，从总体上控制项目风格与特质，强调参与感、品位和乐趣。第二，垂

① 云投汇，京北众筹，36 氪 . 2017 互联网众筹行业现状与发展趋势报告［R］. 2017.

直类众筹平台向产业链整合发展，以平台为依托，提供人才、渠道、管理等多方面支持，电影、音乐等文创类垂直众筹平台表现尤其突出。第三，门户类和股权类众筹平台注重创新性流程设计。阿里、百度等巨头旗下的众筹平台，结合自身数据资源，结合保险理财、消费信托等金融模式，尝试与股权交易所等机构合作推出理财产品，同时也积极探索多种退出途径，提高股权资产的流动性。第四，传统产业依托众筹平台从网络销售向C2B网络定制转型。一些食品、服装等传统产业已经开始通过众筹平台探索转型方式。

（二）平台趋向垂直细分

中国众筹平台正不断向垂直化、细分化领域渗透，积极探索合规化盈利模式。以汽车、房地产这两个垂直细分领域为例，2016年汽车众筹因其门槛低、投资灵活、流程便捷、周期短、年化收益率高等特点，成为众筹领域的新亮点，并吸引了一部分P2P平台转型做汽车众筹。汽车众筹属于物权众筹，尚无明确的监管部门和相关法律法规。汽车众筹根据业务范围可分为新车众筹、二手车众筹、进口车众筹、汽车租赁众筹等，二手车众筹最受欢迎。二手车众筹的交易链条由筹资方、平台方、投资人三方共同构成，利用二手车买卖的差价盈利进行分红，这种模式决定了需要参与者对二手车市场变化具有长期深入的了解，普通人很难实现大批量二手车的低买高卖。同时，因为该细分领域处于监管真空区，也存在虚假信息、估值误差较大、风控难等问题。2014年起，房地产众筹兴起，标的可以为住宅房产和营业性房产。房地产众筹这种模式可以提前锁定购房者，同时降低中间环节成本，从理论上降低房价。根据回报的不同，国内房地产众筹基本上可分为营销型、理财型和建房型三大类，其中尤以建房型最符合众筹的定义。2016年11月和12月，北京公布首批“限房价、竞地价”地块，其中，100%自持地块的持有期限和土地出让期限一致，地块上的住宅将70年不允许销售。有房企提出“土地众筹”的设想，希望合适的企业参与到前期开发和项目建设中。长期来看，房地产及土地众筹是一种很好的尝试，但落实和获取盈利相对较难，地产商和企业之间相互选择、如何收回成本、如何给予企业回报、如何适应法律条款、资产无法标准化等问题，都需要一一解决。

（三）平台加大对大数据等技术的应用

随着科学技术逐渐落地，利用大数据、区块链、人工智能等前沿技术手段的金融科技站上风口。众筹平台随着用户基数和项目基数的增大，逐渐认识到大数据分析的重要性，建立单个平台甚至是众筹行业的大数据平台，加大科技技术的应用，将是行业发展的必然趋势。大数据平台的建立，将改变传统信息的提供方式，从“用户选择”变为“主动推送”。同时，通过建立精准算法，直接匹配供需两方的需求，能够更全面、更严谨地帮助投资人和创业者审慎决策。

（四）平台加强行业协作与社交板块建设

在行业监管尚未完善、平台发展良莠不齐的背景下，为了营造良好的发展环境，维护行业形象和口碑，优质平台之间的联合将日益加强。这种联合将主要表现在推动行业自律、建立行业规范、共享优质项目、培育投资人市场四个主要方面。目前，国内有多家众筹联盟机构，如中关村众筹联盟等，在促进优质平台之间合作与交流、促进行业更规范与进步方面起到了重要作用。此外，国内许多众筹平台已经意识到构建社交圈子是平台增加活跃度和用户黏性的关键手段，并开始开拓线上线下的社交板块。同时，借助社交，众筹可以超越“投资—回报”的固有金融关系，伴随情感以及对应资源的投入，项目方更精准地把握用户需求，利于优化项目，改良产品，不同行业的投资人因为一个项目被串联到生产链里，社会的闲散资金和资源被最大限度地利用起来，带来投资的价值溢价。

（五）行业监管进一步明确利于平台提升风控能力

对中国而言，在政府推出多项有关股权众筹的政策利好影响下，众筹行业的监管体系将愈加健全。股权众筹平台的法律权利和义务将得到进一步的规范，股权众筹市场将真正成为我国多层次资本市场的有益补充，发挥小微金融的作用。风控依旧是各大股权众筹平台需要着重提高的地方，因此在股权众筹专项整治中要求股权众筹平台做好尽职调查、风险控制工作。已经有平台开始引入行业第三方机构对项目进行尽职调查，这样可以帮助投资人减少信息不对称带来的投资风险，并提供法律或财务咨询等服务，从而有效避免投资人出现不必要的损失。

第七章　电商小贷在小微企业融资中的应用与发展

电子商务小额贷款（以下简称电商小贷）是互联网金融中为小微企业提供融资服务的一种重要业态，它在很大程度上解决了线上小微企业、个人融资难的问题。在互联网金融成长的过程中，电商小贷的成功落地开花让很多人看到了互联网和金融的完美融合。互联网在信息收集、处理和分析上的优势，可以为许多行业提供“大数据”的方式方法。结合行业自身业务的发展需要，用网络化的手段减少中间环节，用大数据的方式分析市场规律，或许是互联网之于各个行业融合的最大贡献。电商企业通过电商平台，积累平台客户交易数据和信用记录，形成信息流，信息流引导资金流，电商金融实质上是信息流与资金流的融合。

第一节　电商小贷的发展概况

一、电商小贷的概念及构成要素

电商小贷是指电商企业利用互联网、云计算等信息化手段，对其长期积累的平台客户交易数据进行专业化的挖掘和分析，通过自建小贷公司或与银行合作的方式，向其平台上的小微企业提供信贷服务，如阿里小贷、京东金融、民生慧聪新e贷等。电商小贷由大数据、电商平台、资金提供方、资金需求方四个要素构成。在四个要素中，电商平台可以成为资金提供方，但不能成为资金需求方。

大数据是整个电商小贷运行的基础，大数据的来源主要包括以下三个：①依托电商平台自身的巨大客户数据优势，电商平台将自身网络内每一次电子商务活动中的数据，诸如上下游交易、客户数据、物流数据、口碑评价、认证信息、近期交易动态、实时运营状况、平台工具使用状况等进行汇集处理，形成最主要的数据。②在资金需求方提交贷款申请时，需要完善资金需求方各类数据，提交包括公司信息以及家庭、配偶、学历、住房等信息。③为了数据的进一步完善，增强数据的维度，提高风险控制水平，需要引入外部数据，如海关、税务、电力、水力、电信、中央银行征信系统等数据，也需要对电商平台外部的互联网信息进行采集整合，如该公司在社交平台的客户互动数据、搜索引擎数据等。

电商平台是维持整个电商小贷运行的核心节点，一方面电商平台要利用大数据对资金需求方进行担保，另一方面电商平台也要监督各项资金流的运转状况，确保整个电商小贷的正常安全运行。

资金需求方是参与整个电商小贷活动中的消费者、第三方网店、产品供应商等。由于电子商务只是整个商业产业链条中的特定环节，链条上及链条外的生产、加工等类别的中小微企业客户是电商小贷很难覆盖的部分，这些环节中的资金需求方很难被电商小贷涵盖。

资金提供方的来源可以多样化，主要有三种方式：①电商平台自身提供资金，通过成立小额贷款公司或者专门的财务部门提供资金。②电商平台利用大数据为银行等金融机构做担保，由银行等提供资金。③电商平台拥有银行牌照，具有吸收资金功能，用融得的资金提供贷款。事实上，对于来源于银行等金融机构和个人的外部资金，电商平台为其提供担保；对来源于电商平台的自主资金或是依靠获得牌照融得的资金，从某种角度，相当于电商平台为其做了内部担保。

二、电商小贷的产生背景与发展现状

传统的银行信贷模式远远不能满足中小微企业的贷款需求。一方面，传统抵押担保贷款模式与小微企业的实际情况相矛盾，借款成本高、运作风险大，很多中小微企业起步晚、家底薄，根本无力满足其要求的抵押担保项目。另一方面，银行较高的放贷标准把大部分中小微企业排除在外，大部分小微企业的信贷需求在 100 万元以下，小微企业的信贷需求更低，对银行来说，过低的信贷金额且频繁的借贷次数造成管理成本过高。一度风靡沿海地区的民间融资贷款利率高达年息 25% ~30%，短期利率甚至达到了年息 80% ~100%，民间融资不仅解决不了小微企业的融资问题，甚至成为加大企业运营成本的反向推手，令小微企业融资环境更为恶化。

阿里巴巴、京东商城等电商巨头看到了相当诱人的商业契机。一方面，电商平台集聚了大量中小微企业，凭借“大数据”、“云计算”等互联网技术，电商掌握了平台上中小微企业的交易信息与信用记录，并形成科学的信用与风险评估，有效解决了信息不对称的问题，从而降低了贷款成本和贷款风险。另一方面，电商开展小额贷款的市场空间与其自身主营业务的市场空间往往重合，或者依附于主营业务。无论是大量网上购物消费者，还是电商平台上的厂家和供应商，对小额贷款的需求是有目共睹的。提供小额贷款服务不仅可以加强电商平台优势，为上下游客户提供良好的金融服务，并将其发展成拓展客户或市场价值的一种增值服务，而且在市场需求的保证下可以为电商本身带来巨大的利润。因此，电商小贷的兴起可以提高对小微企业的资金支持，是现有金融体系的有益补充。

阿里巴巴集团早在2002年就推出了“诚信通”，这是一种面向国内小微企业推出的会员制网上贸易服务系统，会员企业可通过建立在阿里巴巴网站上的“摊位”，进行销售和宣传，该会员企业有相应的信用档案，通过第三方独立机构完成企业的身份确认，企业交易信用被长期记载和积累，这一体系解决了网络贸易信用问题。

随后阿里巴巴集团在2004年3月又推出“诚信通”指数，在“诚信通”基础上建立交易双方的信用信息量化综合评分系统，将诚信通会员企业身份认证情况、会员评价、交易状况、档案年限、投诉状况以及商业纠纷情况等，综合纳入“诚信通”指数的打分系统，以此衡量会员企业的信用状况。虽然之后这一评分已经取消，但其数据完成了积累。

2007年，阿里巴巴集团联合中国建设银行、中国工商银行向会员企业推出网络联保贷款服务，即3家及3家以上的企业组成联合体，无须抵押便可通过阿里巴巴向银行申请贷款，先后推出“e贷通”、“易融通”等产品。由于阿里巴巴的B2B业务一直未能进入交易阶段，意向交易额难以成为银行授信依据，同时，阿里巴巴还未建立完整的大数据平台，大量的数据只是鼓励的点，没有转化成可辨识的链条，其提供的数据最终未获得银行的承认。

在与银行合作过程中，阿里巴巴只是相当于银行的销售渠道及信息提供者，所起的作用仅为帮助银行提供潜在贷款客户名单并提供电商信用数据作为征信参考，始终处于次要地位，未能完全发挥作用。这一过程促使阿里巴巴产生了利用自己搭建的电商平台所积累的丰富数据，通过自有资金为小微企业提供融资，满足更多小微企业资金需求的构想。之后阿里巴巴开始注重建设数据维度和风控模型，并利用企业的交易数据建设信用评价体系和信用数据库，为阿里巴巴小额贷款公司开展业务打下了基础。

2010年6月，阿里巴巴联合复星集团、银泰集团、万向集团成立浙江阿里巴巴小额贷款股份有限公司。自此，电商小贷这一新型金融业务模式的发展不断成熟化、专业化，越来越多的电商企业继阿里巴巴之后陆续试水小额贷款领域。

2012年11月，京东商城与中国银行北京分行签署战略合作协议，正式推出供应链金融服务。该供应链金融服务平台结合了商城供应商评价、结算、票据处理等系统，以及网上银行、银企互联等电子支付渠道，并利用大数据、云计算等信息技术对丰富的数据进行深入资信评估，其是面向全部商城供应商开展的一整套金融服务综合型金融服务平台。中国电子研究中心监控数据显示，2013 年 11 月，京东商城供应链金融的贷款额达 5 亿元，试运营一年以来总共发放贷款达 80 亿元。

2012 年 12 月，苏宁获批成立重庆苏宁小额贷款有限公司，注册资金 3 亿元，香港苏宁和苏宁云商分别占股 25%、75%，目标客户锁定为该集团产业链上的中小微型企业，采取应收账款质押和其他保证措施相结合的方式在小贷公司获得综合授信额度，授信期限一般为一年，贷款额度最高为 1000 万元，所提供的业务服务包括供应链金融、小额信贷、消费信贷等。苏宁云商同样看重与银行合作的供应链金融，2012 年苏宁的银行保理累计完成的业务成交量超过 30 亿元。苏宁的电商小额信贷呈现出自营小额贷款与银行放贷产品并重的特色。

2013 年 1 月，慧聪网与民生银行联合发布了一款名为“民生慧聪新 e 贷”的信用卡产品，合作方式为慧聪网提供会员商誉，经民生银行审核发放贷款，为慧聪网的“买卖通”会员提供 50 万元以下的无担保免抵押的信用贷款。慧聪网成为继阿里巴巴、敦煌网、网盛生意宝、京东商城和苏宁易购后，第六家正式涉足网络信贷的电子商务企业。

2013 年 8 月，阿里巴巴获批在重庆市成立了重庆阿里小微小贷有限公司，注册资金 2 亿元，扩大了其从事电商小额信贷的资金规模。通过重庆阿里小微小贷有限公司以及上文所列的另两家阿里巴巴小额贷款有限公司，阿里金融在阿里巴巴 B2B 业务、淘宝网和天猫三大平台提供订单贷款、信用贷款两项服务。截至 2013 年末，阿里小贷累计获贷客户数 64.2 万家，累计放贷金额 1722 亿元，两者规模增长势头迅猛。

2013 年 12 月，腾讯获批在深圳成立财付通网络金融小额贷款有限公司，注册资金 3000 万元，在深圳成立了财付通网络金融小额贷款有限公司，针对腾讯旗下的电商企业和个体工商户包括易迅、拍拍、QQ 网购的卖家等，在深圳市辖区内专营小额贷款业务。

另外，从 2012 年开始，多家商业银行开设了自己的电子商务平台，为客户提供包括小额贷款在内的金融服务，其中以中国建设银行、中国银行和中国交通银行等规模最大。具体而言，2012 年，建设银行推出名为“善融商务”的网上商城，提供可大额分期付款的综合网上购物及租买房中介信息；2013 年，中国银行推出名为“银通商城”的网上商城，提供可大额分期付款的综合网上购物；2012 年，交通银行推出名为“交博汇”的网上商城，提供可大额分期付款的综合网上购物及传统银行金融服务。

第二节　电商小贷在小微企业融资中的应用

一、电商小贷模式的优势

电商小贷规模剧增的背后所隐含的是越来越多的小微企业对电商小贷的青睐。一方面，电商小贷符合小微企业融资“短、频、急”的特点；另一方面，电商平台向小微企业贷款的效率高并为客户提供灵活多样的资金使用方式以及利率计算方式，从而降低了客户融资成本。因此，伴随着通过电商小贷模式进行融资的企业数量规模的不断增加，电商小贷已然是互联网金融中为中小微企业提供融资服务的一种重要业态，并在很大程度上解决了线上小微企业和个人融资问题。

（一）实现了对小额信贷市场的细分化

我国的小额贷款公司历来是面向“三农”、面向农村、服务农村金融或者面向本区域的小微企业，提供小额贷款服务。阿里巴巴小额贷款公司打破了区域的限制，通过互联网面向散布全国的在线上从事电子商务的小微企业，提供小微贷款，实现了对小额信贷市场的细分。

传统上小额信贷一直不为大中型商业银行所重视，因为根据帕累托提出的“二八法则”，银行主要的利润由少部分大的贷款客户所创造，而广大小微企业由于资金需求不大，而且违约风险高，审批成本大等因素，历来为各大商业银行所忽视，资金需求得不到满足。这一现象和我国国情有关，我国国有、国有控股大中型企业众多，为其提供贷款风险低而回报大，而属于民营经济的小微企业则面临很大的经营风险。因此我国小额贷款的主要提供者就变成了村镇银行等小型银行及遍布各地的小额贷款公司。对于小额贷款公司而言，受监管限制以及贷款风险控制的要求，小贷公司连面向本区域提供信用贷款都因为风险难以控制而受到限制，开展全国性的信用贷款更无从谈起。相对的是遍布全国的小微企业为了经营需要而产生的对信用贷款的巨大需求。

电商平台根据自己的特点以及对线上的广大小微企业经营情况的掌握，通过提供一系列的金融服务，如创建小额贷款公司或供应链金融服务以解决这一部分小微企业的小额贷款需求。首先，从事电子商务的小微企业具有自身的特点，比如资金周转速度快，资金需求量通常更为微小，很多时候资金周转具有季节性，对电商平台具有很大的依存度等，加上该类小微企业又具有庞大的数量，故而这一部分小微企业具有很大的共性，方便电商小贷公司进行统一归类与市场细分。其次，由于该类小微企业的上述特点，它们与其他的区域性的小微企业又有很大的不同。其一是该类小微企业由于从事电子商务，对于网络有更大的依赖性，互联网对于该类小微企业的经营运转有更大的影响。这方便了阿里小贷进行互联网线上审批，以及资金流动的线上监控管理。其二是该类小微企业由于互联网的高效运转，更强调资金的周转，对于资金的需求更为灵活，同时由于我国电子商务的飞速发展，该类企业业务的进展也更为迅速。互联网促使这类小微企业具有了自身的经营特点，使小额信贷市场的细分成为可能。最后，该类小微企业数量众多，且遍布全国各地，经营门类多种多样，一般来说，违约风险相关性低，因此对其放款的风险性可以得到有效分散，违约的概率也随之下降。同时，该类小微企业由于我国电商平台的集中化，大量汇集在各大电商平台上，为电商小额信贷公司在小额信贷市场的细分化经营打下了基础。

（二）电商小额贷款业务与电商平台业务相辅相成

电商开展小额贷款业务与其自身传统业务的市场空间往往是重合的。通过小额贷款对电子商务平台上的小微企业进行融资服务，解决了这些小微企业的资金需求，提高了它们的经营能力，促进了它们的蓬勃发展，增加了它们对风险的抵抗能力，也提升了它们对电商平台的依存度，使它们与电商平台关系更为紧密，拥有更多共同利益。因此，该融资活动推进了电子平台贸易规模的发展，增强了电商平台的盈利能力。

此外，电商掌握了大量的线上小微企业的贸易数据、经营信用信息，因而能帮助开展小额贷款业务的电商有效地控制这些企业的信用风险，减少信息不对称以及道德风险。同时，电商平台包含海量的小微企业，而且这些企业对这一重要平台有很大的依存度，这为阿里小贷提供了丰富的信贷客户来源，使其不必像其他小贷公司那样花费精力寻找客户，也节省了一部分经营成本。因此，电商平台为其线上的小微企业提供融资服务，不仅可以获取利息收益，而且也为电商平台在传统业务之外增加了新的盈利渠道，扩大了经营领域，分散了经营风险。

（三）利用数据与平台优势降低信用风险

信用风险也称违约风险，是指由于交易对手未能履行约定契约中的义务而造成经济损失的风险，在贷款业务中指借款人不能履行还本付息的责任而使债权人的实际收益、效果与预期发生背离，从而蒙受损失的可能性。信用风险是小额贷款公司所面临的几个主要风险之一，而不良贷款率是可以反映信用风险控制程度的一个重要指标，指金融机构不良贷款占总贷款余额的比重。不良贷款是指在评估银行贷款质量时，把贷款按风险基础分为正常、关注、次级、可疑和损失五类，其中后三类合称为不良贷款。电商小贷的优势之一就是运用数据与平台优势降低信用风险，控制不良贷款率。以阿里小贷为例，阿里巴巴的 B2B 线下贷款部分设定的不良贷款容忍率最高为 3%，而淘宝类、天猫类贷款不良贷款容忍率是 2% ~2.5%。2013 年数据显示，阿里小贷整体的不良贷款率在 1.2% ~1.3% 的水平。这一水平接近大型商业银行 2013 年末不良贷款率 1% 的水平，低于农村商业银行 2013 年末不良贷款率 1.67% 的水平。但考虑阿里小贷的贷款业务中包含大量信用贷款，故而这一信用风险的控制水平是相当可观的。阿里小贷公司所具有的数据与平台优势是降低信用风险的主要因素。

首先是数据优势，阿里小贷公司通过阿里巴巴 B2B、淘宝、支付宝等电子商务平台的衔接，可以方便地收集客户积累的信用数据及行为数据。这些数据通过交叉检验的方式，加上第三方信息验证，确认客户数据的真实性，引入网络数据模型以及在线视频资信调查模式，将客户在电子商务平台上的行为数据转化成企业和个人的信用评价。由于交易行为数据比企业财务报表更直接，更能反映企业的信用情况，故而阿里小贷可以更为真实地还原小微企业的实际信用水平，减少信息不对称，降低信用风险。借助多年电商平台运营所不断积累和挖掘的海量交易行为数据，阿里小贷在信用风险控制上取得了很大的优势。

其次是平台优势，由于阿里小贷的贷款客户主要为其电商平台上的经营者，故而阿里小贷可以在一定程度上监控贷款的流向。假如客户的贷款用于扩展经营，阿里小贷的风险管理部门会对其广告投放、店铺装修和销售进行评估与监控。而一旦发现客户的贷款使用情况出现偏离，就会由催收和资产保全部门做出预警并且提前收回贷款。严重者甚至将受到关停店铺的惩罚。这一优势正是基于阿里巴巴对于其电商平台的强大控制力。由于贷款的小微企业与阿里巴巴集团原本就属于利益相关者，对其电商平台有很强的依赖性，故而其信用违约有很高的违约成本，这也帮助阿里小贷公司大大降低了信用风险水平。

二、电商小贷典型模式案例分析

电商小贷的代表性模式包括以阿里巴巴为代表的直接放贷模式和以京东为代表的供应链金融模式，下文主要介绍这两种模式如何支持小微企业融资。

（一）阿里小贷模式

阿里金融旗下的三家小额贷款公司分别为浙江阿里巴巴小额贷款股份有限公司、重庆市阿里巴巴小额贷款有限公司和重庆阿里小微小额信贷公司。这些小额贷款公司定位于专业的小微贷款，仅接受 100 万元以下的贷款业务，70% 的单子都是 50 万元以下的信用贷款，户均贷款额不足 4 万元。

1. 信贷模式介绍

阿里巴巴小微企业信贷模式是阿里巴巴采取独特的“平台 + 小额贷款公司”

模式，对其电子商务平台上的商户进行信贷投放。具体来讲，就是阿里巴巴公司依托其电子商务平台即阿里巴巴、淘宝、天猫以及支付宝平台上长期以来积累的海量底层数据，这些数据囊括了买家对产品的质量与物流的评价与得分、店铺评分、退换货次数、投诉纠纷情况、交易量以及交易金额等信息，再凭借大数据平台、新型的微贷技术，通过数十种数据模型和场景对这些庞大的数据进行深度挖掘、分析，从而形成阿里巴巴小微企业信息数据库与小微企业征信体系。至此，阿里巴巴已经可以准确掌握每一个商户的经营状况与资信状况。最后，由阿里巴巴旗下的三家小贷公司根据已掌握的商户有效信息来进行贷款的发放。这整个过程的操作，从商户的贷款申请到阿里巴巴的贷款审核直至最后贷款的发放基本上全在线上完成，非常简单、快捷（见图 7－1）。

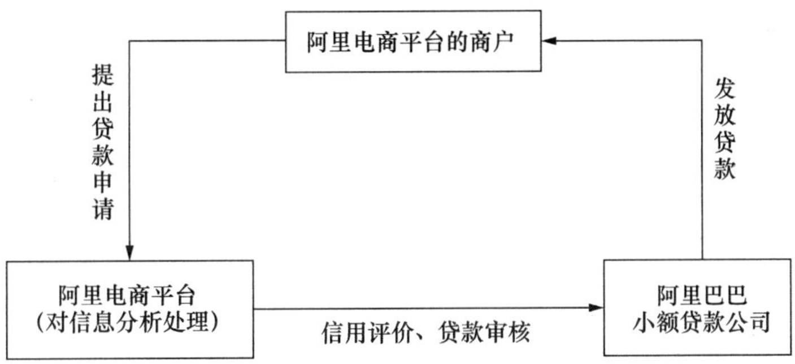

图 7－1　阿里小微企业信贷模式

资料来源：笔者绘制。

2. 信贷业务介绍

阿里小贷公司的产品主要包括淘宝贷款（线上贷款）和阿里贷款（线下贷款）两部分，涵盖淘宝（天猫）信用贷款、订单贷款以及阿里信用贷款，如图 7－2 所示。

订单贷款是指参照卖家店铺已发货、买家未确认的实物交易订单金额，系统给出授信额度，到期时自动进行还款，其性质实质是订单质抵押贷款。信用贷款是指无抵押、无担保贷款，由模型综合评估申请人的资信状况、信用需求和授信风险等因素给出授信额度。信用贷款又分为“循环贷”和“固定贷”两种。“循环贷”指将获贷款额度作为备用金，随借随还，不取用时免除利息。“固定贷”指将获贷款额度在放款时一次性发放。

淘宝、天猫信用贷款面向淘宝天猫客户，参照商铺综合运营情况给予授信，不受当天订单量限制，无须抵押担保，允许在授信额度内多次支取，随借随还。

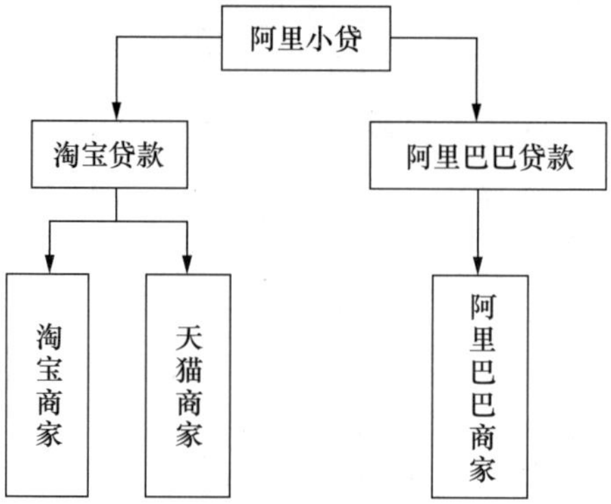

图 7-2　阿里巴巴小额贷款公司业务

资料来源：笔者绘制。

表 7-1　阿里巴巴贷款与淘宝贷款比较

类型	阿里巴巴贷款	淘宝贷款	
		订单贷款	信用贷款
贷款额度	最高 300 万元	最高 100 万元	最高 100 万元
贷款期限	12 个月	30 天	最长 12 个月
计息方式	按月等额本息还款	按日计息	按日计息
贷款利率	最低 1.5%/月	0.05%/日	最低 0.05%/日
还款方式	每月还款日提前 5 天通知，支付宝自动扣款	系统自动还款	按月付息到期还本；每月归还固定利息及本金
贷款流程	网上填写申请单 > 补充资料 > 审批通过后获贷	填写申请表 > 确认页面 > 申请成功（资金流入支付宝账号）	填写申请表 > 确认页面 > 申请成功（资金流入支付宝账号）
申请条件	1. 阿里巴巴中国站会员（曾经是阿里巴巴诚信通会员）或中国供应商会员，具有一定操作记录（获贷时需是诚信通或中国供应商会员） 2. 申请人为企业法定代表人或个体工商户负责人，年龄在 18~65 周岁，且是中国大陆居民 3. 工商注册地在上海市、浙江省、江苏省、广东省，且注册时间满 2 年	1. 年满 18 周岁，具有完全民事行为能力的淘宝卖家 2. 淘宝店铺经营时间满 2 个月 3. 诚实守信，店铺信用记录良好	1. 年满 18 周岁，具有完全民事行为能力的淘宝卖家 2. 淘宝店铺经营时间满 2 个月 3. 诚实守信，店铺信用记录良好

资料来源：笔者绘制。

阿里信用贷款面向阿里巴巴会员企业，为小微企业提供融资，帮助它们解决资金周转等问题。该类贷款同样无担保、无抵押，但由于该部分贷款业务的发放需要实地勘测，因而其对发放对象有严格的地域限制，同时贷款成本也有所增加。整体上，阿里小贷公司的业务以淘宝、天猫平台的贷款为主。

阿里小贷公司采用按日计息的利息结算方式。淘宝、天猫订单贷款上限额度为100万元，贷款周期30日，日利率为0.05%；淘宝、天猫信用贷款上限额度100万元，贷款周期6个月，日利率为0.06%；阿里信用贷款额度为5万～100万元，贷款周期12个月，日利率为0.05%～0.06%。参考最低的0.05%日息计算，阿里小贷公司为阿里巴巴集团贷款客户提供的信用贷款年化利率最低值为18%。但实际上阿里小贷公司提供的多是短期贷款，平均贷款天数不到130天，平均贷款利率接近6.7%。阿里巴巴贷款与淘宝贷款比较如表7－1所示。

阿里小贷公司在2013年又针对小微企业从事跨境业务提供相关产品。阿里小贷公司为强化对跨境贸易以及跨境业务的融资支持，推出了对阿里巴巴国际站会员进行细分，更精准服务跨境贸易融资需求的网商贷等有针对性的产品，表现出对扩展平台跨境业务的重视。

3. 信贷资金来源

电商小额贷款公司的性质属于小额贷款公司，依据监管部门的规定，其主要资金来源应为股东缴纳的资本金、捐赠资金等，即股东的自有资金，除此之外还可以从不超过两个银行业金融机构融入资金，融入的金额不得超过注册资本净额的50%。例如，浙江阿里小贷的注册资金为6亿元，在此监管条件约束下，则可贷资金最大可以达到9亿元。

由于小额贷款公司的自有资金有限，又不能吸收存款，造成可贷资金的规模不能与银行等金融中介机构相比，开展业务受到限制。从阿里小额贷款自身资本规模来看，资本规模小，不具有与大型商业银行的可比性。阿里巴巴集团旗下三家小额贷款公司总的注册资本仅为18亿元，阿里小贷的放贷资金最多为27亿元，并不能满足市场需求。故阿里金融积极探索其他资金募集渠道，具体融资渠道如下：

其一是信托计划产品。阿里小贷公司在2012年通过山东省国际信托公司发行了“阿里金融小额信贷资产收益权投资项目集合信托计划”，向社会募集资金2.4亿元；同年9月与11月，再次发行“阿里星2号集合信托计划”与“阿里星3号集合信托计划”，分别向社会募集资金1.2亿元与2亿元。通过信托融资，阿里小贷的同一笔资金多次放贷，进行多次资产转让，资产倍数变大。然而上述信托计划筹集的资金仍然有限，并不能满足阿里小贷公司的资金需求。

其二是资产证券化。资产证券化指将缺乏流动性的资产，转换为在金融市场上可以自由买卖的证券的行为，使其具有流动性。阿里金融于 2013 年 7 月与东方证券资产管理有限公司合作，推出“阿里巴巴 1 ~ 10 号专项资产管理计划”，将在 3 年内不定期发行 10 期产品，每期发行额度为 2 亿 ~5 亿元，据此推算该系列产品的最大累计发行规模为 50 亿元。阿里小贷公司还在同时期与诺亚财富合作完成首只私募信贷资产证券化产品的募集，据相关人士透露，该款产品募集的资金总额不高于 5 亿元。这些资产证券化产品均以阿里小贷公司的信贷资产为基础资产，采取循环购买的模式，即以基础资产产生现金流，循环购买新的同类基础资产，巧妙地解决了因为阿里小贷公司的贷款周期一般较短，造成的短期贷款与长期证券的错配问题。一系列的资产证券化行为为阿里小贷扩大了可贷资金的规模，据有关人士透露，通过这一方式阿里小贷一共得到了超过 90 亿元的资金，占其可贷资金的大部分，远远超过了自有资金与银行融资，大幅增加了可贷资金的规模。

其三是银行理财产品。阿里小贷公司积极通过与银行合作发行理财产品的方式融资。2013 年阿里小贷将债权作为标的物，分别与招商银行、中信银行合作推出了债券的银行理财产品，预期年化收益率为 5. 5% 左右。这样的方式有效地规避了金融监管当局关于小额贷款公司通过银行融资的限制规定，同时发行理财产品的成本也较银行贷款要低。预计未来会有更多的银行与阿里小贷公司合作，这既可以扩大阿里小贷公司的放贷资本，也可以使得银行的表外业务产生很好的收益。

（二）京东供应链金融模式

1. 京东供应链金融服务概述

京东在产业融合方面一直不断进步，电商、物流、技术及金融服务都有不错的表现。2012 年 11 月，京东供应链金融服务正式上线。京东商城与中国银行北京分行签署战略合作协议，双方共同为京东的合作供应商提供金融服务。京东推出“应收账款融资计划”，用信用及应收账款为抵押，帮助供应商从银行获得贷款从而缩短账期，并进一步扩张合作金融机构。随着业务量的不断扩大，与银行合作开展的应收账款融资模式的局限性逐渐显现，这种做法效率比较低，需要 2 ~5 天才能放款，而且事后监管难度大。2013 年 12 月 6 日，京东正式上线“京保贝”，这是一款针对自营业务供应商的 3 分钟融资到账产品，大大提高了京东商城对供应商的吸引力，同时成为了我国互联网对公金融市场标杆性产品。2014 年 10 月 28 日，京东上线“京小贷”，为京东商城开放平台商家提供融资服务。“京小贷”的推出实现了京东在融资服务方面对其体系内供应商和商家的全覆盖，有助于增加京东生态圈的活力和竞争力。2015 年 9 月 8 日，京东金融携手中邮速递物流，推出互联网金融领域首个针对电商企业的动产融资产品“云仓京融”。京东动产融资的模式设计冲破了传统模式的桎梏，不但帮助大量 B2C 电商企业获得融资，而且还依托 B2B 平台逐步向线下延展。截至 2016 年 1 月，京东动产融资单月放贷实现破亿元。2016 年 3 月，京东的“京保贝”从 1.0 升级到 2.0。“京保贝 1.0”只能服务京东电商平台上的供应商。“京保贝 2.0”，就是要跟京东脱离强耦合关系，往外走。“京保贝 2.0”形成了一套新的风控方式，同样还是以数据作为风控的基础，但以供应链节点为风控节点，将从采购到结算付款完成的供应链分成几十个节点用以评估融资额度和风险。京东供应链金融服务总体可以分为与银行开展合作和运用自由资金经营两个阶段。

2. 京东供应链融资模式分析

从业务角度来看，京东面向平台小微企业的融资模式主要包括两种大的类型，一是“银企合作类”的订单融资、入库单融资、应收账款融资、委托贷款融资；二是平台自营类的“京保贝”、“京小贷”、“云仓京融”等。①

（1）订单融资模式。订单融资模式是京东根据其向供应商发出的采购订单，协助商业银行向供应商提供货物采购、生产和装运等过程中的资金需求。该产品的适用对象是履约能力强、资信良好的供应商，并且货品市场价格平稳，质量优质。该供应链金融模式的主要作用在于：一是满足了供应商备货融资的需求，解决了供应商资金短缺的问题，便于采购订单顺利开展；二是大幅度提高了企业接受订单的能力，由于有效地解决了生产经营中的资金问题，可以使企业专心于生产经营，不用担心因资金不足不敢接单的问题；三是从整个供应链运行的角度看，可以缩短贸易周期，减少供应链资金占用。

（2）入库单融资模式。入库单融资模式是以进入京东库存的入库单、仓单等货权凭证为质押物为供应商提供融资服务的模式。该模式充分利用了京东的物流优势，为急需资金并且商品价值平稳的中小供应商提供融资服务。对于供应商而言，一方面解决了因货物存储占用资金问题，另一方面帮助其盘点库存。该业务模式的优势在于共享京东授信，可循环额度。此外，放款快捷，较短时间就能使供应商获得融资。

（3）应收账款融资模式。应收账款融资模式是将供应商针对京东的应收账款债权转让或质押给金融机构，并获得融资服务的方式，该模式主要针对于无自身银行授信或急需流动资金的中小供应商，有优化报表需求的大型供应商，以及账期时间较长的供应商等。该模式对于融资需求方的供应商而言有三点好处：第一，无须授信就能获得融资，大大降低融资成本；第二，加快销售资金回笼，提高资金周转率；第三，优化资产结构、改善财务报表。该业务的优势在于一方面

① 刘旭彤．京东供应链金融运作模式研究［D］．湖南大学硕士学位论文，2016.

供应商可以共享京东授信，循环使用额度；另一方面放款快捷，短时间获得融资，手续简便，无须其他担保。

（4）委托贷款模式。委托贷款模式是京东提供资金，由银行代为向供应商发放、监督使用并协助收回的融资业务方式，该模式对于具有融资需求的供应商而言有三点好处：一是解决了传统担保不足，很难获得资金支持的问题；二是无须银行授信也可以获得融资，因为在这一模式中京东成为了融资的主体，信用评级和管理都由京东承担；三是帮助供应商加速了资金周转，增加业务利润。该模式的优势在于：一是融资快捷，无须银行授信；二是由京东给予供应商信用；三是成本灵活，融资费用由双方协议商定；四是担保多样，应收账款、固定资产等都可以作为融资的担保；五是贷款到期后，贷款展期可以根据双方的交易状况决定。

从京东商城与中国银行北京分行合作的具体情况来看，可以灵活运用各类融资方式向供应商提供采购、入库、结算前、扩大融资四个方面的融资产品，具体包括订单融资、入库单融资、应收账款融资和委托贷款融资。在这些融资中，京东商城扮演着供应商与银行之间的授信角色，而资金的发放由银行完成。京东供应链金融服务如图7-3所示。

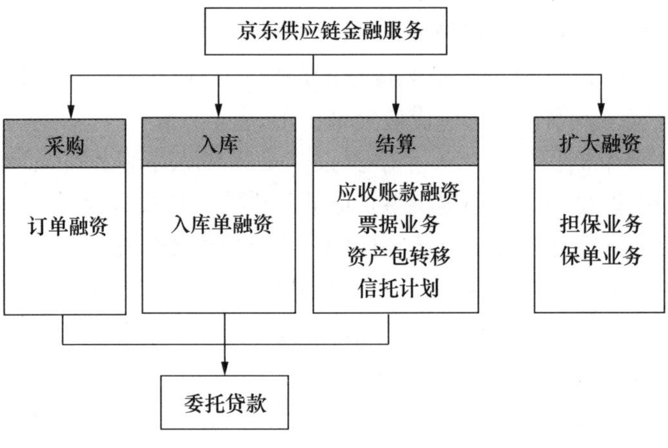

图7-3　京东供应链金融服务

资料来源：笔者绘制。

一是在采购环节，供应商与京东签订采购订单的同时提出融资需求，京东将该需求传达给银行，银行依据订单信息向供应商放款，当账期结束后，京东将款项付给与供应商约定的指定账户，用以偿还银行贷款。二是在入库环节，银行以入库单、仓单等货权凭证为质押物向供应商提供贷款，京东与银行进行结算。三是在结算环节，供应商取得采购合同后，以应收账款债权转让或质押给银行，银行向供应商提供贷款。这个环节还包括票据业务、资产包转移和信托计划。四是京东还提供担保业务和保单业务等扩大融资的服务。京东商城供应链金融服务操作流程包含供应商获得授信、供应商向京东送货、京东给银行指令和京东到期付款四步，如图 7－4 所示。

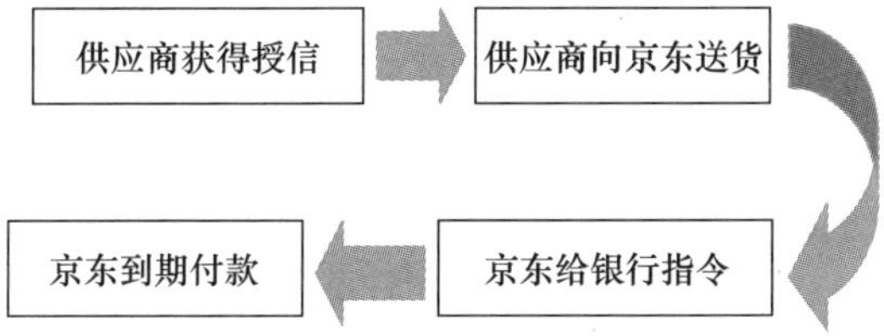

图 7－4　京东供应链融资平台操作流程

资料来源：笔者绘制。

在整个融资过程中，供应商可根据与京东商城签署的销售合同、货物单据、保单及京东商城的确认文件，在第三方保险机构投保后，获得中国银行的融资。在贷款周期方面，最短 15 天，最长 90 天。贷款到期后也可以申请展期 30 天，并且贷款之后可随时灵活还款。贷款期间，京东商城给供应商结算的资金，也可以随时用于还款。

（5）“京保贝”模式。“京保贝”模式是京东的一种新型的供应链金融服务，融资的款项完全来自于京东的自有资金，京东把供应商在其平台上采购、销售、财务等数据进行整合分析，集成一个庞大的数据池，并把之前开展应收账款融资的数据放进去，这样就形成了京东供应链金融最初的授信和风控管理系统。供应商通过这个系统就会自动生成一个授信额度，在这个额度内，供应商可申请任意金额，提交贷款申请，后台将进行自动化的审批、风控和放款，整个过程只需要 3 分钟，并且该授信额度可随着数据库的更新而动态调整（见图 7－5）。

第一，京东与供应商之间签订贸易协议，形成稳定的合作关系，并且有长期良好的交易记录；第二，由供应商向京东金融提交申请材料，签署融资协议；第三，基于以往的交易数据和物流数据，系统自动计算出对特定供应商的融资额度，之后京东金融将批准额度告知京东；第四，供应商在线申请融资，系统自动化处理审批并在核定额度范围内放款；第五，京东完成销售后，向其金融部门传递结算单，自动还款，完成全部交易过程。显然，这种模式比前面几种模式更具灵活性，融资方式比较便捷。当然，该模式的前提条件是供应商与京东之间形成长期的合作关系，交易质量比较稳定，能够从大数据中挖掘出供应商的行为偏好，能有效地控制融资所产生的潜在风险。

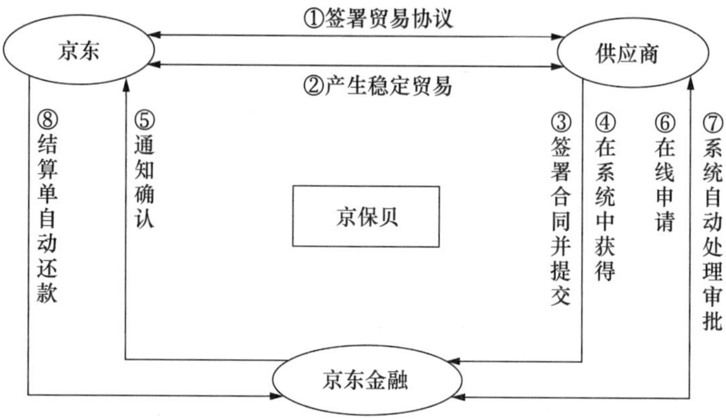

图7-5 “京保贝”融资模式流程

资料来源：刘旭彤．京东供应链金融运作模式研究［D］．湖南大学硕士学位论文，2016.

（6）“京小贷”模式。“京小贷”是京东金融面向京东开放平台商家推出的金融创新产品，强调从商户实际需求出发，以其在京东商城真实的交易数据为基础，利用大数据实现自动授信和准入，并有多个数据模型控制贷款流程及贷后监控，具有贷款还款灵活、全线上审批简单快捷、1分钟融资到位、个性化贷款利率、随借随还等特点。从本质上来说，“京小贷”是一款无须抵押的纯信用贷款，其贷款最高额度200万元，年化利率为14%~24%，能有效解决电商企业日常的流动资金难题。业务流程如下：第一，合作商户与京东签署协议，成为京东商城开放平台合作商家，同时商户在平台的各项销售数据被京东数据库记录；第二，合作商通过商家账户登录京东金融平台，查看贷款资格，提出申请；第三，根据商户的经营数据及以往的信贷信用，系统自动化处理给出相应的贷款方案；第四，合作商根据自身融资需求选择合适的贷款条件；第五，京东金融将贷款信息告知京东，系统自动审批并放款；第六，贷款本息在双方结算款中自动扣除，完成全部交易过程。

（7）动产融资“云仓京融”模式。京东面向全网客户推出的“云仓京融”动产融资产品，以数据化和模型化的方法自动评估商品价值，通过质押商品的动态替换释放货物的流动性，打开了传统银行不愿涉足的消费品质押融资市场。业务流程如下：第一，融资商家的仓储服务已委托或者能够移仓给京东合作的仓储公司，双方建立合作关系；第二，商家登录京东金融平台提交合作意向；第三，京东联系商家合作的仓储公司，核对相关材料，并通过系统对其质押货物价值进行评估；第四，在通过合作意向审核后，商家提交申请资料，并登录京东钱包完成动产融资授权；第五，双方签订协议，京东金融按协议内容放款；第六，贷款到期后，商家通过京东钱包还款。京东与仓储公司的合作贯穿于融资过程的始终。首先，仓储公司要向京东提交质押货物清单，包含商品的当下售价、历史售价和价格波动情况等核心信息。通过对这些数据的深加工，京东动产融资产品可以较准确地预测质押物在质押周期内的价格波动，从而自动、精准地评定商品价值和质押率。其次，为了降低质押物价值判断失误带来的损失，京东动产融资通过与仓配企业合作，整合了质押商品从生产、运输、存储到销售的全链条数据交叉验证，辅以抽样验货。最后，在商家的授权下，京东可进入仓储公司库存系统，对质押物实行实时监测并智能地调整质押物的数量，实现质押商品的动态替换。

第三节　电商小贷的风险与管控策略

一、电商小贷的风险分析

结合电商小贷公司的商业模式和风险来源，与传统金融机构相比，电商小贷公司面临的风险具有特殊性，主要体现在以下几个方面。①

（一）法律风险

电商小贷业务属于以电商为核心的互联网金融，是近几年发展起来的，相关的法律法规还很不完善。电商小贷业务在不断地发展，不断有新的模式和新的业务出现，而在这方面的监管却相当落后，还没有形成多方协调统一的监管机制。作为小额贷款公司的电商小贷，其相关的法律法规只有2008年出台的《关于小额贷款公司试点的指导意见》、《小额贷款公司改制设立村镇银行暂行规定》等。电商小贷的法律风险主要表现在以个两个方面：一是由于小额贷款公司的法律定位还很模糊，交易主体的权利和义务不明确，很难判断是否违法，电商小贷业务在发展过程中可能会无意识触碰法律红线。二是电商小贷公司涉及电商和小额贷款领域，在业务开展过程中会遇到很多问题，如电商开展小贷业务涉及商户的隐私，容易产生法律纠纷。

（二）技术风险

由于电商小贷业务依托的是网络及计算机，计算机网络系统的缺陷及计算机技术不成熟导致电商小贷面临着技术风险。如网络TCP/IP协议的安全性差、安

① 俞纯月．我国电商小额贷款业务发展模式及风险研究——以阿里小贷为例［D］．暨南大学硕士学位论文，2015.

全防范技术不完善容易遭受黑客或者病毒攻击的风险，计算机硬件会受到计算机病毒的攻击而瘫痪，软件和数据很容易被复制、篡改和破坏，造成客户信息泄露、遭到篡改，资金被盗的风险。除了遭遇外来的攻击，还有计算机自身的缺陷，如设备的损耗、堵塞、系统的故障等导致交易出错和资料丢失的风险。同时我国计算机软硬件设备大多引自外国，我国缺乏计算机软硬件设施自主知识产权，使我国金融信息安全存在很大的隐患。要重视网络系统的安全性，保证业务开展安全高效地进行。

（三）信用风险

在电商平台上开展小额贷款业务，所有贷款流程都是在网上进行的，贷款要求借款人提供身份信息、资产状况的相关材料，但在网上审核即使借款人提供虚假的信息也可能判别不出，现实中提供虚假材料骗取贷款的例子屡见不鲜。有些电商平台开展小额贷款业务，出借者并不能有效地监测借款资金，借款人出现“跑路”或者将资金投放到股市、房地产高危行业等这些情况不能被有效地监测。且电商借贷业务大部分是信用贷款，并没有抵押物，虽然电商借贷机构进行了一些风险控制和惩罚措施，如关闭网店、对违法企业进行曝光，但还是缺乏硬约束，导致出借人承担了很大的风险。由于电商小贷基本没有抵押担保和信用捆绑，若发生信用风险就会造成较大损失，因此，信用及行为数据、风险预警及控制体系尤显重要。当前，部分地方小贷公司正在陆续接入征信系统，但是电商小贷更多地依靠自身电子商务平台积累的客户信用及行为数据对企业的还款能力和还款意愿进行评估，并结合贷后监控和网络店铺、账号关停的方式提高客户违约成本，以此来控制信用风险。电商小贷主要以卖方的交易数据作为主要的信用等级判断依据，如果单纯基于交易数据而忽视真实贸易审查以及相关抵押、质押物的检查，可能会使电商小贷持续处于高风险中。

（四）流动性风险

电商小贷公司根据法规规定只能贷款不能吸储存款，只能从不超过两个银行金融机构融资，且融资杠杆率为0.5，限制了资金的来源，具有容易发生资金链断裂的风险。电商平台上的信贷业务是通过网上的虚拟账户开展的，并没有纳入传统银行的监管体系，增加了潜在的风险。对于传统银行在流动性覆盖率、存贷比、资本充足率等流动性指标上有明确的规定，并形成了完善的风险管理机制，但电商借贷机构并没有这方面的约束，内部还未形成风险管理体系，在外部不能在银行间市场得到支持，也得不到央行的紧急支持，并没有流动性风险防范措施，一旦发生风险，电商借贷机构很难应付。

（五）操作风险

操作风险是由人员、系统、流程、外部事件所引发的风险。电商小贷公司作为小额贷款公司，也面临着各种操作风险，下面主要阐述系统、人员和流程引发的风险。由系统引发的电商借贷业务的风险主要是所依托的电商平台上网络系统的安全问题和电商小贷公司的网络系统的安全问题。电商小贷对电商平台的客户进行线上的审核、贷款的发放，大部分是在网上自动完成的。电商小贷公司的网络安全离不开电商平台的网络系统安全。由人员引发的风险，主要有人员操作不当和内部欺诈引发的风险。电商借贷业务操作大部分是依靠网络系统，虽然能够减少人员操作的风险，但是有些业务流程操作还是需要人员来完成，就必然存在着人员操作失误、工作上不细心导致的可能的风险。内部欺诈也是要高度重视防范的，员工可能会进行没有授权的交易、超额交易、内部交易或泄露信息，阿里小贷就曾发生过泄露信息的风险。由流程引发的风险，电商借贷机构作为新生事物，其内部管理流程与传统商业银行相比还不完善。电商借贷业务可以借鉴传统商业银行的内部管理流程，但电商借贷机构有别于传统银行，还需继续探索建立一套适合自身的相对完善的内部流程，降低流程引发的风险。

二、电商小贷的风险控制策略

（一）阿里小贷的风险管理实践

根据阿里小微金融服务集团公布的阿里小贷公司的一些经营数据，其累计的不良资产率低于1%。这些数据在一定程度上反映了其风控的优秀，这源于以下四方面的管理：

（1）授信管理。阿里巴巴公司成立已经有15年的历史，有超过800万家小微企业在阿里巴巴的平台进行着商业贸易活动。大量的个体户依靠淘宝网、天猫平台经营网店。支付宝从成立到现在也有了海量的交易数据作为审核依据。阿里巴巴又成立了阿里云来专门处理淘宝、天猫、1688平台的商户订单以及信誉评级数据，对于支付宝和其他平台的交易数据也做分析处理。这些都为阿里巴巴的授信管理做好了前期的工作。对于其会员企业和阿里系的网店主们，阿里巴巴比银行更加了解他们的经营状况、产品受欢迎程度、销售额等，因此也更加了解他们的金融需求。首先，阿里巴巴会通过对会员企业以及网店的历史交易做评价，来确定小微企业的一个综合信用评级。这会在确定授信额度时作为重要的参考量。其次，阿里巴巴还会通过量化的模型来分析确定小微信贷具体额度。这个模型类似于水利统计所用的水文模型，是按照不同的量化指标以及不同的参数确定的一个数据库，这个数据库不仅记录了过去静态的数据，还能反映未来可能的变化趋势。具体而言，阿里巴巴会为每个企业和网店设计一系列的参数，从订单、资产、营业额以及客户评价等方面做分析，判断未来企业的发展、产品的受欢迎程度等。阿里巴巴还将同类的企业按照相同的参数指标做分类，并实时地更新数据库，使得其能随时掌握企业的情况。例如，在销售旺季增加放贷的额度，根据同类店铺的融资需求对客户的融资做预判，确定小微企业融资需求发生的时间和融资规模，等等。最后，阿里巴巴还会通过支付宝等交易资金变化，确定企业的现金流与企业经营的匹配程度，以此分析企业的诚信程度以及还款意愿。通过模型对于企业的还款意愿给定一个相对值，并将所有的参数汇总得出总的额度控制范围。综合如上的所有分析结果，阿里小贷公司会对小微客户和商铺店主做出授信综合方案。在授信额度内，阿里巴巴小贷会给予客户较大的灵活性，客户可以根据自身偏好选择适合自己的方式来进行贷款申请。需要说明的是，阿里巴巴对客户的授信会随着客户相关数据的变化而很快做出改变，这也是传统金融机构无法做到的。

（2）成本管理。对于阿里巴巴公司而言，获得商户、企业的经营数据、信誉等级、资金流向等信息较为容易，但是对于这些数据的处理却需要很强大的模型以及专业的分析能力。为此，阿里巴巴成立了阿里云来做独立的数据分析挖掘工作。阿里小贷公司通过向阿里云购买数据服务来进行信贷管理。由于数据处理的标准化程度高，通过计算机系统处理的速度极快，阿里小额贷款服务业能够像普通的工业产品一样获得批量化的流水线生产。阿里巴巴金融的信贷流水线从产品的生产、加工到出厂都能够在后台中反映，通过系统的处理，信贷人员能够看到每一个客户的贷款处理状态，能够及时地就出现的问题提供解决方案。这样的处理方式有效地降低了单个客户的申请期限，提高了信贷审核人员处理贷款申请的速度，也极大地降低了阿里小贷的运行成本。

（3）视频调查。贷款客户可以通过电脑与信贷审核人员面对面交流。这可以为客户节省交通成本与时间，而且还使得客户得到了很人性化的服务。通过这些平台的搭建、模型的建立，信贷审核人员不需要亲自上门就可以获得小微企业贷款客户的银行对账单等必要单证。审核人员还可以协助没有完整合规报表的小微企业负责人在线编制财务报表，并以此作为财务审查的依据。通过在线调查，进一步了解企业主的个人信用、诚信程度等。同时阿里巴巴还将团购的理念运用到了金融领域，推出了一定的贷款团购优惠活动，通过挑选符合条件的小微企业客户，批量发放贷款，制定较低的利率。这也使得众多的小微企业很愿意通过阿里巴巴贷款，使得阿里巴巴获得客户的成本降低。阿里小贷除了有对违约的惩罚外，还通过第三方的外包公司做专业的催收工作，使得自身的运行成本降低。

（4）流程管理。一是在贷前，阿里小贷会分析企业以往的经营数据，确定企业的利润水平，根据企业的现金流向记录确定企业的资金需求，根据企业的信用认证等级确定企业的偿债意愿。阿里巴巴除了会对线上能反映企业状况的交易行为、社区活动、产品发布等进行审核外，还会对部分贷款产品或者是部分商家进行线下银行流水、经营模式、财务状况、家庭情况等第三方的交叉检验，这样就最大限度地在发放贷款前做到了信息的透明与风险的降低。二是在贷中，阿里小贷通过支付宝的商户资金往来情况随时控制借款者的资金流向与变化，还通过向阿里云购买数据服务，来对小微企业的交易信息做分析并监控其经营是否有恶化的现象，对于可能发生的风险及时地通过模型做预警。阿里云的计算服务是可以实时监控贷款的使用情况的，如果贷款被用于生产经营，网店的交易流水会有变化，营业额也会增加，网店的利润会变好。如果贷款没有流向经营，则店铺的经营没有变化，甚至是恶化，营业额锐减，这时候预警机制会启动，阿里巴巴的后台人员会及时地介入处理，确定是否需要收贷等。三是在贷后，阿里巴巴会监控网络店铺的运营情况。阿里巴巴公司对店铺的影响力较大，如果真的发生客户违约，形成了坏账，阿里会关停相关店铺，冻结相关账号，客户也会因此受到严厉的惩罚。正是由于有着很强的牵制机制，网店店主都倾向于快速还款，避免发生违约。阿里小贷的预警机制使得催收和收贷比较及时，减小了损失。

（二）京东供应链金融的风险管控

（1）信用评级体系。京东在十多年的时间里积累了平台网商各类交易信息，且京东实施严格的借款人资格限定，贷款申请人必须是平台供应商或开放平台合作商，以便在底层数据全部打通的情况下对贷款需求者的信息做全面了解。因此，京东平台供应商及开放平台合作商的资格认定成为京东金融客户信用评级的第一关卡。获得资格的贷款人在提出申请时需要提供许多征信信息，包括个人身份证明、企业名称、企业注册地信息和银行开户证明及账单。系统根据上述申请信息自动将各平台上与贷款人相关的销货量、退货量、页面访问量、页面访问时长、用户评价、支付数据和物流等结构化和非结构化数据整合起来，作为信用评级的依据。信用评级的第二关卡由自主征信信息和平台内部数据组成。除了内部平台产生的信息，用户在外部互联网上留下的数据信息也是京东用户评价的对象。京东可以通过对有效的外部数据进行评价，整理出与信用有关的信息。如通过网络爬虫的抓取技术、基于社交网络的人际脉络对平台网商进行综合分析。再如通过整合开展合作业务的商业银行系统数据，对各项业务的金融风控点进行判断。

京东利用互联网技术的进步和平台上全面、准确获取用户信息的优势，创新性地开发出了自动化贷款技术，解决了小微企业的融资需求。自动化贷款的关键是京东对大数据的掌控。京东运用大数据技术对用户自主提供的信息、电商平台自有信息与外部平台抓取的用户的结构化、非结构化数据进行综合分析和评价，得出客户的信用资质。京东信用评级体系的创新不仅体现在创立了京东体系内部的信用评级模型，更体现在信用数据来源的不断扩展和整合上。京东在传统的人民银行征信系统之外，收集了平台上各网商和用户的交易数据、行为数据并通过社交网络、搜索引擎引入用户外部互联网行为数据，使数据的来源更加多样化，能够从多个维度对用户进行信用评级。

（2）内部征信体系。京东大数据征信体系利用先进技术，打破了信用强相关、以信贷数据为主要指标的传统征信模式，以京东电商庞大的数据作为基础，同时覆盖了京东生态体系内的所有有效数据，使征信数据来源呈现多元化、多层化特点。京东金融产品的客户可以分为两层，一层是京东商城供应商，这类商户规模一般较大，有些已被纳入中国人民银行征信体系，京东在进行信用评级的过程中，会适当增加征信体系信息的参考权重。有些商户已经实现了 ERP 系统与京东平台系统的对接，京东金融在决策过程中会重点参考商户的购货量、销货量、存货等数据。另一层是开放平台上的合作商户，他们大多属于自主创业者和个体户，未能被征信系统充分覆盖，但由于这些商户订单基本来自网络，经营状况、交易信息和用户评价信息都已经十分详尽、透明地展现在平台上，信用评级主要基于平台上各类信息，以中国人民银行征信数据作为辅助。京东金融的征信体系是一个内外联动、实时更新的过程。不仅是电商平台，整个京东集团所有布局的模块都在为征信系统实时贡献新的数据，这些数据从多种交叉维度形成了大数据的基础。

（3）贷款管理制度。京东实现了封闭平台生态下对用户资金流和信息流的双向把控，将信用风险降到可接受的低水平，其贷款管理制度分为贷前、贷中和贷后三个阶段。一是贷前调查。贷前调查分为线上调查、线下调查两个阶段。贷款人提出申请后，京东金融将平台上用户积累的信息代入数据模型，随后采取线上视频聊天等方式对贷款人的资信进行评估，将其在电商平台上的交易数据、行为数据转化为贷款人的信用评级，根据评价结果确定是否需要进行线下调查。确定需要进行外访后，京东会采用当面沟通或者实地调查的方式再次与客户进行沟通。实地调查一般委托第三方机构进行。京东金融在这一阶段收集的信息多为基本信息，如个人身份信息、企业注册信息、销售量、用户评价、进出口信息等；再加上银行开户信息和账务流水、卖家提供的水电煤气费单。二是贷中审查评估。这一阶段京东会根据商户的经营情况、信用状况和央行征信记录出具信用水平和还款能力评估报告，从而做出是否放款、放款额度和贷款利率的决策。通过电商数据分析平台实时监控商户的交易状况，同时利用京东钱包支付清算体系对现金流进行把控。在贷款的使用过程中，京东金融会对贷款真实用途进行跟踪，如果贷款确实是为了扩大经营规模，用户进货量和库存会有所增加，反映在账单上的交易量、成本和营业额会相应增加。如果贷款额没有流向经营，店铺的访问量、营业额、销售量保持不变或者下降，也同样反映在平台和京东钱包清算体系中，这时系统会自动启动预警机制。三是贷后风险监控和管理。通过互联网监控网店的经营动态和行为，建立网络店铺关停和账号冻结机制。对于到期未按时还款的网商，京东通常采取电话联系、信贷员上门催收、网站公示、账号冻结、收取多倍罚息等方式进行催收和惩罚，这样就提高了用户的违约成本，降低了信用风险。但罚款和各类惩罚机制并不是京东的最终目的，对于超出一定还款期限的客户，京东还设计了信用恢复机制。对于非故意、因自然因素导致贷款超期的客户，帮助其改善经营状况，提升营业收入，以偿还贷款恢复信用。

三、促进电商小贷健康发展的对策

电商小贷公司联系着数以万计的线上小微企业，扶持小微企业发展，帮助数量庞大的小微企业成长。其发展对于促进就业，扩大贸易规模，乃至我国实体经济的发展有着积极的影响。因此，对于电商小贷金融的发展应当予以提倡引导，对其开展的小额信贷业务予以扶持，使其更好地发挥促进小微企业发展的积极作用。

（一）完善电商小贷发展的外部环境

1. 明确电商小贷公司的定位

电商小贷公司的地位还不明确，目前在我国的法律法规中定位模糊，导致对其监管存在真空，一方面在一定程度上促使电商小贷快速发展，另一方面又容易引发金融风险。所以必须从法律法规上明确其地位，加强对其的监管，以引导其健康合规有序地发展。以阿里小贷为代表的电商小贷在本质上还是属于小额贷款，小额贷款和电商小贷的准入是由当地的金融办审批的，而电商小贷的业务是面向全国各个地区的，由当地金融办审批存在不合理的地方，因为当地金融办只了解当地的金融发展情况，很容易仅从当地的经济发展来考虑，缺乏全局观，忽视可能发生的面向全国的金融风险。所以有必要从全国金融业的发展来协调电商小贷公司的准入和发展以避免风险的积累，应当将电商小贷公司与小额贷款公司区别对待，由面向全国金融业的银监会对电商小贷公司进行审批。同时银监会应当承担对电商小贷公司定期、不定期监管的职责，了解公司的日常经营情况，对其日常运营中存在的问题加以规范，引导其合法合规运营，更好地控制金融风险的发生。在资金、利率的监管方面，中国人民银行应当对电商小贷公司发放贷款的利率进行监控，并对其资金流向进行跟踪监测。由于电商小贷公司在进行融资时广泛使用资产证券化方式，也需要证监会对这一过程进行审批监管，通过银监会、中国人民银行和证监会等多部门合作进行统筹协调的全面监管。

2. 放开电商小贷的融资限制

鼓励电商小贷公司通过资产证券化以及股东增缴资本金等方式在风险可控的

条件下扩大放贷资金的规模，充分满足从事电子商务的小微企业的资金需求。另外，小额信贷公司按照规定只能融入注册资本一半的银行贷款，所以应适当放开可融入的资金规模限制，提高电商小贷公司的可贷资金规模。我国目前电商小贷公司的融资杠杆是外部融资不超过自由资金的50%，导致电商小贷公司的资金有限，而电商平台上的小微企业融资需求旺盛，导致供需不均衡。而我国目前对商业银行的杠杆率要求不得低于4%，对比商业银行，显然对电商小贷的杠杆率要求较高。应当适度放开对电商小贷公司融资杠杆率的限制，增加电商小贷公司的可放贷资金。同时还要适当放开对电商小贷公司的融资渠道限制，应当鼓励电商小贷公司在风险可控的情况下通过资产证券化等方式拓展融资渠道，拓展信贷业务，帮助更多的小微企业获得融资资金。

3. 建立电商小贷公司信息披露制度

电商小贷公司的主要业务为信贷金融业务，这个行业是高风险行业，相关主管部门应当要求电商小贷公司向公众披露公司的运营情况、适当的财务信息，还有公司发生的重大事项和重大变更。这样可以增加公司经营运作的透明度，使投资人、借款人等相关利益者更加了解公司的经营状况，利用公众来监督电商小贷公司的经营和资金运作，降低市场风险。

4. 将电商小贷的数据纳入征信系统

应当将电商小贷的数据纳入中国人民银行的征信系统，各大电商平台用于风险控制和信贷审批的数据来源单一，如阿里小贷的数据来源于阿里巴巴各大平台上客户的交易数据、信用数据等。虽然还可以获得会员企业的海关、税务的数据，但是这些数据并不充分。电商小贷公司对接中国人民银行征信系统可以获得更多的关于客户的信用数据，提升风险控制能力，进一步降低信贷业务的风险。随着互联网的发展，电子商务平台上会积累越来越多的有用的信用数据，类似阿里巴巴的电商公司掌握着庞大的客户数据，将这些数据纳入中国人民银行征信系统，完善中国人民银行征信系统，促进信用信息的共享和整合。

（二）强化平台小贷业务发展和管理

1. 加强与第三方平台合作拓展业务

我国电商的小额信贷业务只是针对平台内的客户，数据来源也是自身电商平台上积累的数据，无法将业务拓展到平台以外的商户。很多平台外小微企业想申请贷款却无法获得贷款。通过与第三方平台合作，凭借自身强大的数据处理能力可以为第三方平台上的商户融资，拓展自身的业务，给更多的网商提供信贷服务。同时电商小贷公司通过与第三方平台合作可以掌握平台内商户更多的信息，获取更多的信用数据，加强信用风险的防控。通过与第三方平台的合作，可以将物流公司的配送数据、第三方平台交易数据、第三方支付平台的数据接入电商小贷公司的征信系统。

2. 接入社交行为数据增加数据来源

在类似阿里巴巴的电商平台上有千千万万的商户和小微企业，它们大部分是个人创业者和个体工商户，如何控制这部分客户的贷款不良率成为贷款风险管控的重要问题。国内的电商小贷的信用评分主要依据借款人的借贷行为，这些有关借贷行为数据只局限于电商平台的数据，如交易数据、经营数据、信用信息等，数据来源未免过于单一，可以将个人社交行为数据作为信用评分指标之一，增加借款人的信用数据，在降低信用风险方面有重要的意义。

3. 开放电商小贷平台上的数据

在我国只有少数电商巨头掌握着庞大的数据，我国典型的电商小贷模式——阿里小贷模式正是在具备了海量数据的基础上获得了极大的成功。这些信息不能被银行等其他金融机构所获得，阿里小贷的这种电商小贷模式很难在全社会推广。在保护隐私的条件下，将电商平台上的核心数据分层次向社会开放，让全社会共享数据信息，或许可以让这一创新的信贷模式获得推广。

4. 加强电商小贷公司全面风险管理

在信用风险管理方面，应加强风险管理技术，提高信用风险的管理。在贷前管理方面，加强贷款人的信用风险的审核，要求借款人提供类抵押品来降低违约造成的损失。在贷中管理方面，建立贷款预警系统，及时掌握商户经营状况、交易数据、店铺评价等变化情况，加强对贷款资金流进行监测，及时做出防范，在贷后管理方面，加强对贷款的监督检查，对于违约客户要提高其违约成本。在流动性风险管理方面，要积极探索融资渠道，解决资金不足产生的经营风险，还要注意由此产生的资产端和负债端期限错配的流动性风险。在操作风险管理方面，要完善公司治理结构，健全内部风险控制机制。电商小贷公司要明确各职能部门的分工，建立一套完整的适合电商小贷公司的内部风险管理制度。同时要成立风险管理部门，完善贷款业务流程，做好贷前、贷中、贷后管理，加强人员风险意识，减少人为操作风险。除此之外，还要提高系统引起的操作风险，加强系统信息的防御功能。

第八章　传统金融机构与互联网金融的融合创新实践

随着互联网技术的提升，互联网金融发展异常迅速，已对传统金融构成一定的压力。但传统金融机构也并不是毫无优势，拥有多年的风控经验是其获取用户信任的核心竞争力。在国家政策的鼓励下，互联网金融平台开始采用开放的态度，通过商业模式的创新积极推进与传统金融机构的合作，共同挖掘用户价值。传统金融机构也更倾向于与互联网金融平台展开合作。因为与自建和收购平台相比，与平台合作成本更低、风险更小，但收效更快。传统金融机构与互联网金融融合发展成为互联网金融发展的新趋势。

第一节　传统金融机构及其他平台借助互联网金融模式的创新

一、国外传统金融机构借助互联网金融的创新模式

（一）传统金融互联网化步伐加快

早在20世纪90年代中期，随着浏览器、加密算法、安全电子交易协议（SET）和安全套接层（SSL）等技术的突破，花旗、汇丰、富国等国际领先银行纷纷开始推出电子银行服务，互联网加快了金融机构传统业务转型，互联网银行（Internet Only Bank）和手机银行如雨后春笋，纷纷诞生并一度活跃于市场。近几年，纯网络银行发展遇到瓶颈，纷纷开始转型谋求新出路。一是向线下延伸。为弥补线下资源和渠道的不足，国际上不少网络银行纷纷将触角延伸至线下，通过加大线下服务点布局、寻求线下合作代理机构等增强发展后劲。如ING Direct USA将咖啡馆作为主要线下服务场所，将咖啡馆的店员培训为金融顾问，负责为

客户提供咨询和线下业务办理。Japan Net Bank 通过与便利店、地方银行、邮政储蓄、代理店等的合作发展线下服务。二是特色化发展。如日本的互联网银行 eBANK、索尼银行分别定位为专业小额支付银行、资产管理专业银行，主要以专业化的服务、低成本、低收费吸引特定的客户群。三是全能化转型。不少被传统金融集团收购和依托传统金融机构成立的网络银行，纷纷开始借助集团优势追求协同发展。例如，住信 SBI 银行依托主要股东三井住友银行和 SBI 金融集团，提出了“随时、随地、随心所欲”的服务理念。截至 2013 年末，住信 SBI 银行的用户数达到 188 万，成为日本发展最快、客户满意度最高的网络银行。

以美国第一安全网络银行 SFNB 为例，作为全球第一家无任何分支机构的纯网络银行，借助大数据、云计算等开发出集金融管理、理财顾问、个人及企业信贷于一身的平台，不仅有利于小微业务的发展，也有利于商业银行其他业务的竞争。SFNB 把着眼点放在许多非传统的金融银行服务方面，如提供电子商务用户的资金市场服务以及为零售用户拆借资金服务和中介服务等。SFNB 依靠细致入微的服务来吸引、维护客户，这是 SFNB 成为网络银行领头者的重要经验，也是值得我国商业银行学习的范本。商业银行在进行小微企业授信时，应充分利用网上银行，在用周到细心、个性化的服务吸引小微客户的同时，利用新兴技术平台搜集小微企业信息，进行信用评估、风险实时监控等，而不是只将网上银行作为一个转账汇款、购买理财等的渠道。

（二）基于大数据的融资业务蓬勃发展

随着大数据的深入应用，商业银行和一些非金融机构也在开始探索将大数据技术用于信用评估、欺诈侦测、精准营销、市场预测和运营优化，将生物识别技术应用在身份识别领域，使用自然用户界面技术使人机交互的客户体验更智能，对客户的信息展示、产品设计实现定制，利用虚拟现实技术使线上线下、虚拟现实融为一体。例如，西班牙桑坦德银行运用大数据技术建立 Santander Totta 资源流失模型，预测客户需求并采取合理行动，提高了信用卡的成功开卡率，并将客户流失率降低 20% ~25% 。新加坡 DBS 银行将 ATM 使用数据及客户行为数据转化为加钞执行计划，机器缺钞现象减少了 80% ，节省了 3 万多小时的客户等待时间。互联网技术的发展大幅降低了信息不对称程度和交易成本，推动了各类网络融资公司的兴起。P2P 网络融资、众筹融资、基于票据市场的融资平台及供应链融资平台不断涌现，并都获得了爆发式增长。

以创立于 2006 年的 On Deck 平台为例，利用大数据从企业经营角度分析中小企业的用户数、现金流、销售额、客户满意度等方面的数据，对中小型企业进行分析，判断企业的发展前景和偿债能力，并对企业进行信贷评分，从而筛选出值得投资的企业并为之提供快速响应的短期借贷服务，为银行发放贷款提供更系统全面的依据。截至2014年9月末，On Deck累计收入达1.07亿美元，共向2.5万家小企业客户提供了价值17亿美元的贷款。On Deck的服务内容是为美国500万雇员规模在25人上下的企业提供融资支持，是专门服务于中小微企业的互联网金融机构。此外，On Deck还采用电子支付等技术手段，极大简化了中小企业的融资流程。On Deck的贷款申请流程可以全部在网络上进行，在几分钟内就可以让所有者做出2.5万美元以内的融资决定，如果是额度更高的贷款，如25万美元，则可以在2小时以内进行审查。能够如此快速地进行审批，依靠的就是On Deck的专门决策机制，通过软件收集企业运营的实时信息来评估企业的健康情况。根据100个不同的数据源对潜在的贷款候选人打分，分析的数据中有很多是银行和潜在投资人不常注意到的数据，如租房信息、薪资和支票账户等。小企业用户还可以在On Deck平台上创建自己的主页，并将其与包括网上银行、会计等在内的电子数据信息连接起来，然后On Deck便可结合该信息和用户的社交、税务以及行业数据进一步完善该主页信息。随着业务的增长，On Deck收集到了越来越多的借贷申请人数据，大数据帮助他们实现更好的评估。

二、国内传统金融机构借助互联网金融的创新模式

我国商业银行已经开始认识到互联网金融高效率、低成本的信贷优势，纷纷利用互联网技术，并结合自身经营方式推出了新型小微企业贷款产品。与此同时，还涌现出众多其他网络平台借助互联网金融模式开展创新授信业务。国内传统金融机构借助互联网金融进行的创新实践主要包括网络联保信贷模式、POS网络贷款模式、自建平台模式。

（一）网络联保信贷模式

网络联保是在传统联保贷款模式的基础上进行的进一步的创新和发展。这种信贷模式是由3家或3家以上小微企业组成一个贷款联合体，共同向商业银行申请贷款，贷款额度由联合体内成员自主协商讨论决定，整个贷款过程中联合体内的企业实行风险共担原则，即团体内任意一家企业无法按时偿还贷款时，其他企业需要连带承担所有贷款本息。网络联保贷款的实质是贷款联合体内的企业在互相了解和信任的基础上，为彼此进行担保，因而银行方面免除了抵押和担保。在网络联保信贷模式中，电商平台（如阿里巴巴）担任了贷款中介的角色，一方面为小微企业寻找贷款联盟提供平台，另一方面又可以根据平台交易数据，解读贷款企业信用状况，为商业银行提供小微企业信用评价资料。整个贷款过程都在第三方电商平台上完成。网络联保信贷的具体流程如下：

1. 贷款申请

网络联保信贷要求申请贷款的企业必须是工商注册地在上海、杭州、嘉兴、

湖州、绍兴、台州、温州、金华等地区及下辖各县市的公司或个体经营户，且上年经营是非亏损状态。一个联合体内的企业应为非关联企业，即互相之间没有股权关系、非三代直系或两代旁系亲属。为了使贷款联盟成员更好地互相了解和监督，建设银行还要求联盟内企业必须在同一个县级市里。满足申请条件的贷款企业自愿组成贷款联合体，并根据各自实际情况确定贷款额度，之后，签订《联合体协议书》递交银行，向银行发出贷款申请。这一阶段中组建联合体、填写信息、签订合同等一系列流程全部依托网络银行系统自助完成。

2. 贷前审查

商业银行可以在网络平台上建立客户识别机制以及贷款准入标准，对申请贷款的客户进行初步筛选，而且由多个机构共同完成同一客户和同一信贷流程，有助于客户之间相互监督和约束。阿里巴巴创建了专门针对网络贷款企业的“e 系列”客户评级方法，根据平台数据对贷款企业做出初步信用评价后提供给银行。然后银行根据电商平台提供的以及银行内客户经理走访调查的资料，综合考虑贷款联合体内成员的信用状况和实际经营水平等因素，决定是否发放贷款以及具体的贷款额度和贷款利率，其中确定的贷款额度包括联合体总的贷款授信额度和联合体内每个小微企业的贷款额度，每个借款的小微企业都对联合体内其他成员的贷款承担连带责任，并提供 1/5 以下的保证金，不需要任何抵押品。

3. 贷后监督管理

授信管理中最重要的就是授信风险管理，为了杜绝企业违约，网络联保贷款规定了严厉的违约惩罚机制。由阿里巴巴通过电商平台对贷款企业经营状况进行监控，如果贷款企业不能按时、按量归还贷款，阿里巴巴将接受商业银行委托，根据贷款合同及其他相关协议对违约企业在网络上进行披露，并拒绝再次向该企业发放贷款。“网络公示”并拒绝再次贷款的制度极大地提高了贷款企业的违约成本，因为一旦在互联网上留下违约记录，由于数据的共享和传播，该企业以后可能无法从任一互联网金融平台获得贷款，这无疑可以更有效地降低小微企业违约风险。

网络联保信贷继承了传统联保贷款的连带责任制，同时又依托互联网金融做了创造性改进。该模式有助于借贷双方实现双赢。

这一模式对小微企业的优点主要体现在以下几个方面：

（1）不需要抵押即可取得贷款。由于网络联保是连带责任制，相当于小微企业之间互相为对方担保。在实际操作中，阿里巴巴以小微企业在其电子商务平台上的交易记录作为信用记录，以此为依据进行网络联保贷款信用审核。

（2）贷款方便快捷。小微企业在第三方互联网金融平台上进行联保贷款，从贷前申请到贷中审核再到贷后放款，整个贷款流程都可以在网络平台上进行，减少了地域与时间的限制，提高了信贷效率。

（3）贷款利率较低，额度较高。阿里巴巴推出网络信贷联保时，其贷款利率稍高于央行基准贷款利率，但远低于民间金融中的无抵押贷款利率。且目前阿里巴巴推出的网络信贷联保贷款额度较高，与建设银行合作的贷款额度最高为500万元，贷款期限最长为1年；与工商银行合作的贷款额度最高为300万元，贷款期限最长为6个月。

对于网络平台和商业银行来说，联保贷款的优点主要有以下几个方面：

（1）贷后监督较为轻松。联合体内企业规模、经营状况类似，又处于同一地区，方便互相监督、互相约束，也便于商业银行掌握小微企业经营信息，以对其进行贷前审查和贷后监督，减少了信息搜集成本和贷后监督成本。

（2）有利于平台小微企业信用评价体系构建。互联网金融企业可以通过对小微企业历史交易数据进行分析处理，构建自身的信用评价体系，并以此为依据进行信用额度计算。

（3）减少道德风险，保证贷款质量。通过网络公示的方法惩罚违约企业，导致其违约成本较高，这弥补了无抵押、无担保可能产生的道德风险问题。

（4）提高服务效率。由于商业银行可以在网络平台上对申请贷款的客户进行筛选，且多个机构可共同完成同一客户的不同信贷流程或不同客户的同一信贷流程，节省了时间，提升了信贷效率。

（二）POS网络贷款模式

POS网络贷款简称“POS贷”，是2013年12月中信银行和银联商务合作推出的面向POS商户的小额短期网络贷款产品，这是国内第一个全流程线上融资金融产品。该产品的运行原理是商业银行基于银联商务掌握的POS商户交易过程中形成的大规模、可持续、可交叉验证的交易与行为数据，运用大数据挖掘技术分析其商业信誉、行为特征，并结合POS商户主的个人征信信息，通过中信银行网络信贷业务平台系统对贷款商户进行综合信用评价，进而向符合条件的客户发放信用贷款。该贷款模式的服务对象仅限于由银联商务收单和服务的POS商户。

POS网络贷款的具体操作流程如下：

（1）银联商务以其接近300万台POS机的交易数据为基础，建立客户管理平台，并将数据提供给中信银行建立数据分析系统。

（2）银联商务的POS商户登录系统并提交贷款申请，其中中信银行客户可以直接通过个人网银申请POS贷款，而非中信银行客户可登录银联商务客户管理平台系统申请贷款，并在线开立中信银行账户。申请人要求为20～60周岁的中国大陆居民，持有公民二代身份证且信用记录良好的企业法定代表人或者个体工商户，贷款商户应保持持续经营两年以上，在经营过程中不存在违法违规记录。

申请人需持有银联商务的UKEY或中信银行的网银U盾，且具有连贯的POS机交易流水记录，月均POS结算金额达到一定标准，且符合中信银行贷款准入条件。

（3）中信银行网络系统对申请资料进行自动分析，并结合银联商务提供的交易数据做出经营状况评价，系统审批通过后，申请人与中信银行通过平台在线上签订授信、借款合同，由系统自动快速计算出贷款额度（最高不超过50万元）和贷款利率，并在3～10个工作日内发放贷款至合同中指定的放款账户，商户安装POS机时间越长，在银联商务的流水越多，资信越好，则可获贷款额度越高。

（4）银行放贷后，POS商户可以在获批的贷款额度内，随时提取贷款，贷款期限最长为90天，随借随还，按日计息，还款也通过在线支付，支持一次还清本息的付款方式和除放款当日外随时还款两种还款方式，既可自主还款也可由银行代扣。关于贷款利率，不同的POS商户存在一定的差异，中信银行规定若POS机结算资金回款账户选择为中信银行，则年化贷款利率为13%，否则，年化贷款利率为15%，这也是中信银行吸引顾客资源的方式。关于贷款用途，中信银行规定，通过POS机流水获得的贷款，应用于商户日常生产活动，不得用其创办新产业、进行权益类投资、购买住房、投资证券等。其贷后预警系统也是通过分析大数据，建立可参数化的违约风险模型，实现高效、准确的贷后管理。

POS网络贷款以速度快为主要特征，申请贷款、银行审批、放贷、还款等手续全部可以通过系统在线完成，最短只需要两分钟①，且手续简便。该模式无须抵押，彻底改变了传统金融机构向小微企业贷款时门槛高、额度低、手续复杂的弊病，适合有短期资金需求的借款企业。中信银行推出的这款产品是依托互联网金融改善小微企业融资难问题的重要举措，银联商务超过1/3的市场份额和300万台POS机设备为该业务的良好发展打下了客户基础。POS网络贷款模式体现的思想是银行选择恰当的合作伙伴，进行资源整合。中信银行网络银行部总经理徐鹏对这一产品的评价是："银行自身不一定要拥有大数据，中信银行更看重的是与重要的合作伙伴一同整合数据。"这表明了在小微信贷中信息的重要性，而互联网恰恰可以帮助商业银行缓解信息不对称问题，降低了客户获取成本，提高了信贷效率。

（三）自建平台模式

网络联保信贷和POS网贷都是由商业银行与互联网企业合作推出的小微信贷模式，除此之外，随着商业银行对大数据研究和运用的不断深入，其愈渐趋向于进行资金流和信息流的整合，尝试自主开发设计网络平台，发挥自身专业金融服

① 唐曜华．大数据助阵中信银行逐利POS网贷［N］．证券时报，2014－01－14.

务优势，构建提供全方位金融服务的网络平台，以满足客户日益多元化的需求，提升自身竞争力。这种模式以建设银行的“善融商务”、华夏银行的“平台金融”、光大银行的“融 e 贷”和交通银行的“交博汇”等综合性金融平台为代表。

1. 建设银行“善融商务”

2012 年 6 月，中国建设银行推出了电商服务平台——“善融商务”，成为国内首个涉足电子商务的商业银行。“善融商务”是以专业化金融服务为依托的服务平台，以从事电子商务的企业和个人为主要服务对象，该平台将企业的资金流、信息流和物流融为一体，为客户提供信息发布、在线交易、支付结算、资金托管、融资贷款、房地产交易等全方位的专业服务。支持 B2B 和 B2C 两种模式，囊括了商品批发零售市场、房产交易市场、金融产品交易市场和贵金属交易市场等几大领域。其核心目的是依托建设银行原有的品牌影响力和客户资源，为该平台的个人和企业客户提供全面便捷的线上金融服务，解决小微企业融资难题，助力实体经济发展。在拓宽客户覆盖面的同时为银行形成了新的利润增长点。

“善融商务”推出后交易日趋活跃，一年之内平台实现了 60 亿元的交易额，近 2 万家入驻企业。“善融商务”平台主要分为个人商城、企业商城和房 e 通三大板块，各板块提供的具体服务如下：

（1）个人商城。个人商城定位于面向个人消费者的 B2C 电子平台，其类似于第三方电商平台，将商户和个人消费者连接起来，各个银行的持卡人均可在平台上浏览商品、购买支付。平台一方面为个人消费者提供购买、批发商品等消费服务；另一方面还为个人提供分期付款、个人融资等金融服务，客户可在平台上申请无抵押小额贷款、个人质押贷款、住房贷款等。

（2）企业商城。企业商城是面向企业用户的 B2B 平台，其下又细分为专业市场、融资中心、农业市场、企业黄页和地方汇五大板块。平台为企业提供购销信息发布、在线交易等商务服务项目，并提供供应链融资等融资服务，且服务平台会依据企业不同行业性质和发展阶段，个性化定制网络金融产品和服务，优先保证贷款规模，快速完成贷款审批。各行业的企业和专业市场都可以通过企业商城实现线上交易和金融服务。“善融商务”还充分发挥建设银行在服务网络和客户资源方面的优势，拓宽平台企业销售渠道，对店铺租金、交易佣金和支付结算手续费实行优惠减免政策，使商户企业和平台一起发展壮大。

（3）房 e 通。此板块是通过善融商务平台为个人和企业客户提供发布房屋交易信息、在线交易、住房金融等服务。在该板块，客户可获得从发布或浏览房源信息，到取得贷款实现交易的一站式服务。

建设银行的“善融商务”体现了商业银行将自身的专业金融服务与网络电

子商务进行优势整合，通过互联网为客户提供专业金融服务，客户通过该平台进行的所有交易活动，都可以用作建设银行提升其信用评价的参考依据，从而厘定贷款额度，这种循环为该平台构建了可持续性较强的信用评价体系，有助于节约信贷成本。这种“亦商亦融”的平台模式提高了金融服务效率，但其发展规模相较阿里小贷等互联网企业仍稍显逊色。

2. 华夏银行“平台金融”

华夏银行对“亦商亦融”的电商平台模式进行了进一步的扩展，立足于“平台经济”发展趋势，于2012年9月推出了“平台金融”业务模式。“平台金融”将银行的在线服务系统与企业管理平台相对接，以华夏银行自主开发的资金支付管理系统（CPM）为核心，集信用中介、支付中介、信用创造和金融服务四大功能于一身。

“平台金融”可直接对接平台客户的财务及销售管理系统，整合资金流、信息流和物流数据，为平台客户及其上下游和周边小企业提供资金管理、支付结算、在线融资等金融服务。以位于供应链下游的企业为例，其上游企业通过平台发布订单后，该企业仅需选取其想要购买的订单，选择支付方式进行支付后，资金便能实时划转给上游企业。且根据其自身资金的实际情况，下游企业还可以选择贷款支付、自有资金支付和“贷款+自有资金支付”三种支付方式。为方便偏远地区的小微企业，该平台还支持跨地区开户，借助庞大的互联网络突破地域限制，从点到面实现业务扩展。实际运用中，更是因地制宜，结合当地实际情况进行业务模式的改进和创新。例如，华夏银行济南分行借助平台帮助省内一家农业公司开发了“云农场”在线交易平台，农民可通过该线上平台采购所需农业物资，在自有资金不足的情况下可通过平台在线融资，支付完成后，由平台统一进行产品配送，实现了农民采购、在线支付、资金融通一步到位，解决了农民融资难问题。华夏银行浙江宁波分行还通过与政府合作，基于政府给渔民发放补贴的大数据，为辖下渔民发放贷款，缓解其周期性资金短缺问题。

目前，“平台金融”已应用于大宗商品交易平台、供应链金融、市场商圈、电商交易平台、园区合作平台、担保机构平台、小额贷款公司平台等多个领域，实现了保理、融资、保兑仓、动产质押、交易市场优先权处置等一系列融资业务的电子化。截至2013年8月末，华夏银行“平台金融”上线运行的平台客户有181家，服务了接近7000户小微企业，累计发放贷款1.6万笔，累计贷款金额超过45亿元[①]。2015年初，在国家“互联网+”的政策支持下，华夏银行开展了“互联网+平台金融”计划，进一步完善了该平台体系，形成了全面综合的线上

① 吴钊．在互联网金融商业模式背景下的中小商业银行发展战略研究［D］．西南财经大学硕士学位论文，2014.

金融体系。到2015年4月底，上线运行的平台客户有400户，服务了接近30000家小微企业，比当年年初增长了一倍有余。累计发放贷款30000笔，累计贷款金额超过140亿元①。超过80%的贷款期限在90天内，平均实际贷款时间仅为70天左右，95%的客户选择在到期之前还款，这些数据体现了华夏银行"平台金融"速度快、金额小的融资特点，提高了信贷资金循环速度。

华夏银行的"平台金融"融资服务实现了申请、放贷、还贷的全流程在线操作，有效节省了小微企业项目启动所需的时间成本，提升了金融服务效率，改善了客户体验。平台贷款随借随还，按日计息，因此，企业所借资金的实际利率比传统到期一次还本付息的还款模式降低了30%~50%，降低了小微企业融资成本。同时在融资过程中，信息流与资金流清晰明了，提高了所贷资金的使用效率，有利于平台客户优化财务结构。此外，在"平台金融"模式下，将银行、平台客户及其上下游和周边企业结成一个共同体，构建了共同发展的全新金融生态系统，扩大了企业经营网络，降低了传统小微信贷的信息不对称情况，缓解了小微企业融资难度大、融资成本高的困境，促进了小微企业的发展。

3. 光大银行"融e贷"线上贷款平台

2013年，光大银行借鉴现有互联网金融实践经验，全力打通线上融资贷款全流程，首个上线的产品便是"光大融e贷线上质押贷款"（以下简称融e贷）平台。该平台主要针对个人客户和小微客户，客户仅需首次到商业银行网点进行签约，随后便可通过网上银行或电话银行，以账户中的定期存款或国债作为质押品，在线上进行贷款，由"融e贷"平台自主审核、发放贷款，整个流程方便快捷。目前，"融e贷"的贷款全线线上流程包括"自主申请→自动审批→自动放款"，申请成功后贷款便可即时到账，且该产品起贷金额为1000元，贷款利率也仅为基准利率，具有门槛低、成本小的特点。该产品单笔最高可贷款10万元，贷款期限最长可达一年，质押物是客户借记卡中的定期存款或凭证式国债，质押比例最高可达90%，提高了客户资产周转率。光大银行下一步拟拓展业务办理渠道到手机，并增加新的金融产品作为质押物，进一步提升了产品的可用性。

从以上对"融e贷"的介绍可知，该平台通过线上贷款、资金归集、融资通提款、存贷通理财等产品的一站式服务，为线上贷款客户提供全面、综合的金融服务，提高了服务效率。通过将流动性较差的资产进行质押取得贷款，既避免了固定利息的损失，又提高了资产周转率，增加了金融市场流动性，降低了市场风险。

---

① 李邦红，朱烁．实施"互联网+平台金融"计划　华夏银行平台金融迈入5.0时代［J］．中国金融电脑，2015（7）．

4. 交通银行“交博汇”

2012 年 8 月，交通银行推出了“交博汇”线上商城，成为继建设银行“善融商务”之后，第二个商业银行电商平台。“交博汇”提供服务同样具有 B2B 和 B2C 两种业务模式，以交通银行现有的个人和公司客户为主要服务对象。平台企业用户可以花很短的时间注册完成，在平台上拥有自己的线上交易平台，实现供应链上下游交易、资金收付等企业经营活动，还可同时享受平台提供的投融资金融服务。

“交博汇”平台主要分为商品馆、金融馆、企业馆和收付馆四大模块，是目前同业中最全面的 B2C 和 B2B 兼有的综合线上金融平台。

（1）商品馆。商品馆是类似于淘宝商城的 B2C 平台，平台定位于中高端消费群体，严格控制进驻商品馆的企业，百分百保证商品质量。如在交易过程中，消费者出现任何产品纠纷，均由交通银行出面解决，其本质是商业银行为商品馆中的产品做了担保。

（2）金融馆。金融馆是为客户提供在线金融服务的开放式金融平台，客户可在平台上进行提前预约，完成对基金、保险、贵金属等产品的购买。

（3）企业馆。企业馆是以交通银行的公司客户作为服务对象的 B2B 交易平台，主要为中小微企业提供线上交易，其中大部分是 B2B 交易，但在一定条件下也可进行 B2C 交易。为保证平台交易的安全性，进入企业馆的客户均需通过交通银行的资格审核。区别于商品馆的是，企业馆中交通银行站在独立第三方的地位，不为企业提供担保，也不处理交易中的纠纷问题，企业馆出现纠纷时将交与第三方仲裁机构处理。企业客户可在平台上发布买卖公告、产品促销、在线完成订单、品牌推广、相互交流、申请融资等活动。“交博汇”平台为客户提供辅助的支付结算、融资授信、信用评价等服务。

（4）收付馆。收付馆类似于一个大型的公共缴费平台，借助于交通银行全国分支行的客户广度优势，提供了一个综合性的生活出行服务平台，个人和企业用户均可在该平台上办理话费充值、交水电费、预订机票以及交通罚款缴费等业务。

交通银行设立的“交博汇”企业平台以线上金融服务为核心功能，开展供应链电子商务、融资理财、在线缴费等一系列服务，为中小微企业提供了全面、立体的电子商务服务，同时也为其提供了一种新的融资渠道。此外，在 B2B 平台管理上通过减免入驻企业租金、佣金、手续费等优惠措施，降低了小微企业的经营成本和融资成本。

综合分析以上几个平台金融实践可知，这些商业银行自建平台的创新之处在于将传统的信贷金融服务与用户的在线购物过程有机地结合在一起。这种电子商务模式既发挥了商业银行的资金优势，又贯穿了贷款客户整个资金链，银行通过“在线金融+网络商城”的模式为客户提供了更加完善丰富的金融服务，既有利于解决小微企业的融资难题，又便于打造网上电子商务供应链金融服务体系。但自建网络平台也有缺点：首先，商业银行自行建设、维护、管理电子商务服务，投入的成本较高；其次，打造的电商平台中产品种类较少，知名度不高，绝大多数的消费者还是宁愿选择传统的电商网站进行购物；最后，企业之间的交易缺乏担保，容易给网络诈骗留下可乘之机。

第二节　互联网金融背景下面向小微企业的授信经验

一、充分利用网络渠道降低成本提高效率

无论在国外还是国内，互联网金融都掀起了一场金融领域的革命浪潮，这是一场关于信息、渠道和成本的革命。互联网金融的一大特点在于，它们都以互联网为主要服务渠道，以自动、智能的算法为用户提供服务，操作简便高效，并显著降低了服务成本。互联网的运用使得金融行业颠覆了传统金融的小微融资模式，逐渐将人力从授信业务中解放出来，为商业银行节省了大量人力资本，尤其是针对小微企业的金融授信业务，互联网金融的发展给予了商业银行创新业务模式的机会。不仅是业务成本的降低，事实上，计算机技术的运用也让业务的办理更加准确、高效，相比于人力的整理、计算，计算机的大数据推演、云计算自然准确度更高，且能够快速得到结果，对于小微金融业务的风险控制有着极大的帮助。国外的互联网金融平台与国内相比更加完善，对国内商业银行的小微授信发展有着很好的借鉴意义。

例如，美国第一安全网络银行（SFNB）就是全球第一家无任何分支机构的纯网络银行，在没有实体网点的情况下，客户能够在网络环境下获得他们所需要的全部信息，自助进行理财、贷款、转账、咨询等多种银行服务，客户在安全的网络环境中快速地按照自身需要办理业务，不仅节约了时间成本，更能体会到一种“量身定制”的服务体验。近些年，日渐兴起的互联网金融公司就是利用了互联网平台提供的低成本、高效率的投融资服务，掀起了一场金融领域的思维和技术革命。On Deck、AvantCredit 这些互联网金融公司的贷款流程十分简单快捷，客户贷款申请、提交资信信息、贷款审核、贷款发放等环节全部在互联网平台上

进行，客户足不出户就可以获得融资支持，效率也非常高。

再如，On Deck 的贷款申请流程可以全部在网络上进行，小额融资在几分钟内就可以得知贷款审核结果，额度较高的融资申请也基本能够在 2 小时以内得到审核结果的回复，融资效率非常高，因此受到融资者的广泛欢迎。AvantCredit 的贷款审核周期也非常短，一般在 24 小时以内即可完成。对于国外的大部分投资人来说，互联网金融平台更像是一个用于理财的平台，这与国外金融市场的发展情况有着很大的关系，但对于借款者来说，互联网金融平台确实成为了二者之间的“媒人”，且极其符合小微金融业务的特点，为小微企业未来的发展带来了福音，也为商业银行小微企业授信管理在成本与效率上的改进提供了思路。

二、充分利用互联网大数据改进征信系统

尽管国外已经有了较为完善的征信系统，但国外依托互联网大数据开展的金融服务，还是能够给我国小微企业授信管理的征信系统改革提供很多启示。美国第一安全网络银行（SFNB）早在 1995 年即成立，当时互联网网民和数据的数量相对有限，其自建的环球网系统既能够通过互联网环境为客户提供多种金融服务，同时该金融管理系统也可以访问各种宏微观经济数据，其中包括企业的财务数据和信用情况，有利于进行信息挖掘和信用评级，这是早于互联网“大数据”时代就已经产生的享用网络数据红利的经典案例。环球网系统的安全性毋庸置疑，而更值得关注的是其搜集信息的能力，虽然现代互联网技术早已超越了当初的环球网系统，但环球网系统仍可视为互联网金融的铺路石。

On Deck 公司专门利用互联网大数据对中小型企业进行信用评价和分析，通过软件收集企业运营的实时信息来评估企业的经营情况和信用状况。其搜集的一些碎片信息，可能并不是商业银行传统业务所关注的指标，如租房信息、薪资水平、支票账户等，但这些信息恰好是评估企业主个人信用以及企业借贷信用的有效信息。阿里巴巴利用电商平台获得的企业产销、物流等数据，对类似规模、经营状况的企业进行匹配，使得这些企业在贷款联合体内实现相互监督、风险共担，利用合作博弈和联合担保的原理实现信用增级。中信银行和银联商务合作开发的 POS 网络贷款，也正是充分利用了银联商务所掌握的 POS 商户信息及其流水的大数据，通过对客户信息的有效挖掘和分析，实现了对客户精准有效的信用评级，这种利用数据资源创新征信方式的案例现今已经不在少数。完整的征信系统应该包含借款者的全部信息，而这对传统金融下小微企业授信管理来说是非常困难的，互联网金融对大数据的利用恰好缓解了这一困境，无论是利用软件，还是利用电商平台的营销数据，都使得搜集到的借款者信息能更加全面，故而征信系统也就更加完善。

另外，鉴于贷款申请人的资质（盈利能力、项目风险、资金循环周期、历史信用等）千差万别，因此将贷款产品依据期限、金额、利率划分为多个等级，形成标准化产品，再根据贷款申请人的信用评分情况对号入座，这样就能很好地识别和匹配风险。对于小微企业授信管理来说，由于小微企业资质较弱，且每个小微企业都具有自身的发展和经营特点，因此对于小微企业的授信不应与大型企业相同，而是要根据其特点做出相应调整，这样才能实现双方共赢。传统的授信管理模式很难为小微企业"量身定做"，但大数据下的小微授信管理新模式是有能力做到的，在完善征信系统的基础上全面了解小微企业的经营情况、财务状况以及经营者的个人信用，细分小微企业的资质和特性，这是未来改革小微企业授信管理的关键所在。

三、进行有效的风险控制机制设计和制度建设

安全性是商业银行经营的第一要义。值得注意的是，国外商业银行的授信管理模式重在成本的降低和效率的提高，要达到这样的目标，应以完善的金融市场为基础。我国金融市场的发展还不够完善，因此，风险的控制是重中之重，只有保障了商业银行经营的安全性，才能在后续业务的开展上追求高效率、低成本，无论是实体商业银行还是网络银行，面对激烈的市场竞争，都不可"饥不择食"，稳健经营才是长久之计。有效的风险控制机制设计和风险控制制度建设有助于降低商业银行的经营风险，实现金融产品的长足发展。

通过对以上案例的分析不难发现，利用互联网大数据进行客户信息挖掘和评级本身，就是一种缓解信息不对称、降低违约风险的风险控制手段。无论是上述举例的多家商业银行，还是互联网金融公司，都试图运用大数据技术更准确地对客户的信用状况做出评价，减少其违约风险和贷后管理成本。在大数据和云计算技术迅速发展的今天，网络信息红利已经在降低逆向选择和道德风险这些内生风险方面起到了一定的作用。传统金融机构和其他互联网平台都各尽其能地发掘新的风险控制手段，如前文中阿里巴巴利用自营电商平台获得企业经营、信用等方面的数据，开发出网络联保信贷模式，使得贷款联合体内企业实现相互监督、风险共担，这也属于一种融资风险控制方式的有益尝试。

四、选择适合自身的数据获取渠道

企业数据获取的渠道，直接决定数据数量的大小、数据挖掘的成本和信用评价的准确性。电商平台和互联网金融企业天然在技术研发和信息分析能力上占据优势。在目前"互联网+"的大浪潮下，商业银行创新金融产品设计、业务操作等流程都将依赖于繁杂而准确的大数据。商业银行小微金融业务依托互联网金

融相关实践经验进行改进，合理选择适合自身的数据获取渠道是必经之路。互联网企业在数据挖掘、分析方面具有明显的优势，商业银行只有选取适合自身业务的数据来源企业进行合作，实现优势互补，才能更好地利用其现有的客户资源，实现深层次的数据挖掘，提高竞争力。

从国内商业银行的相关经验出发，小微企业征信数据获取的渠道可以分为两种：一是与掌握数据的企业（电商平台、互联网企业、银联商务等）进行合作，借助其提供的线上交易流水信息、个人特征信息和历史征信情况等大数据进行信用评价，依靠互联网平台进行线上授信，如网络联保贷款和POS网络贷款。这种模式体现了商业银行优势整合的经营理念，最大程度上利用了互联网大数据，减少了自身收集数据、分析数据的成本，而劣势在于将被互联网金融机构或电商分享一部分贷款收益，且商业银行信用评级系统的参数设计与互联网金融机构或电商提供的小微企业信息不一定能完全匹配，不能形成针对自身客户资源的特定信用评价体系。二是自主创建互联网平台，在发挥自身金融服务优势的同时，涉足电子商务领域，将企业经营过程中的资金流、信息流、物流融为一体，为小微企业提供全方位立体式金融服务，如“善融商务”、“融e贷”等平台。这种模式的优势在于充分利用了庞大的客户资源，有助于根据平台交易数据建立契合自身客户特征的自用评价体系，有利于后续业务拓展；其劣势在于自建平台投入成本较高，不一定能取得预期的收益效果，例如，国内有一些商业银行的客户并不倾向于在其电子商务上购物消费，平台热度较低，商品种类较少。且商业银行在大数据挖掘和处理上天然逊色于传统电商平台，因为缺乏长期的线上交易数据作为基础，无法准确真实地分析个人客户行为特征。第一种模式主要在信息维度上改进了原有授信流程，降低了违约风险；第二种模式主要在成本和效率两个维度改进了授信流程，节约了物理网点成本，提高了金融服务效率。商业银行可综合考虑两种模式的优缺点，对自身小微授信管理进行改进。

综合以上经验总结分析可知，传统金融机构及其他平台借助互联网金融模式的创新可概括为线上、数据、风控、合作八个字。商业银行应借助网络和数据改进自己的服务模式和金融产品，在此期间注意资源整合、跨行业合作和风险防控。互联网企业和其他互联网金融平台主要通过P2P、众筹等新型融资模式为小微企业提供融资服务，P2P平台放贷速度快，效率较高，但由于P2P是个人对个人的直接融资模式，平台总体上不具备完备的风控制度，存在资金安全缺乏保障、客户信息保护机制不健全以及涉嫌非法集资等隐患，总体信用风险较大，且信贷成本比商业银行高。银行在借鉴其实践经验的同时，应注意自身的风险控制和监管。

第九章　互联网金融健康发展的制度完善与体系建设

互联网金融是信息化时代金融业创新的体现，直接面向小微投资人和金融消费者，以直接金融为核心竞争业态，使金融的资金融通功能和降低交易成本功能得到有效发挥。但互联网技术的发展和应用并未降低金融活动的风险，相反，互联网的快捷性和大众化在一定程度上还给金融活动增加了新的风险。这就要求将互联网金融纳入金融监管体系，依靠制度保护创新、防范风险，促进互联网金融健康有序发展，从而更好地服务小微企业。除了监管制度和体系需要不断完善外，信用体系的建设也是行业健康发展的重要基础。

第一节　互联网金融监管制度完善与体系建设

一、互联网金融的风险特征与监管原则

（一）互联网金融的风险特征

互联网金融的发展给传统金融带来了巨大冲击，以长尾效应与平台经济为理论基础，以网络营销、大数据运用和虚拟信用为主要手段，互联网金融在提高信息透明度与交易效率、优化用户体验与资源配置、丰富投融资渠道与方式等方面，展现出重塑金融生态圈的潜力，对现有经济金融体系的完善与发展具有重大价值，具有强大的内在生命力。但风险是金融的本质特征之一，互联网金融不仅具有传统金融的风险特征，还有一定的特殊性。[①]

① 屈援，李安．互联网金融的风险特征、监管原则与监管路径［J］．学术交流，2014（8）．

首先，互联网金融并没有改变金融的功能和本质，系统性风险、流动性风险、信用风险等传统金融风险形式，依然是互联网金融面临的首要考验。大数据运用是互联网金融的主要特征之一，大数据在预防系统性风险与流动性风险、识别信用风险方面具有一定优势，具有较高技术性，但理论上的优势并不能同现实中的风险控制能力对等，互联网金融行业并未建立起明确的技术门槛，现阶段从业者软硬件配置和技术水平参差不齐，此时在金融风险控制经验与手段上的短板就会暴露出来，从全行业看这些传统金融风险仍然较为突出。

其次，基于互联网的创新精神本质，互联网金融具有相当程度的安全风险与操作风险。互联网的创新导向与传统金融机构的安全导向有着对立的一面，从技术角度来看，银行信息系统使用独立性较强的多层次区隔设计，凸显安全第一的理念，而互联网金融本身就是以网络开放服务为支撑的，互联网金融平台暴露程度较高，安全性风险是对从业企业技术能力的极大考验。同时，由于互联网金融以用户体验为出发点，在高效、便捷地提供金融服务的过程中，风险积聚的速度也相应加快，相对较松的控制环节风险不断积累和传递。

再次，政策风险和法律风险是互联网金融最直接的潜在威胁。互联网金融的普惠性与草根性吸引了众多参与者，公众性特点已较为凸显，初期野蛮生长中触及法律和监管的红线，如违规承诺、非法发行证券、集资诈骗等，甚至可能成为系统性金融风险的导火索。在互联网金融领域的非法集资有一些新特点：一是体现在非法集资的受众性更强，地域范围更广。不仅对中老年非法集资，而且也涉及许多年轻人，甚至有一定教育水平的年轻人也可能被牵扯进来。如 e 租宝就是典型案例，截至 2015 年 12 月 8 日，e 租宝贷款余额 702 亿元，成交额 746 亿元，投资人数 84 万。二是风险事件发生速度快，影响扩散快。三是从业机构违规经营甚至进行非法金融活动的手段更加隐蔽、多样。四是境外互联网金融诈骗活动越来越多。尽管各国努力把互联网金融纳入现有监管体系中，中国监管部门也对第三方支付等部分业态和环节进行监管，但从整体上看，互联网金融创新不断向无门槛、无标准、无监管的监管空白地带延伸。这一方面是由于互联网金融业务混业经营的跨界属性；另一方面是由于互联网金融发展不确定性导致了监管政策与法规的不确定性。

最后，现行监管体制存在不适应行业发展的一些问题。一是中国还是分业监管的体制，但是在互联网金融领域存在着跨界的特征，产品有跨界性，平台也有跨界性。因此，分业监管使得协调监管成本相对较高。二是中国传统监管理念是按照机构的监管模式进行的，“谁的孩子谁抱走”的传统监管理念导致体制内的金融抑制。三是对地方政府监管能力也是一种挑战。现在对部分互联网金融机构的监管都放在地方，对地方的监管能力、知识水平、相关资质等都有很大考验。

由于分业监管的特点，金融消费者保护部门之间也需要一定的协调及一定的配合，涉及互联网金融也是一样的问题。此外，有时人们可能会忽略对金融消费者权益的保护，从欧美的金融危机可以看出，对消费者权益保护不当，致使出现金融机构欺诈消费者，把产品出售给不合规的消费者等现象。一旦风险爆发，消费者环节断了，对整个体系的健康发展会非常不利。

互联网金融作为近年来出现的新生事物，对于各国监管当局而言都是一种挑战，如何一方面精心呵护互联网金融的创新精神和服务实体经济、服务大众的普惠秉性，另一方面有效维护金融稳定和金融秩序，保护金融消费者的权益，及时惩治违法犯罪是互联网金融监管模式选择面临的一大难题。尽管不同国家监管的程度或轻或重，但对其进行监管的态度均十分明确。无论是美国、欧盟主要国家还是日本和韩国，主要发达国家均对互联网金融进行监管约束。发达国家普遍要求互联网金融行为必须严格遵守已有的涵盖第三方支付、消费信贷、信息保密和消费者权益保护等各个方面的法律法规，并且将互联网金融纳入现有的法律框架，对制度标准、交易保护、交易规则均进行了较为明确的规定。

（二）互联网金融的监管原则

互联网金融创新市场发展迅速，监管部门尊重和鼓励互联网金融创新的态度十分明显。但创新必然带来风险，要通过适度的监管，将潜在风险控制在可预期、可承受的范围之内。在监管理念上要坚持底线思维，加强规范管理，促进互联网金融在可持续的轨道上健康发展。央行《中国金融稳定报告 2014》首次提出了互联网金融的五大监管原则。

一是互联网金融创新必须坚持金融服务实体经济的本质要求，合理把握创新的界限和力度。互联网金融中的网络支付应始终坚持为电子商务发展服务和为社会提供小额、快捷、便民的小微支付服务的宗旨；P2P 和众筹融资要坚持平台功能，不得变相搞资金池，不得以互联网金融名义进行非法吸收存款、非法集资、非法从事证券业务等非法金融活动。

二是互联网金融创新应服从宏观调控和金融稳定的总体要求。包括互联网金融在内的一切金融创新，均应有利于提高资源配置效率，有利于维护金融稳定，有利于稳步推进利率市场化改革，有利于央行对流动性的调控，避免因某种金融业务创新导致金融市场价格剧烈波动，增加实体经济融资成本，也不能因此影响银行体系流动性转化，进而降低银行体系对实体经济的信贷支持能力。

三是切实维护消费者的合法权益。互联网金融企业开办各项业务，应有充分的信息披露和风险揭示，任何机构不得以直接或间接的方式承诺收益，误导消费者。开办任何业务，均应对消费者权益保护做出详细的制度安排。

四是维护公平竞争的市场秩序。把线下金融业务搬到线上的，必须遵守线下现有的法律法规，必须遵守资本约束。不允许存在提前支取存款或提前终止服务而仍按原约定期限利率计息或收费标准不合理等的合同条款。任何竞争者均应遵守反不正当竞争法的要求，不得利用任何方式诋毁其他竞争方。

五是处理好政府监管和自律管理的关系，充分发挥行业自律的作用。抓紧推进“中国互联网金融协会”的成立，充分发挥协会的自律管理作用，推动形成统一的行业服务标准和规则，引导互联网金融企业履行社会责任。

总的来看，央行的监管原则按照“鼓励创新、防范风险、趋利避害、健康发展”的总体要求，分别从创新的界限、金融稳定、消费者权益、市场秩序以及行业自律等方面提出了原则性要求。其中，业界比较关心的互联网支付、P2P网贷和众筹，央行做了原则性的要求，按照底线思维来考量，这些原则就是互联网监管的底线，各方都应该严格遵守。

二、互联网金融监管制度完善与体系构建

（一）确定监管主体并构建协调机制

在《关于促进互联网金融健康发展的指导意见》中，政府对于监管主体的确定终于有了较为明确的答案：互联网支付业务由人民银行负责监管；网络借贷业务由银监会负责监管；股权众筹融资业务由证监会负责监管；互联网基金销售业务由证监会负责监管；互联网保险业务由保监会负责监管；互联网信托业务、互联网消费金融业务由银监会负责监管。

对互联网金融监管仍然按照“一行三会”架构采取分业监管的思路。不可否认，分业监管体制有诸多优点，如监管专业优势明显、风险控制力强、责任落实到位。但在互联网金融跨界和混业经营的冲击下，现行体制也暴露出诸多问题，如监管缺位和多头监管同时存在，监管尺度和标准不统一。按照互联网金融发展的现状来看，大型的互联网公司如阿里巴巴旗下拥有支付宝、余额宝、阿里小贷、网络银行等互联网金融平台。商业银行金融网络化的代表平安银行下属的陆金所已经开展了P2P网络借贷、众筹和网上基金销售等多种金融业务。由此可见，互联网金融企业今后的发展趋势是不拘泥于一种金融业态，而是在平台上逐步拓展新的业务，并且互联网金融的业务很多存在交叉，定位相对模糊。

在分业监管的大格局下，为形成监管合力，监管主体之间的横向沟通协调机制显得尤为重要。一是加强监管协调和沟通，信息共享，逐步强化现有联席会议的重要性，并把互联网金融的监管问题作为经常性的研讨专题，定期把监管中出现的难点进行磋商讨论，明确各方的职责，从而达到强化监管权力、降低监管成本、提升监管效果的目标。互联网金融模糊了行业边界，跨界经营态势明显，如果没有部门信息共享，难免出现监管政策“打架”的现象。在这样的现实情况

下，信息共享显得尤为重要。二是从根本上考虑，应该在现有“一行三会”的体制内专门组建一个互联网金融监管部门，部门成员可来自人民银行、银监会、证监会、保监会各个监管部门，由互联网金融监管部门专门制定互联网金融法规，并由其牵头作为监管主体，对互联网金融进行监管。一方面，可以统筹规划监管政策，避免各部门各自为政；另一方面，可以很好地化解多头监管带来的监管冲突。三是统一监管尺度。互联网金融作为金融的本质未变，因此在监管上，要注重和传统金融监管尺度的一致性，注重和相关制度的匹配性，体现监管的有机性和整体性。

外部监管与行业自律是进行市场治理的两种制度安排，两者互相支撑，在注重外部监管的同时，各国也十分强调行业自律管理和企业内部控制，大力发展各类互联网金融自律监管组织。英国奉行行业先行、监管后行的原则，让行业自律充分发挥作用。早在 2011 年英国就成立了 P2P 金融协会，该协会一方面对贷款人的保护设立最低标准要求，另一方面促进 P2P 市场的有效监管。作为非官方和非营利性的行业性协会，它有效规范了业内公司，促进了英国 P2P 市场的发展。2012 年英国率先成立了众筹行业协会，建立起众筹行业相关准则，之后美国、法国也相继成立了规范众筹行业行为的众筹协会。在发达国家很多互联网金融企业通过制定企业自身监管制度、规范交易手续和流程，实施自我监管。利用行业自律协会进行自律监管是国际普遍的做法，我们可以借鉴其经验，在行政监管的同时，不断发挥行业协会的作用。通过加强行业自律，维护行业竞争秩序，防范和管控行业风险。中国人民银行牵头组建的中国互联网金融协会已正式获得国务院批复，协会的定位为国家一级协会，将充分发挥行业自律管理作用，推动形成统一的行业服务标准和规则，引导互联网金融企业履行社会责任。互联网金融协会的成立，完善了我国的互联网金融监管体系，将促进我国互联网金融行业的健康发展。

（二）加快建立健全互联网金融法律体系

我国互联网金融监管出现的重大问题之一就是没有整体的法律法规体系。在确定了监管目标后，应加速构建互联网金融的法律体系。这一体系可分为三个层次：第一层次是人民代表大会颁布的法律法规；第二层次是制定的部门规章，即一系列的管理办法；第三层次是在管理办法下制定的关于机构、业务、人员、内控的监管规则。目前专门针对互联网金融的法律在我国还是空白，只有少数互联网金融业态具备管理办法，大多数为指导意见。依法监管是互联网金融健康发展的基石，国家须以法律的形式确定金融监管机构的法定地位和职责等，金融监管机构必须依法实施金融监管，金融机构必须依法接受金融监管。互联网金融法律体系框架如图 9－1 所示。

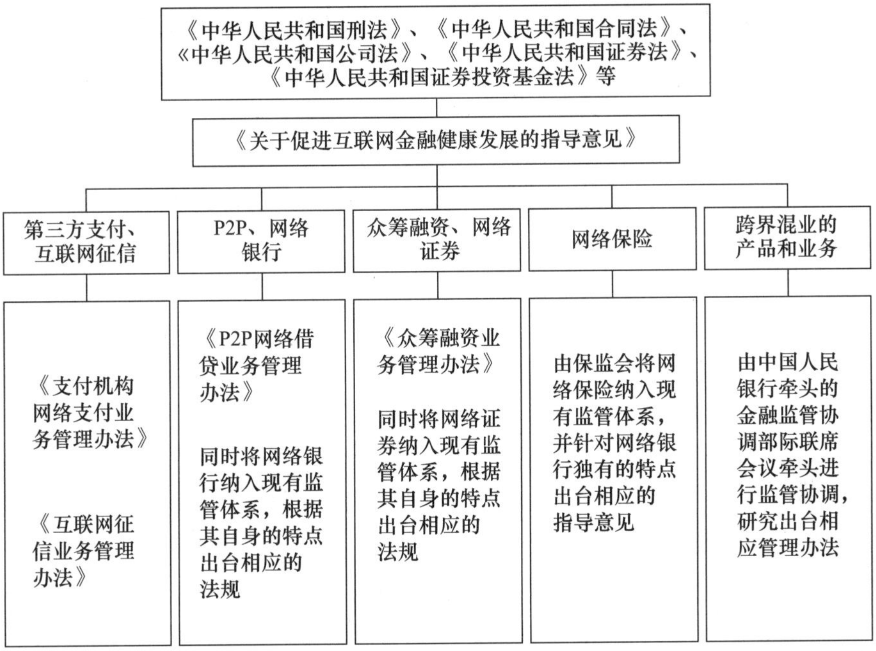

图 9－1　互联网金融法律体系框架

资料来源：李小会．经济新常态下互联网金融监管研究［D］．安徽财经大学硕士学位论文，2016.

在法律法规的完善上，重点把握以下几方面：一是加强对现有法律法规的补充和修订。重点加强对《中华人民共和国商业银行法》、《中华人民共和国证券法》、《中华人民共和国保险法》等大法的完善补充，弥补法律中对互联网金融监管的空白。二是完善互联网金融发展相关的基础性法律，如互联网金融的认定规范、业务规范、监管规范等。三是加快互联网金融技术部门规章和国家标准制定，互联网金融涉及的技术环节较多，如支付、客户识别、身份验证等，要站在顶层设计的角度，协调相关部门，启动互联网金融各项国家标准的制定工作。四是加快对第三方支付、P2P 网贷、众筹融资等互联网金融新业态规范的法律法规建设，实现法律法规对互联网金融业态的全覆盖。五是统筹中央和地方法律法规体系建设，结合地方互联网金融监管经验，允许地方在监管上的试验创新，做到“法无禁止即可为”，进一步对地方监管机构放权。

（三）按业态不同分别设计监管内容

对于互联网金融监管的主要内容，中国人民银行作为监管主体的牵头部门，要统筹协调，做好顶层设计。各监管主体按照监管内容要求，做好分管领域互联网金融监管规则的设立。具体来说，监管内容可以包括但不限于以下内容：设计准入制度和政策，如最低注册资本金要求；建立互联网金融网站备案制；维护互联网金融市场秩序，保证金融机构之间公平竞争；建立合格投资人制度，通过准入限制和培育，促进投资人群体专业化水平的提高；建立相应信息披露制度，明确风险提示；加强网络信息安全管理，提高抵御网络攻击的能力；加强反洗钱管理，将互联网金融纳入反洗钱监管；加强消费者权益保护；完善行业自律和信用基础设施的建设；加强财税扶持政策，加强数据统计工作，加强互联网金融的研究工作等。

对于互联网金融各分管部门，要按业态不同有所侧重地设计监管内容。一是对于第三方支付的监管，重点是不断完善现有的业务许可、准入门槛、经营行为、合规检查监管内容，必要时可以变机构监管模式为内容监管模式，从准入审批转向支付机构业务日常监督及管理。二是对于 P2P 网络贷款的监管，重点要明确四条边界：要明确平台的中介性质，要明确平台本身不得提供担保、不得归集资金搞资金池、不得非法吸收公众资金。三是对于众筹融资的监管，重点是确保众筹交易的合法性与消费者权益保护，具体就是要防范非法集资事件，通过设定个人投资上限来保护投资人。

互联网金融的监管方式，一直以来受到市场的广泛关注，央行已经基本明确为制度监管、分类监管、协同监管和创新监管。制度监管就是建立一系列互联网金融的制度，用完善的制度引导、保障整个行业的健康稳定发展；分类监管就是延续目前分业监管体系，把互联网金融按其业务性质、属性和影响归属到相应的监管部门；协同监管是在分类监管的基础上，加强监管部门之间的协同，保证在监管尺度和标准上的协调一致；创新监管是改变传统的监管方式，设立底线思维，监管机构在监管过程中要有所为，有所不为，通过建立负面清单，创新监管方式，鼓励互联网金融的创新。

（四）高度重视消费者权益保护

金融监管的重要目标之一就是维护公众利益，广大金融消费者是互联网金融的参与者，其权益是否得到充分保障直接关系互联网金融的健康可持续发展，监管层面可考虑从以下几个方面加强监管：一是加强对于投资人金融知识的普及和教育。互联网金融市场主体主要由普通投资人和专业投资人组成，其中，普通投资人往往是被传统金融机构所边缘化的投资人，对于金融专业知识并不熟悉，应着重对普通投资人普及金融专业知识。通过具体产品介绍和风险点告知，使投资人明白所需承担的风险和所能享受到的收益，增强其抵御风险的能力。二是借鉴西方销售冷静期制度。普通金融消费者在投资互联网金融产品时，可能会有一定盲目性和非理性。对于这种情况，可考虑引入类似英国《众筹监管规则》中的冷静期制度，在购买互联网金融产品后的一段时间内，消费者可以在冷静期内撤销投资，并且不用承担违约责任，保护消费者权益。对于撤单使用次数需要加以限定，以保障正常的互联网金融产品销售活动的开展。三是构建互联网金融申诉和投诉渠道。不同于一般金融产品，互联网金融产品有网络化和虚拟化的特性。在消费者权益受到侵害时可能会面临投诉无门的情况。监管部门有必要建立官方的互联网金融投诉渠道，来保护消费者权益。投诉渠道可以考虑建立专门的互联网金融消费者权益投诉平台，确实违法违规的行为，要求责任人在平台公示，并设置黑名单，对于屡次上榜的企业采取禁止销售等措施。以此进一步来维护消费者的权益，形成全民监督，共同推动互联网金融更加健康和谐地发展。

（五）构建登记注册、信息披露和资金托管三大监管底线

虽然各国对互联网金融的监管强度不一，但登记注册、信息披露和资金托管属于监管底线。通过金融企业登记注册和金融产品登记做到有底可查，更好地保护金融消费者权益。信息披露是监管的核心要素，投资人拥有了解企业和产品信息的基本权利。信息披露制度同时也是约束企业行为的重要工具，在一定程度上是信用能力的体现。资金托管在事前对资金异常流动具有预警作用，在事中具有制衡作用，在事后具有证据支持作用，是规避道德风险的有效方式。因此，构建登记注册、信息披露和资金托管三大监管底线，能在很大程度上防范互联网金融风险。此外，对于平台的操作风险，监管机构应采取有力措施，严格监管互联网平台恶意交易带来的风险，敦促平台企业完善安全系统，减少因操作失误带来风险的可能。平台企业应成立独立的风险管理团队，一方面，加强对员工操作规范培训工作，实时动态监控员工重大操作失误，减少因为人为操作失误带来的风险损失；另一方面，及时监控微博、大型媒体社区舆论，及时处理危机公关，避免风险进一步扩大。互联网金融平台还要加强与工信部门、信息产业管理部门的沟通交流，及时上报重要风险状况，科学规范网上金融领域产品及模式创新，促进互联网金融健康发展。

第二节　互联网金融发展与征信体系建设

一、建立互联网金融征信体系的紧迫性与必要性

互联网金融是“互联网”与“金融”的有机结合，重点在于后者。金融的本质是资金融通和借贷交易，核心是信用风险管理。互联网金融一样离不开风险识别、判断、评估和管理。随着互联网金融的发展，征信数据库覆盖的范围也会

随之逐渐扩大，互联网金融的发展会促进征信系统的不断完善。与发达国家相比，我国的征信体系整体上仍不完善，在一定程度上影响了互联网金融的发展。互联网环境下，市场更加丰富多样，征信体系面临的情况也更加复杂，征信过程中可采集的数据源涉及范围更广，信息维度也更为丰富，伴随“云计算”等分析方法的产生，一些互联网企业在实践过程中进行了多方位探索，积累了一定经验。因此，在完善现有征信系统基础上，建设大数据化、立体化、全息化的征信体系，将有力推动我国互联网金融的良性发展，降低违约成本。

（一）建立互联网金融征信体系的紧迫性

1. 传统征信业务难以满足互联网金融的征信需求

金融的本质是风险管理，互联网金融时代的到来带来了许多前所未有的新风险，为应对这些新风险必然要改变传统的风险管理模式、静态的征信系统。互联网金融征信系统正是在传统金融征信体系的基础上，利用互联网平台积累的海量用户数据，进行深层次挖掘、分析、加工，进而有效实现对借款人在贷款前审查、贷款中管控的动态征信系统。2014 年 6 月 27 日，国务院制定了《社会信用体系建设规划纲要（2014 ~ 2020 年）》，为满足传统金融与互联网金融日渐迫切的征信需求，国家就加快社会信用体系建设做出了具体的部署。《社会信用体系建设规划纲要（2014 ~ 2020 年）》中提到，根据任务分工将由中国人民银行负责加快金融业统一征信平台的建设。通过连接各金融管理部门间的信用信息系统，拓展信用信息的基础数据库存量，进一步提升数据可利用价值，增强信息系统功能，扩大金融信用消费者信用征信覆盖范围。通过增强互联网金融领域信用建设、创新互联网金融领域征信产品种类、保障互联网金融用户个人信息安全，从而做到保护金融消费者的合法权益、规范金融市场秩序。加强金融信用信息基础设施建设，进一步扩大信用记录的覆盖面，强化金融业对守信者的激励作用和对失信者的约束作用。

2. 我国亟待建立互联网金融征信制度

通过互联网进行交易为人们带来了便利与效率，也使得人们逐步提高对信用风险的防范意识。制度存在的目的是减少人类互动过程中的不确定性，互联网金融征信制度的建立能促使借贷双方在信息相对充分的前提下进行交易，减少交易信息不对称状况，降低信用交易的风险与不确定性。然而征信的本质并不仅仅指银行或金融机构所做的资信调查，其核心是信贷机构之间的信息共享，而共享是一个把所有信息汇集起来形成较为全面信息的过程。目前，互联网金融机构为了控制风险，大多建立了自己的征信系统，但每一家所拥有的信用信息并不全面，互相之间也缺乏分享客户信息的意愿，这就为一些筹资人同时在多家平台上借款提供了空间，提高了平台的运营风险。为解决这一问题，迫切需要建立一套互联网金融机构能共同遵守的制度，在制度规制下使征信系统在法律法规、行业标准、信息共享上实现统一化运行，从而更好地保障投资人的权益，促进互联网金融的发展。

（二）健全互联网征信系统的必要性

信用是互联网金融的核心，而征信对互联网金融健康发展起到保驾护航的作用，互联网金融征信系统建设的迫切性日益显现。征信通过对经济主体信用活动进行及时的记录及准确的分析，在揭示信用风险、提高经济效益、促进互联网金融以及经济社会健康发展等方面起到重要作用。

1. 减少信息不对称并降低交易成本

在互联网金融交易中，各交易平台之间、交易者和平台之间信息不是完全共享的，因此存在信息不对称。信息在交易双方之间的不均匀分布，使得掌握信息较多的一方能够更准确地进行信息决策，在交易中处于有利的地位，而掌握信息较少的一方则处于信息劣势地位，容易决策失误，付出不必要的成本。征信系统建立后，作为向交易主体传递信息的桥梁，能够更准确了解到交易对方的信用状况，方便交易主体决策参考，起到提高经济效益、减少交易中可能产生的违约及信息搜集等交易成本的作用。

2. 拓展互联网金融业务信用交易范围

征信是互联网金融信用业务规模扩大的基础。一方面，征信系统可以提供更加全面详细的信息，有助于提升互联网金融产品质量，帮助市场细分，开发更专业和完善的信用交易产品；另一方面，随着征信系统的完善，信用信息范围的扩大，互联网金融产品服务的受众日益扩大。从一般企业、普通受信方到中小微企业、低收入人群，改善了传统意义上的弱势群体融资难的问题，帮助降低融资约束，扩大互联网金融信用交易范围。

3. 优化交易环境并减少信用违约现象发生

征信系统建立后，可以记录下不同交易者的信用交易信息，根据这些数据和材料的分析，可以得到不同的交易者的信用违约可能性，确定其信用等级。对于信用等级较高的受信方，处理贷款申请更加简单、快捷，有助于其顺利申请到贷款；对于信用等级较低甚至有违法、违约记录的受信方，则列入“黑名单”起到隔离功能。互联网金融是信用违约的高发地带，征信系统的建立，能起到优化交易环境、减少信用违约的作用。

4. 互联网金融征信是对传统征信业务的创新

互联网金融业务中产生大量的数据和交易信息，为征信业务拓展提供了一个全新的视角。依托于互联网技术和金融交易平台，互联网金融征信系统能够获得更多的信息数据来源，使用更先进的科学技术和更具针对性的信用评价方法，这对于传统征信业务而言是新的改革和尝试，在征信产品和征信服务等方面都发生了巨大的变化，是对传统征信业务的重大突破。

5. 有助于监管部门管理决策

征信系统庞大的信用信息为监管者提供更加完善的监测数据和监管依据，有助于监管部门提高获取金融市场动态信息的准确性和及时性，制定相关的法律法规，增强对信用违约造成的违法犯罪和欺诈行为的预防。此外，也便于监管者获取用于其他监管目的和统计的有效信息，提高工作效率，监管的针对性和有效性得到提升，保障整个金融体系的稳定。

6. 培育社会信用意识并形成良好信用环境

征信系统为互联网金融业务参与者搭建了展示信用状况的平台。借助征信系统形成“守信奖励，失信惩戒”机制，增强威慑力和约束力，规范信用活动。由于互联网金融业务相较于传统金融业务具有信息传递更加迅速的特点，以此建立的征信系统将形成更加有效的外部约束力，使相关经济主体主动提高信用意识，注重自身良好信用记录的积累，在全社会树立良好的信用风气，从而改善全社会的信用环境。

二、互联网金融背景下征信发展的新模式

伴随着互联网金融在我国的快速兴起，可以提供互联网金融征信产品的机构已不仅仅限于传统的专业征信中心或征信公司，征信模式也日趋多元化。从整体来看，互联网金融征信系统新模式可以概括为以下三种类型：互联网金融同业数据库征信系统和共享平台，依托传统征信机构创建的互联网金融征信系统，互联网电商和P2P网络借贷平台自建征信系统。

（一）互联网金融同业数据库征信系统

1. 上海资信的网络金融征信系统（NFCS）

2013年7月1日由上海资信设计开发的“网络金融征信系统”（NFCS）上线试运行。建立的目标是实现网贷企业之间的信息共享，打通线上线下、新型金融与传统金融的信息壁垒，帮助P2P平台机构全面了解授信对象，防范借款人恶意欺诈、过度负债等信用风险。网络金融征信系统是网络金融开展业务的必要基础设施，是央行征信系统的有效补充。截至2015年8月，该系统的合作机构已有644家，入库借款人数量达103万，贷款总额超过574亿元，累计查询请求达217万笔。

网络金融征信系统收集并整理网络金融机构业务开展过程中产生的以自然人为主体的五类信用交易信息，包括个人基本信息、贷款申请信息、贷款开立信息、贷款还款信息、特殊交易信息。五类信息将从不同维度，为网络金融企业审

核信用风险提供信息支撑，通过网络金融征信系统提供五类信用记录，制作数据接口，规范如下内容：个人基本信息提供交叉验证的信息支持，防范身份欺诈，提供贷后管理的多方信息比对；贷款申请信息第一时间提供主体是否存在多头申请的欺诈可能；贷款开立与偿还信息提供动态的负债及违约信息，帮助企业了解主体真实的负债水平及偿还能力变动情况，辅助决策；特殊交易信息整合业内的黑名单，放大失信者的违约成本，形成威慑。

目前网络金融征信系统推出了网络金融版信用报告、网络金融行业分析报告、贷后信息管理等增值产品和服务。网络金融版信用报告可帮助互联网金融企业全面掌握融资主体的负债水平和历史交易表现，优化互联网企业信审流程，了解投资对象的真实信用水平，为互联网企业被迫超自身能力提供担保获取资金的局面解困，提高网络金融机构信用管理水平，降低经营风险和违约成本；在为特定的报告定制机构量身定做的网络金融行业分析报告中，对报告定制机构与行业总体的借贷规模、业务增速、业务特征、风险特征等进行分析比较，以便让报告定制机构及时掌握最新的行业信息，了解本机构在行业中的定位；贷后信息管理服务则为一款动态风险管理产品，将向特定的服务申请机构定期推送其客户最新的信贷信息，以便让服务申请机构及时掌握客户的最新风险状态。

2. 安融征信小额信贷行业信用信息共享平台（MSP）

我国的《征信业管理条例》于2013年3月15日开始正式实施，解决了长期以来征信业发展无法可依的问题，为个人征信服务市场的发展提供了必要的法制保障。北京安融惠众征信有限公司就是在这一背景下成立的全国性个人征信机构，注册资本5000万元。该公司首创我国“会员制同业征信”模式，建立了“小额信贷征信服务平台”（MSP），是目前国内最大的民间小额信贷征信数据平台。平台旨在帮助其会员共享借款人借贷信息、实时掌握借款人在各类民间信贷机构间的信贷交易信息，有效防范借款人可能存在的多头借贷、恶意拖欠、骗贷风险，减少信贷交易损失。小额信贷征信服务平台会员通过“信息查询与报送同步”机制，在借款人授权同意条件下，实时共享风险管理关键节点的信贷交易信息，包括贷款申请、授信审批、合同、还款、逾期、不良信息、被查询记录等信息，不共享借款人联系方式等个人属性信息。截至2015年7月31日，小额信贷征信服务平台共有会员机构923家，其中P2P机构占48.5%，累计收录有信贷记录的信息主体220.8万人，累计查询量346.0万次。

安融惠众的小额信贷征信服务平台通过整合公安、司法、工商、银联、电信、电商、公用事业缴费等各类信用信息以及各类互联网公开数据，推出了包括MSP征信报告、反欺诈、风险预警监测、银联数据分析、个人及关联企业信息分析、公共信息查询服务在内的多种风险管理相关产品，可多方面应用于互联网金融领域。

MSP 征信报告是对小额信贷征信服务平台上的个人征信数据进行收集整理汇总而成，包括债权信息统计、债权信息明细、不良信息以及辅助信息四部分，完整反映了借款人在会员机构之间的借贷交易行为，帮助会员机构了解借款人在贷款申请、贷款完成、正常还款、逾期违约、债权终结各个阶段借款人的行为记录，可充分揭示信息主体可能存在的多重负债、过度负债、不良信用行为等信息，可快速提升互联网金融信贷机构的风控质量与效率水平。

反欺诈信用风险检测服务通过多维度信息检索与交叉比对，为信贷机构贷前授信审批提供集合个人身份欺诈、小额信贷交易欺诈、司法判决、社会欺诈及其他相关不良信息于一体的综合、全面反欺诈检测评估服务，以有效防范申请欺诈的可能性。

风险预警监测服务针对用户提供的监测对象匹配因素，以小额信贷征信服务平台数据库为基础，围绕借款人信贷变动信息、司法判决信息、第三方风险库信息、互联网公开不良信息、个人关联企业变动信息等维度对其进行动态监控，全面、及时掌握借款人多维度信用风险变动情况，及时判断借款人潜在信用风险，为贷后分类管理提供系统化帮助，减少坏账发生的可能性。

银联数据分析服务是安融征信推出的一款数据分析产品，由信息主体授权后，通过 API 接口实时完成银联数据处理与统计分析，是借贷机构了解个人及商户交易信息的重要途径，便于多维度掌握借款人/商户消费或营收状况。

个人关联企业信息服务提供个人在企业的投资、任职信息及个人关联企业征信报告服务。

公共信息查询认证包括身份认证和司法信息查询。前者是指公民身份信息认证服务能有效减少利用虚假身份证进行的欺诈行为；后者是指通过先进的搜索与数据挖掘技术对分散的司法判决与执行信息进行集成，一键查询借款人在司法系统的判决与执行信息、失信被执行人（老赖）信息，增加借款人信用状况的透明度，帮助用户及时识别风险，减少借款人的信息不对称。

3. 中关村互联网金融信用信息平台

中关村互联网金融信用信息平台于 2013 年 8 月 9 日正式启动，通过整合权威数据资源和会员企业信用信息，进行深入的数据挖掘分析，解决互联网金融模式下企业信用管理面临的问题。中关村互联网金融信用信息平台为企业提供三个层次的信用信息服务，基础服务是整合利用权威数据源提供的基本信用信息核查服务；在此之上，通过互联网金融企业间信息共享，整合其他行业信用信息，逐步建立完善信用信息库，提供包括良性信用记录和失信记录等信用信息查询服务；在真实详尽的信用数据库基础上，引入信用评分技术，提供针对不同业务特点、不同用户需求的个性化的评分评级服务。

中关村互联网金融信用信息平台目前提供三种类型的服务和产品：多数据源核查比对、信用信息共享合作和信用评分模型。

多数据源核查比对包括身份信息比对认证、电信/联通固话信息比对核查、不良信息比对核查、被执行及失信记录比对核查、组织机构代码信息比对核查、职业资格信息比对核查、银行卡认证、其他基础信用信息比对核查。

信用信息共享合作是在个人信息主体授权的前提下，由互联网金融企业共享在 P2P 借贷等网络金融业务中产生的信息主体的信用信息（包括但不限于申请信息和交易信息），并同意将其提供的信用信息纳入信用数据库，互联网金融信用平台为此向互联网金融企业提供对应的个人信用信息查询服务。通过个人信用信息共享，大大降低个人恶意地进行多家金融服务平台的借贷行为、多次违约的问题，提高互联网金融企业规避风险的能力。

信用评分模型则基于个人信用信息数据样本，通过自主研发的国际领先、国内首创的信用评分模型，对个人的静态及动态行为信息数据进行专业的数据挖掘、分析优化，为第三方机构提供信用评分及评级服务。

（二）依托传统征信机构创建的互联网金融征信系统

鹏元征信有限公司成立于 2005 年 4 月 8 日，是在国家工商总局注册，经深圳市政府和中国人民银行深圳市中心支行批准设立，专门开展个人征信、企业征信、企业评分、个人评分、征信系统设计开发、软件设计开发和中小企业信用风险控制等业务的征信机构。2015 年 1 月 5 日，鹏元征信有限公司获得中国人民银行批准开始准备开展个人征信业务。

2015 年 3 月，鹏元征信有限公司召开的“2015 鹏元征信产品发布会”中，由鹏元征信发起，全国各地近百家互联网金融以及小额信贷机构作为首批参加单位，共同启动了“鹏元互联网金融征信系统”。“鹏元互联网金融征信系统”依托于已经安全运行 13 周年的“鹏元征信系统”，旨在满足“互联网金融行业”信息共享及风险防范，解决互联网金融征信难题。目前已有近 100 家小额贷款公司及互联网金融机构共享上传信贷数据。

鹏元征信有限公司的互联网金融征信服务类产品面向全国小额信贷及互联网金融机构，为全社会的互联网业务信用风险提供全套的解决方案。可以解决互联网业务申请中存在的大量无效申请、信息不规范、信息错漏、信息虚假、信用风险等问题，同时也为用户提供个人和企业身份认证、申请行为分析以及欺诈识别等整体服务解决方案，进一步帮助用户优化互联网业务申请及管理流程，简化客户互联网业务申请操作及提高互联网客户申请的满意度，防范及化解客户的信用风险。

（三）互联网电商和P2P网络借贷平台自建征信系统

1. 电商自建征信系统——芝麻信用

阿里巴巴集团作为网上及移动商务的知名企业，其关联公司经营领先业界的批发平台和零售平台，以及其他多项基于互联网的业务服务。在互联网金融加速发展的今天，阿里巴巴集团将注意力转移到互联网金融征信领域，旨在为交易的双方提供一个高效、安全、有保障的运营环境。2015年1月，阿里巴巴旗下的芝麻信用管理有限公司正式推出芝麻信用，这是一个面向社会的信用服务体系，依据方方面面的信息，运用大数据及云计算技术客观呈现个人的信用状况。

芝麻信用从本质上来说是依据大数据建立的互联网金融新型征信系统。其数据来源包括各类网站如社交网络、服务平台、搜索引擎、各企事业单位对外公布的数据信息，阿里集团旗下各业务和关联公司的业务如天猫、淘宝、支付宝等第三方支付平台，以及阿里小贷等互联网金融融资平台中用户的消费和交易所产生的信息，涵盖买家和卖家的姓名、性别、年龄、行为特征、消费偏好、交易记录、交易评价、投诉纠纷、受信记录等信息。芝麻信用已经拥有3亿多实名个人数据。

芝麻信用将采集的个人用户信息进行加工、整理、计算，运用大数据方法评估后得出信用评分，称为“芝麻信用分数”，分值范围是350~950，分值越高代表信用水平越好。芝麻信用分数每月更新，拥有较高的芝麻信用分数能够获得更好的金融服务。构成芝麻信用分数的五个维度是：一是信用历史，过往信用账户还款记录及信用账户历史，若有失信行为则会带来负面影响；二是行为偏好，在购物、缴费、转账、理财活动中的偏好和稳定性；三是履约能力，稳定的经济来源和个人资产，包括公积金缴纳、动产和不动产等；四是身份特质，在使用相关服务过程中留下足够丰富和可靠的个人基本信息，丰富真实的学习和职业经历以及实名消费行为是评估要素之一；五是人脉关系，好友的信用状况和跟好友的互动程度。五个方面综合评价得出对应的芝麻信用分数，不依靠单独某个方面的分数。用户可自行选择补全个人信息，包括学历信息、单位邮件、车辆信息及社交网站信息等，来获得更准确的芝麻信用分数。

用户可随时随地通过阿里集团旗下的支付宝钱包APP查看芝麻信用分数，十分简单便捷。用户还可通过使用信用服务及时履行约定来提升芝麻信用分数。好友之间可以经授权后查看对方的芝麻信用分数，了解彼此的信用水平，以帮助更好地进行决策。与传统征信主要依赖于信贷领域的数据不同，互联网背景的电商平台所建立的征信系统数据来源显然更为丰富和广泛。

2. P2P网络借贷平台自建征信系统——拍拍贷

拍拍贷成立于2007年6月，公司全称为“上海拍拍贷金融信息服务有限公司”。拍拍贷是国内第一家由工商部门特批，获批“金融信息服务”的经营范围，得到政府认可的互联网金融平台，也是国内首家P2P纯信用无担保网络借贷平台。拍拍贷用互联网技术为有资金需求和理财需求的个人搭建了一个安全、高效、诚信的网络借贷平台。用户可以在拍拍贷上获得信用评级、发布借款需求、快速筹得资金；也可以把自己的闲余资金通过拍拍贷出借给信用良好且有资金需求的个人，在获得良好的资金回报率的同时帮助他人。截至2014年，拍拍贷平台注册用户超过600万，累计成功借款笔数超过260万笔，累计成功投资笔数超过1200万笔，平台从品牌影响、用户数、平台交易量等方面均在行业内占据领先地位。

拍拍贷于2015年3月建立了一套完整的基于海量个人征信大数据平台的风控体系——“魔镜风控系统”，其目的在于提升平台的安全运营能力，充分保障投资人的资金安全，并通过风控系统的应用，更好地体现信用的价值。“魔镜风控系统”被视为目前行业内首个基于大数据的风控模型，首个能够准确预测借款标的风险概率的风控系统，首个能够基于准确风控评级制定风险定价的风险管理系统。

“魔镜风控系统”依托600万在线用户、积累近40亿条数据而建立。“魔镜风控系统”评级主要基于以下信息：历史还款记录、个人负债、信用历史、个人信息、第三方数据等，采集多达2000个维度数据。基于大数据征信模型，“魔镜风控系统”可以做到针对每一笔借款给出一个相应的信用等级，以反映对逾期率的预测。最后系统再依据风险评级形成风险定价，来保证收益和风险相匹配。风险评级分为A～F六个等级，风险依次上升，例如，A级的目标逾期率小于0.5%，F级则大于8%。从A到F，风险越高，定价也越高。“魔镜风控系统”给出的信用等级将决定借款人借款能否通过审批、借款费用的高低（借款利率将会基于评级变化，评级越高，利率越低），并且在一定程度上将决定借款人的借款额度。

三、互联网金融征信体系建设的相关建议

（一）健全互联网金融征信相关法律法规

体系健全的互联网金融征信法律法规是规范互联网征信市场的必要保障。一般来说，完整的征信法制框架一般包括三个组成部分：一是关于个人信息（或隐私）保护的法规，其调整对象是个人，主要目的是确保个人数据的安全性及不受侵害；二是关于政府和企业信息披露的保护立法，这类征信法规以政府部门和企业为调整对象，其目的在于增加信用信息的透明度，提高信用信息共享与传播效率的同时，保护企业的商业秘密和政府机密不受侵害；三是关于征信业管理的法

规，这类征信法规以征信机构和全社会的征信活动为调整对象，其主要作用在于规范征信机构的运营管理，促进征信行业的健康发展。[①] 具体来看，健全互联网金融征信相关法律法规可从以下几方面着手。

1. 提高互联网金融征信相关立法层级

目前我国已颁布实施的征信相关法规中，立法层级最高的是国务院颁布的《征信业管理条例》，该法作为行政法规，以规范征信活动、引导征信业健康发展作为主要内容。其次是中国人民银行发布的《征信机构管理办法》，该法作为部门规章以对征信机构的监督管理为主要内容。其他部门规范性文件主要是在本行业内针对具体事项做出的规定。从法律层面来看，我国必须尽快出台关于互联网金融用户隐私保护和商业秘密保护的立法，如《网络用户信息保护法》、《企业信用信息基础数据库管理办法》等针对信息保护的上位立法。围绕互联网金融信用征信活动开展的各个环节，出台一套针对网络用户的从大数据采集、整合、使用、管理到规范监管主体、信息采集方、信息使用方、信息主体各方行为的法律法规。在法律层面上，为征信活动提供一套完整的行为规则，使得征信活动各参与方的行为都能有法可依。

2. 进一步完善网络隐私权保护的法律法规

由于大数据、云计算技术的迅速发展，传统的法律理论体系中存在的公民基本权利义务在具体内容方面面临着新的变化，隐私权作为一种新型权利，在宪法中的公民基本权利规则部分，仅规定了对隐私权的间接保护，难以对互联网用户的隐私保护起到适当的调整作用，仍需根据网络空间的特殊性对这种新型权利义务关系进行调整。我国民法针对隐私权的保护问题也经历了一个循序渐进的过程，从最开始的隐私权地位不独立，仅在名誉权部分有所提及，到 1993 年的最高法司法解释将隐私权纳入名誉权的范围来进行保护，对任意公布他人隐私材料、导致他人名誉受损的，按照侵害他人名誉权进行处理。2001 年的最高法司法解释已经规定侵害他人隐私的，受害人可以请求精神损害赔偿。2010 年的《中华人民共和国侵权责任法》确立了隐私权作为人格权的一种具有独立地位，并对利用网络侵害他人隐私权的行为做出了具体规定，这是适应社会需求的一次巨大进步。我国大约有 40 部法律、30 部法规中有关于个人信息保护的规定，但是却没有专门保护个人信息的法律法规。尤其是在当今互联网金融的高速发展下，更需针对网络用户隐私权保护进行立法，以满足新型征信模式的立法需求。全国人大常委会 2012 年发布实施了《关于加强网络信息保护的决定》，作为出台的第一部专门保护个人信息的法规，明确规定了公民的个人电子信息受法律保

① 张卓娅．互联网金融征信制度建设［D］．华东政法大学硕士学位论文，2016.

护，对侵犯个人电子信息的行为，个人有权举报、控告，相关主管部门应当予以处理。其他法律法规，如《国务院办公厅关于加快电子商务发展的若干意见》，对电子商务领域的用户隐私权保护做出了具体规定，以促进电商平台的健康有序发展。显然，我国法律法规对于个人信用信息、金融隐私权保护的规定过于零散，亟待形成一个完善的隐私权法律保护体系。首先，应在宪法中体现隐私权独立的人格权地位，并且在民法中也确立其独立的人格权地位，将其从名誉权中剥离出来。其次，应该针对网络用户隐私权保护专门立法，网络隐私权作为隐私权的一种，随着互联网信息技术的发展，会出现多种定义方式、侵权方式，就需要针对其特殊性，进行网络用户隐私权保护的专门立法。对采集网络用户个人数据的范围、方式、权限做出限定，对侵害网络隐私权的行为进行界定，明确侵权责任，并制定配套的惩罚措施和救济途径。

3. 加强我国互联网金融领域征信监管机制建设

2013 年颁布实施的《征信业管理条例》确立了中国人民银行作为征信业监督管理部门的地位，依法对征信业实施监督管理，主要负责个人信用信息基础数据库的管理等事务。为顺应我国的征信发展模式，应对政府作为监管机构的职能加以明确，采取政策优惠与必要监管相结合的原则，推动征信业快速健康发展，从而更有力地保护信用消费者的权益。我国市场化征信模式才刚刚起步，目前仍以政府主导型征信模式为主，就政府在征信活动中的作用来看，主要体现在以下两个方面：一是制定相关法律法规和制度规范，以保证征信体系能够更加规范化发展；二是对信用管理行业实施政府监督管理，以弥补市场机制自身的不成熟。在我国互联网金融征信领域，亟待建立跨部门的监督管理合作制度。构建以中国人民银行为主导，银监会、证监会、保监会为依托，工商、税务、电信、公安、法院等多部门为辅的监管合作机制，以研究、制定出符合我国互联网金融监督管理操作实务的措施。针对越来越多的民间征信机构，对其市场准入、业务范围、信息采集、使用标准以及退出机制都应做出明确的规制与管理，以促进我国民间征信市场合规健康发展。同时健全征信行业自律机制，加强行业内各机构间相互学习、共享及行业协会对各成员机构的督促指导，充分发挥行业内部主观能动性，推动行业整体的合法经营、合规运作。

（二）建立互联网金融信用信息分层共享机制

1. 完善互联网金融征信标准化体系

互联网具有网络环境开放、信息共享便利的特点，网络用户通过在电子商务平台上的交易行为、借贷行为直接产生了大量的多维度个人数据。网络平台低成本甚至零成本获取客户数据的同时，也面临着如何将所获大批量数据甚至是一些缺乏利用价值的数据转化成可以用于信用评估的有效数据的问题。随着互联网金融征信模式的不断发展深化，大部分网络平台都能基于各自的系统积累大量的用户数据，然而数据转化难、信息标准不统一却是互联网金融征信亟待解决的问题。因此，迫切需要针对互联网金融信用数据采集领域建立一套统一的征信标准化体系。

2. 明确互联网金融行业间信息共享规则

我国广泛存在行业间信息共享机制缺失或不健全的现象，尤其在跨行业、跨地区的应用机制方面。这就有可能导致一家企业在某个行业内发生违规行为，却在另一个行业内被评为信用良好企业的现象发生。除中国人民银行在全国范围内建立起来的征信中心，各地方政府也纷纷建立了在本地方范围内的信用信息系统，导致各地方犹如一座座分散的“信息孤岛”。“信息孤岛”的出现，造成了地方政府大量人力、物力、财力的浪费，更由于各地信息采集标准不一，造成了信息难以集中共享的局面。要打破行业间、地方间以及中央与其他部门间的信息难共享状态，需尽快对个人、企业及政府部门间的信用信息共享条件、共享程度加以明确，并制定违背上述规定的惩戒机制。统一信息采集标准、打破各互联网征信机构间的信息壁垒才能促使互联网金融征信业务更好更快发展。

3. 保护网络用户的各项权益

网络用户产生的信息数据大部分属于个人隐私，但互联网信用征信活动的开展使得个人信用信息被全方位记录，形成了网络用户信用信息数据库。个人数据的处理应当在信息主体明确同意或在必要的情况下进行，在信息采集和提供阶段，信息主体均应享有同意权。保护信息主体知情权是信息主体有效行使其他权利的基础。当征信系统对外提供服务时，一定要让信息主体知晓自身的信用信息是如何被采集和处理的，例如，在使用某个单位信息时，要对相关信息来源、处理目的、信息内容以及信息查询者进行披露。让信息的主体有权查阅自身信用信息的使用情况、信用评价及信用等级。此外，当信息主体认为自身的信用信息有误时，有权要求征信机构予以更正、补充和更新。只有保证了信息主体的异议权和更正权，才能不断提高征信系统的全面性、准确性和及时性。

（三）完善失信惩戒机制

失信惩戒机制是保障征信体系正常运行的一种机制，惩戒的方式主要是信用信息公开。通过信息公开，发布失信者的违约信息，降低信息不对称，使失信处于被动状态，约束社会各经济主体信用行为。失信惩戒机制的最大作用在于不仅从法律层面对失信行为进行约束，并且通过社会舆论对失信者进行谴责，使得经济活动的失信者在市场中无立足之地。完善的失信惩戒机制是征信体系发展的有力保障，如果没有健全的惩戒机制，一方面无法约束失信行为，另一方面也无法对守信形成激励，因此，惩戒机制的完善水平也是征信体系是否健全的重要标志。建立健全互联网金融失信惩戒机制，具体而言：一是建立黑名单制度和市场退出机制，明确对互联网金融失信行为的行政处罚措施；二是建立健全司法性信用惩罚机制，辅以与失信惩罚要求相适应的社区服务、社区矫正等司法配套体系，对严重失信者追究其民事或刑事责任；三是建立健全社会性信用奖惩机制，通过网络舆论和社会媒体，强化对失信行为的监督和曝光，营造全社会的道德谴责舆论环境，有效约束社会大众的失信行为；四是完善失信信息记录和披露制度，形成市场性惩罚机制，提高失信者市场交易成本，增加威慑力。

（四）加强信用文化建设和人才培养

信用文化作为市场环境的基础，对于提高参与者的自律性、优化资源配置、降低交易成本能起到良好的促进作用。良好的信用文化不仅容易形成普遍认可的价值观，更能营造一种良好的市场信用环境氛围。需要从三方面加强建设：一是各级政府一方面要把信用作为宣传的主要方向，加强公民法制观念和信用观念方面的建设，对不守信的行为进行披露，营造良好社会诚信氛围；另一方面要以身作则，做好表率。二是加强信用教育，教育是各国建立信用体系的基础工作，不仅是我国市场经济条件下信用环境建设的重点，更是整个国民素质教育的重点。优秀的思想文化教育对形成信用文化甚至形成国家文化都具有重要意义。三是加强信用人才培养。征信工作需要大量的专业人才，信用文化的建设更需要全社会对信用有广泛认识。将信用教育管理作为独立、系统化的学科，对信用专业人才进行培养和管理。

第十章　解决小微企业融资难题的其他创新思路与对策

互联网金融为解决小微企业融资问题提供了新的渠道和方案，然而这个世界难题不仅需要小微企业、金融机构和各类金融创新的努力与跟进，也需要政府的积极引导、参与和扶持，财政、金融、法律等手段综合运用，多措并举，有效发挥有形之手的作用，才能取得更好成效。小微企业因为缺乏信用信息，融资难和融资贵成为必然，迫切需要相关主体加强信用信息供给；政府引导基金的出现为政府资金与市场资金的联动提供了合适的媒介，成为支持地方经济发展、解决小微企业融资难题的重要手段，为破解中小企业融资难题提供了一种新模式；针对企业应收账款盘活不充分的现状，支持地方政府规范发展区域性融资服务交易市场，更好地服务于小微企业融资不失为一个可行的方向。从构建涵盖互联网金融在内的系统性融资支持体系来看，加强信用信息供给、用好财政金融联动、完善融资市场建设都是较为务实的小微企业融资问题解决方案。

第一节　加强信用信息供给，缓解小微企业融资问题

破解小微企业融资困境需要标本兼治，协调好政府与市场的关系，除了在政策层面鼓励银行加大对小微企业的信贷支持力度，为小微企业量身定制信贷产品之外，特别要做好治本的基础性工作，充分发挥市场作用，重点加大信用信息供给的力度，从根源上缓解由来已久的银企信息不对称问题。小微企业融资难表面上看是缺钱，实质上是缺信息、缺信用。在小微企业信贷融资过程中，一般遵循“小微企业融资需求—小微企业信用信息提供—商业银行提供信贷决策—小微企业获得融资”的模式，其中，信用信息供给起着决定信贷融资可得与否的关键作用。因此，解决好信用信息供给问题，通过有效信用信息供给缓解银企信息不对

称状况，实现小微企业在信贷融资中信用增级，从根本上改善小微企业取得金融机构贷款的环境，是当前乃至未来解决小微企业信贷融资难的一个重要方向。①

一、小微企业信用信息的内涵与缓解信息不对称的机理

信用信息是指企业和消费者个人在其社会活动中所产生的、与信用行为有关的记录，以及有关评价其信用价值的各项信息。一个信用主体的信用可分解为主观和客观两个方面。主观方面主要指主体的信用观念和守信的意愿；客观方面涉及主体的守信能力，主要包括主体的履约能力、经营能力、资本和资产等。目前，评定信用主体主观信用因素的方法主要是依据信用主体以往的信用记录。小微企业的信用信息具有不同于大企业的特点，只有对小微企业信用信息的内涵与外延进行科学界定，才能对其信用信息的征集、管理、运用有的放矢。在实践中，小微企业经营者（所有者）个人信用在评价小微企业信用中具有举足轻重的作用，小微企业信用信息是个人信用与企业信用的统一。

（一）小微企业信用信息是个人信用与企业信用的统一

1. 个人信用信息

小微企业经营者（所有者）个人信用信息应包括个人基本信息、商业信用记录、社会公共信息记录与其他个人信用相关信息等，如教育、职业、收入、财产、纳税、保险、交易、信贷、赊购、守法等信息。在小微企业融资决策中必须对个人信用信息加以分析，原因如下：其一，小微企业的经营发展个人价值明显。小微企业所有权与经营权一体化，组织结构扁平化，经营决策以企业经营者（所有者）个人为主，个人绩效与企业命运联系紧密，具有明显的个人价值，个人信用与贷款风险具有高度的相关性，向小微企业发放贷款可以视为向小微企业经营者（所有者）提供个人贷款。其二，小微企业融资结构的个人因素影响。基于小微企业自身特征，国外学者对传统资本结构理论加以修正，形成小微企业融资结构的适用性理论（Barton、Gordon，1988；Barton、Matthews，1989），认为个人因素（所有者的目标函数、风险回避度、失败容忍度、避税考虑、企业控制权、企业稳定性考虑以及知识水平等）在小微企业的融资结构中起着非常关键的作用。其三，由于担心企业控制权的丧失，在融资次序的选择上很多小微企业并不遵循融资次序理论，企业所有者对控制权方面的偏好在小微企业融资决策中是一个不可忽视的重要因素。小微企业偿还负债与企业所有者个人高度相关，在资金供给方的融资决策中，个人信用信息因素应作为判断小微企业融资风险和收益的重要参考。

---

① 张杰．应通过加强信用信息供给缓解小微企业信贷融资困境［J］．经济纵横，2014（6）．

2. 企业信用信息

小微企业信用信息主要包括企业的注册信息、财务信息、付款记录、企业发展史、经营状况等内容。以国际上小微企业信用产品最大的供应者邓白氏为例，其利用庞大的数据库和科学研究方法，既为小微企业提供其他交易对手的信用报告，也协助企业管理好自身信用，并为企业提升信用和建立信用提供帮助。它所提供的信用报告包含企业大量的高质量信息，成为诸多授信者决定是否提供信用的重要依据。邓白氏综合报告主要内容如下：①企业基本信息：包括名称、地址、电话等。②企业业务范围信息。③财务危机等级：表明企业陷入财务危机的可能性。④信用评级：根据企业偿付款项的情况进行评级。⑤部分汇总信息：包括供应商款项偿付历史、销售增长、净值增长、经营是否盈利、有无抵押或保证、当前管理层任期、有无诉讼、有无因违约而被留置、司法判决等。⑥信用能力概述：包括销售量、雇员人数、净值、营运资本、信用水平。⑦特殊事件：对特殊事件的分析，如火灾。⑧财务状况分析：对该报告做出的公司陷入财务危机可能性评级提供详细统计信息及分析。⑨信用评级分析：对该报告做出企业信用评级所使用的因素、统计情况和评分情况进行详细分析。⑩信用评分参照标准：提供处于相同行业、地区、相同规模（以雇员人数为标准）、经营年限的企业情况。⑪商业信用支付指数：列示企业过去数年的支付指数及最近几年每个月的支付指数，与行业支付指数相比较。⑫企业偿债习惯：按供应商提供的商业信用规模分类，分析企业与供应商的交易次数、金额、偿还比例。⑬行业支付情况：最近 15 个月相同行业内企业支付商业信用的情况。⑭公开档案详情：详细列示最近涉及企业的公开档案内容，包括破产诉讼、判决、因违约被留置。⑮企业背景：公司及管理人员的历史、公司经营管理情况。⑯银企关系：银行借贷情况、企业自身积累（Kallberg、Udell，2003）。

（二）信用信息缓解信息不对称的机理

小微企业与大企业的信用信息结构显著不同，大企业主要依赖财务报表、资产规模等“硬信息”获得信贷融资的方式对于小微企业并不适用。小微企业在获得信贷融资时需要将财务类的“硬信息”和企业经营及业主个人情况等“软信息”相结合，经营者个人的信用在评价小微企业信用中具有举足轻重的作用，因此，小微企业信用信息具有个人信用与企业信用相统一的特点。有效信用信息供给可以缓解小微企业在信贷融资中的信息不对称问题，放松各类信息甄别装置对小微企业融资的约束，从而提高融资的可得性。[①]

1. 信用信息供给与利率约束放松

信贷市场是典型的信息不对称市场，银行相较于申请贷款的小微企业处于信

① 唐建新，陈冬．信息不对称、第三方信用信息与小企业融资［J］．经济评论，2007（1）．

息劣势方。信贷配给理论认为，信息不对称导致的逆向选择和道德风险是产生均衡信贷配给的基本原因（Stiglitz、Weiss，1981）。当面临对贷款的超额需求时，银行为了避免逆向选择，不会用提高利率的办法来出清市场，而是在一个低于竞争性均衡利率的水平上对贷款申请者实行配给。在信贷配给情况下，出于风险规避的考虑，即使可贷款资金有剩余，银行也不愿意按高利率放贷而使自己的利益受损。在现实中部分小微企业从银行获得信贷融资时，往往承担高于大企业的贷款利率，由于投资风险是贷款利率的决定因素，银行这种做法具有一定合理性。实际上这些小微企业不一定都是风险程度高的企业，因为从单位资本所创造的效益来衡量，小微企业的经营绩效好于大企业（程惠霞，2004）。由于信息不对称的存在，当银行无法获得更多有效信用信息时，依靠利率工具作为信息甄别装置，会将一些本应获得融资的小微企业信贷配给出信贷市场。因此，如果能够获得有效的信用信息供给来缓解信息不对称程度，银行就能在更明确预测风险的基础上，利用提高贷款利率的方式分离出部分能获得信贷融资的小微企业。对于银行而言，此时贷款风险不会上升，而贷款期望收益将有所增加，能够实现帕累托改进。

2. 信用信息供给与抵押品约束放松

在借款风险中性条件下，银行抵押品要求也可能成为信贷配给内生机制，银行可以通过企业对抵押品数量变动的反应敏感程度来分离高风险和低风险贷款项目（Whette，1983）。虽然抵押可以有效缓解信贷融资中信息不对称的程度，但对小微企业获得信贷存在较大局限性。其一，小微企业由于固定资产规模小、资产结构中可抵押物比例小，缺乏合适的抵押品，不能满足银行以实物形式的抵押财产、担保品作为发放贷款的必要条件；其二，抵押贷款必须经过中介机构对抵押品进行价值评估、产权登记和法律公证等程序，这些程序不但加重了企业的融资成本，而且手续烦琐，时间冗长，很难适应小微企业经营灵活、“小、频、快”的融资需求；其三，即使小微企业可以提供合格的抵押品，仍然很可能被配给出信贷市场。利率型信贷配给与借款人的资产规模无关，抵押品型信贷配给与借款人资产规模直接相关，虽然它可以淘汰一些高风险的大企业，但主要的出局者是无力提供临界价值抵押品的小微企业（王霄、张捷，2003）。如前所述，由于小微企业并非都是风险程度高的企业，抵押品型信贷配给可能造成较大的潜在福利损失。根据小微企业的特点，在融资中取消或降低抵押品要求可以提高其融资可得性，而通过有效的信用信息供给来改善小微企业融资决策，使银行取消或降低抵押品要求成为可能。

3. 信用信息供给与交易成本约束放松

由于信息不对称，银行发放贷款时存在着贷前调查、贷中审查和贷后监督等交易成本，这些成本实际上差别不大，而且会随着融资规模的增大而下降，但小微企业零售式的融资需求形成了银行放贷过程中的规模不经济。有效的信用信息供给可以减少贷前调查、贷中审查、贷后监督等成本随贷款规模变小而下降的状况，消除了小微企业融资中的规模不经济，降低交易成本对小微企业的信贷配给力度，使部分小微企业贷款融资需求得到满足。此外，有效信用信息供给还会对小微企业贷款市场结构产生影响，改善小微企业融资环境，如吸引大银行加入、消除远距离信贷的规模不经济、打破地区间信贷限制等。

二、小微企业信用信息供给主体的作用与效果

在小微企业信贷融资机制中，主要包括企业、政府、银行、信用担保机构四大主体，这四大主体在信用信息供给中的作用和效果如何，下面结合我国的情况进行具体分析。

（一）小微企业在信用信息供给中具有局限性

小微企业信用信息具有内部化特点，这由小微企业的特定治理结构与信息结构所决定。小微企业大多处于初创期，数量多、规模小、管理简单，所有者和经营者往往合二为一，在内部治理结构上，呈现出简单化、单一性特征，缺少多层委托—代理关系所决定的信息传递动机。企业经营者（所有者）在实践中倾向于自己汇总分散的信息后进行决策，因此，小微企业信用信息较少具有类似大企业那种规范化的表达形式，而是一种包含多种信息的数据组合，具有人格化和模糊化的特征。大多数小微企业并不需要会计师事务所对其财务报表进行审计，因此，在小微企业向银行等外部投资人进行融资时，很难提供关于其信用水平的信息。对于银行等信用信息的外部使用者而言，解读上述模糊的信息组合增大了其获取和利用信息的成本，加之小微企业出于生存和竞争考虑具有强烈隐瞒信息的偏好，进一步加剧了融资中的信息不对称问题。这种情况在现实中突出表现为大多数小微企业往往在财务管理制度等方面不规范，难以向银行等出资者提供可信的、合格的财务信息，银行等金融机构出于降低成本和风险规避的目的，往往对小微企业“惜贷”。2013 年博鳌论坛发布的《小微企业融资发展报告》显示，我国规模以下的中小企业 90% 没有与金融机构发生过任何借贷关系，小微企业 95% 没有与金融机构发生过任何借贷关系。因此，小微企业的信用信息传递模式特点与其内部治理结构相适应并具有某种刚性，期望小微企业自身来解决信用信息供给问题具有一定局限性。

（二）政府在信用信息供给中存在职能缺位

我国社会信用体系建设尚处于起步阶段，针对小微企业的信用体系建设总体处于缺失状态，政府在信用信息供给中存在职能缺位。中国人民银行以建立企业

信用档案等形式于2006年启动了小微企业的信用体系建设，但目前来看覆盖率依旧较低，而且某些小微企业的信息缺乏真实性，无法反映小微企业的经营水平和信用状况。[①] 虽然由中国人民银行组建、中国征信中心运行维护的我国金融信用信息基础数据库截至2016年5月末，收录了8.9亿自然人、2152.5万户企业及其他组织的信用信息，但是与我国现有的企业总数相比，其信用信息服务能力还远远不够，缺口很大。根据国家工商总局发布的《2016年全国市场主体发展报告》中的数据，截至2016年底全国实有各类市场主体超过8700万户，平均每天新登记企业1.51万户，并且还在不断增长之中。此外，由于目前我国信用信息绝大部分由各级行政机关、司法机关以及依法授权或者委托承担公共管理职能的组织等政府部门掌握着，缺乏信用信息共享平台和协调机制，存在部门间的信息割据现象。信用信息的缺乏造成金融机构难以对小微企业进行正确全面的信用评估并影响其信贷决策。政府在小微企业信用体系建设中的种种不足说明，主要依靠政府解决信用信息供给的做法需要反思，在建设思路上需要调整。

（三）银行在信用信息供给中存在成本约束

虽然银行本身就是生产信用信息的专业机构，其通过审查和监督获取信用信息具有三方面的有利条件：其一，因为银行主要发放贷款而不是购买公开市场上发行的证券，保证了信用信息的专用性质，有效避免了信用信息使用中的“搭便车”问题，激励银行从事企业信用信息的生产；其二，因为小微企业要在银行开立账户进行结算活动，银行能够获得小微企业财务状况和交易情况的信用信息，具有信息优势；其三，在小微企业贷款中，银行可以与企业建立长期贷款合同关系，通过信用信息的持续性、周期性使用降低信息成本。但是如前所述，银行在信用信息获取中存在事前调查、事中审查、事后监督等固定交易成本，存在着融资的规模经济。小微企业的融资需求特点造成了融资过程中的规模不经济，需要通过银行信贷技术创新来解决。

（四）担保机构在信用信息供给中存在体制障碍

作为专业化的信用中介机构，融资担保机构的日常经营与小微企业之间有千丝万缕的紧密联系，与银行相比具有更多的信息优势，可以认为融资担保机构与小微企业之间信息是基本对称的。但是，由于我国的融资担保机构发展时间较短，以政策性担保机构为主的发展方向制约了其在信用信息供给中的作用，在缓解小微企业融资难问题上显得力不从心。我国现行的小微企业信用担保制度运作模式是以政策性担保为主、以商业性担保为辅的“一体两翼”模式，该模式存在着明显的结构性和功能性缺陷，所能起到的担保作用十分有限，直接导致了一

① 蔡晓阳．金融综合改革视角下的小微企业信用体系建设［J］．金融与经济，2012（8）：56－58.

系列问题：商业担保发展缓慢、运行效益低下、损失补偿机制缺失、再担保发展滞后、行业监管缺位等。在体制上需要进行相应改革。

三、小微企业信用信息有效供给的对策

在小微企业信用信息供给方面，相关主体不同程度存在问题，单纯依靠哪一方都无法解决问题，需要在如何形成合力方面进行思路调整和相应创新。当前，我国经济体制改革的核心问题是处理好政府和市场的关系，必须更加尊重市场规律，更好发挥政府作用。小微企业信用信息有效供给同样面临政府与市场的关系协调，政府的职能定位是营造法律制度环境、协调各方关系、监督管理和培育市场，应充分发挥市场的力量，在银行信贷技术开发、信用担保机制完善、商业中介机构发展、企业激励约束等方面进行改革和创新。

（一）重塑政府在信用信息供给中的职能

根据经济学对公共品的界定，信用信息服务是俱乐部产品，并不适合实行完全竞争的特殊市场。政府应适度参与市场运作，重点行使制度建设和监管的职能。信用信息服务市场的基本建设思路为：政府引导、市场运作、共建共用、互利共赢。在政府引导下，通过市场机制联结各方利益，调动各方共建共用。鉴于小微企业在我国经济发展中的重要地位，政府应把小微企业信用体系建设作为我国征信体系建设的突破口，对相应职能进行重塑。

具体而言，一是制定针对性的法律法规和制度规则。法律法规和相关制度的建立与完善是小微企业信用体系建设的保障，可以解决信息采集、共享、使用等方面存在的问题。酝酿了10年之久的征信业法规《征信业管理条例》于2013年3月15日起正式实施，对在我国境内从事个人或企业信用信息的采集、整理、保存、加工，并向信息使用者提供的征信业务及相关活动进行了规范，解决了我国征信业发展中无法可依的问题，对小微企业的信用体系建设具有重大意义，但没有明确规范小微企业相关信用信息如何征信。相关部门可以在该条例的基础上，借鉴国外的经验，结合小微企业的特征，结合金融综合改革关于信用体系建设的任务要求，对相关法律体系进一步细化，地方政府部门也可结合本地实际，制定出相配套的条例和意见，完善信用体系建设，保护小微企业的权益。二是建设适应小微企业特点的信用信息共享平台。首先，在继续完善人民银行企业信用信息基础数据库的基础上，大力发展针对小微企业的商业信用信息服务机构，鼓励和支持社会力量依法成立征信机构，提供信用信息服务，形成双层互补的信用信息衡量评价体系；其次，建立小微企业联合征信平台，把分散在工商、税务、水电、环保、质监、海关等部门的信用信息资源有效整合，建立统一、综合性的企业信用信息系统，解决信息割据问题，实现信用信息共享；最后，规范小微企

业信息披露内容和要求，完善小微企业信用信息数据库，并依法公开相应企业信用数据。三是监管并培育信用信息服务市场。小微企业信用信息服务市场是一个特许的市场，必须加强政府对信用信息服务市场主体、中介机构的监督管理，在市场准入、从业人员资格认定、执业规则制定等方面把好关，促进市场的健康、规范、有序发展。此外，由于信用信息服务市场是一个新兴市场，目前还面临需求不足等问题，需要政府有意识地培育。各级政府和有关部门要带头使用信用信息产品，并制定相关的政策措施，推广使用信用信息服务产品。

（二）加强商业银行信贷技术开发

在加快小微企业信用体系和担保体系建设过程中，支持和鼓励银行机构根据小微企业的融资特点和实际需求，因地制宜地积极探索符合小微企业特点的信贷技术创新也是提高信用信息有效供给的重要方面。如前所述，小微企业在获得信贷融资时需要将财务类“硬信息”和企业经营及业主个人情况等“软信息”相结合，银行要密切关注技术创新和金融创新的结合，在已有的交易型借贷和关系型借贷基础上进行信贷技术的开发和创新。

在实践中，中国部分商业银行在小微企业信贷市场依靠信息的搜集和生产技术创新方面进行了有益探索，它们创新出的小微企业信贷技术对硬信息和软信息有着相对均衡的生产效率。如民生银行“商贷通”的成功就在于其是借助行业规划、批量开发实现同质信息的低成本生产，基于社区的信息生产和交叉验证技术，防范道德风险的低成本担保方式。此外，随着互联网金融的发展，通过大数据的挖掘与使用来提供信用信息，出现了不同于传统依靠抵押品的信贷技术，在某种程度上也解决了小微企业和金融机构间的信息不对称问题。

（三）改革融资信用担保体制

我国担保体系应改变以政府担保为核心的体系定位，着力发展商业担保机构。从国际经验来看，在美国、日本和德国等政府出资规模很大的国家，政府担保贷款数额也只占小微企业贷款余额的很小比例，一般不会超过10%。我国担保体系建设应由政府主导型向市场主导、政府引导型方向发展，政府的扶持方式也应转变为重点建立补偿机制。①

具体而言，业务方面，做到以商业担保业务为主，政策性担保业务为辅；组织机构方面，以商业类担保机构为主，社团类担保机构为辅。政府应取消直接担保业务和相应的机构，着力开展政策性担保业务的代偿机制建设和推动再担保业务的开展。一是担保市场应进一步细分。因为目前担保公司的资本金仍然偏小，不能面面俱到，可以细分行业，发挥专业特长。随着市场细分，目前一些为特定

① 李毅，向党．中小企业信贷融资信用担保缺失研究［J］．金融研究，2008（12）：179－192.

产业、农业、流通业服务的专业化担保机构逐步出现。强调专属行业担保，不仅可以把握整个行业的进退时机，还可以为遴选出有发展潜力的企业定向服务。二是拓宽业务品种。担保机构可以发挥与银行的比较优势，紧紧围绕小微企业成长过程中的创业期、成长期、壮大期和成熟期等不同阶段，在项目咨询、诊断、中间业务、融资担保和非融资担保等全程服务中，做小微企业一体化融资供应商，拓宽自身生存空间，获取长期综合收益。三是做好综合服务。担保公司还可以通过对企业经营提出意见和建议，为企业提供信息咨询、健全财务等相关服务，同时起到化解自身风险的作用。

（四）鼓励商业性信用信息服务机构发展

专业性信用信息服务机构的出现对于扩展小微企业信贷市场具有很大的潜在作用，美国小微企业信用评分贷款技术的成功实践和德国 IPC 咨询公司的成功案例，揭示了通过合理的机制设计，商业化的中介服务机构能够解决银企间信息不对称问题，为双方信贷投放的有效对接提供支持。在我国，专业性的信息机构具有很大的发展空间。

从国家政策来看，发展商业信用信息服务机构始终是促进小微企业进一步发展的一个重点内容，如 2011 年 9 月《“十二五”小微企业成长规划》中提出“加快小微企业信用体系建设……积极引导各类信用服务机构为小微企业提供信用服务”，2012 年 4 月《国务院关于进一步支持小型微型企业健康发展的意见》中提出“加快推进企业信用体系建设，切实开展企业信用信息征集和信用等级评价工作”，2013 年 8 月国家出台的《关于金融支持小微企业发展的实施意见》中提出，“着力强化对小微企业的增信服务和信息服务，加快建立‘小微企业—信息和增信服务机构—商业银行’利益共享、风险共担新机制”。从实践来看，我国目前已有一些信用中介机构从事个人信用调查、评估业务，如大公国际资信评估有限公司、中诚信国际资信评估有限公司、华安信用风险管理有限公司等。随着《征信业管理条例》的出台，应依法大力发展商业性信用信息服务机构，形成与政府基础信用信息数据库互补的信用信息的衡量评价体系。

（五）强化对小微企业外部的激励约束机制

虽然小微企业的信息传递具有内部化和刚性的特点，通过相应激励与约束机制也能达到小微企业诚实守信的积极效果。具体而言：一是建立严格的失信惩戒和社会公示制度。改变以往那种“失信”收益大于“守信”的逆向激励机制，加大对“失信”企业的惩罚力度并建立起相应的社会公示制度，对违约失信的企业进行曝光，由社会公众对其进行监督，采取建立失信企业“黑名单”制度、进行惩罚性赔偿等方式，加大失信者的成本。二是建立失信者出局和守信者激励的机制。建立工商、税务、水电、环保、质监、海关等部门信息互通共享的平台，对失信企业的行为在全国范围进行通报，并规定失信企业当事人在一定期限内都不能再注册企业，对严重失信企业重点监督，屡次失信企业吊销其营业执照。同时，对守信企业要给予激励，如采取产品免检、政策扶持、税收优惠等手段激励其继续守信经营。三是建立行业联动惩罚机制。当企业出现失信行为时，该企业的失信记录将同时向各个金融机构通报，在一定时期内任何一家金融机构都停办该企业的存贷、托收或票据贴现等业务，以示惩戒。

第二节　小微企业融资问题解决的财政金融联动思路与对策

破解融资困局需要各方力量的共同作用，充分发挥政府、金融机构、民间资本等对小微企业的支持力度，而其中政府的引导扶持最为重要，是解决问题的“关键人”。结合国情来看，政府可通过激励性政策制定和创新型金融工具运用等方式，将存量财政资金盘活，实现财政与金融的有效联动，充分发挥财政资金“四两拨千斤”的杠杆放大作用，鼓励和引导银行信贷和民间资金投向亟须扶持的小微企业，“好钢用在刀刃上”，提高资金使用效益，进而盘活货币存量，最终实现金融政策、财政政策和产业政策的协同效应。近年来，政府引导基金的出现为政府资金与市场资金的联动提供了合适的媒介，成为支持地方经济发展、解决小微企业融资难题的重要手段。通过建立专门扶持小微企业发展的政府引导基金，能够实现财政与金融的有效联动，为破解小微企业融资难题提供一种新模式。在扶持符合产业政策的小微企业发展中，政府财政作用将越发凸显，政府引导基金将更加活跃。[①] 在此过程中完全可以通过建立专门扶持小微企业的政府引导基金来破解其融资和成长难题，如“小微企业集群政府引导基金”（见图 10 - 1）。

一、政府引导基金融资模式的运作流程

（1）明确政府引导基金的出资主体。在对本地小巨人企业和企业集群发展状况进行科学调研的基础上，通过政府决策，明确国资部门作为政府引导基金的出资人。

（2）精选合作的专业管理团队。首先，政府面向国内外公开招标有合作意向的专业管理团队，根据其提交的运作方案预选 2 ~ 3 家；其次，召开专家评审

① 张杰，张兴巍．私募股权基金发展转型与创新研究——基于天津私募股权基金行业的分析及启示［J］．证券市场导报，2014（1）．

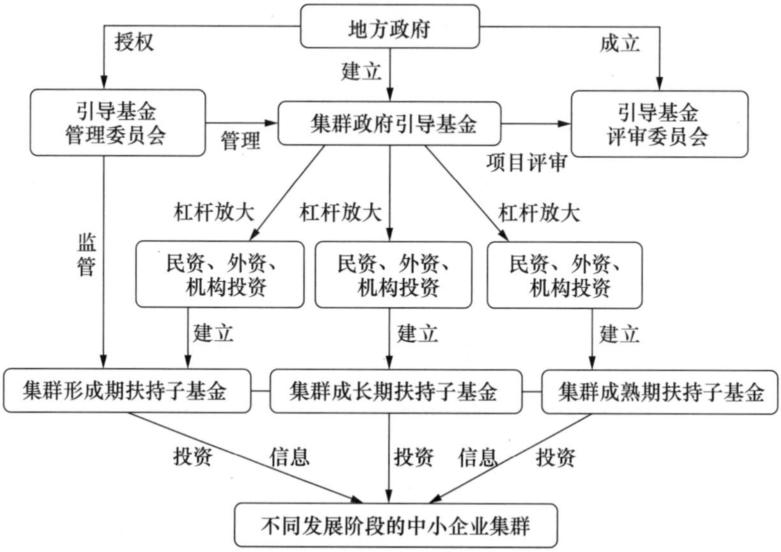

图 10－1　小微企业集群政府引导基金融资模式

资料来源：张杰，张兴巍．私募股权基金发展转型与创新研究——基于天津私募股权基金行业的分析及启示［J］．证券市场导报，2014（1）．

会，全面审查论证合作团队资质，确定一家作为合作伙伴；最后，政府与合作管理团队签署相关法律文件，由管理团队具体负责基金的募集工作。

（3）募集首期政府引导基金。在政府财政资金出资完成后，专业管理团队按照一定比例（通常为1∶1 或1∶2）向国内外机构投资人（社保基金、商业银行、保险公司等）募集资金，组建首期政府引导基金，实现1～2 倍的财政资金放大。

（4）成立决策委员会和基金日常管理机构。首期政府引导基金组建后，要成立由政府、专业管理团队、机构投资人三方代表共同组成的决策委员会。各类子基金合作者的筛选由专业管理团队负责，最终决策由决策委员会负责，政府代表在决策中享有一票否决权。同时，政府成立非营利事业法人机构负责基金日常管理事务，执行决策委员会的决定。

（5）设立不同类型的子基金。确定子基金合作伙伴后，政府引导基金按照一定比例（通常为1∶10）向其出资，共同发起设立针对小巨人企业和企业集群不同发展阶段的多只子基金。政府资金在各类子基金中的分配比例，根据市场失灵程度和各地企业集群生命周期的实际情况来确定并进行动态调整。子基金设立后至少可带动10 倍的社会资本规模，实现财政资金第二次放大。

（6）实施投资后跟踪管理。专业管理团队对投资后的子基金实行跟踪管理，包括子基金的投资方向、资金运作状况等，建立数据库并形成专题报告，定期向政府、机构投资人等投资人汇报，出现问题及时解决。

（7）政府资金的退出。当子基金通过各种方式（IPO、股权转让、并购、清算等）退出时，政府引导基金投入子基金的资金按照协议约定方式实现退出。

（8）政府资金的可持续发展。根据首期政府引导基金的运作情况，及时总结经验教训，进行下一期基金募集，实现政府引导基金的可持续发展。

二、政府引导基金融资模式的运作原则

（1）政府引导，市场运作。政府引导基金由政府设立并按市场化方式进行运作，政府不参与引导基金的具体运作，由与商业性投资机构合作成立的子基金进行市场化运作，引导社会资金进入小巨人企业和企业集群不同发展阶段，从而有效解决其融资难题。

（2）杠杆放大，专门扶持。政府引导基金通过少量的政府资本撬动巨大的社会资本，能够拓宽小巨人企业和企业集群融资的资金来源，形成政府资金引导、各种社会资本共同参与的多元化融资格局。根据小巨人企业和企业集群发展生命周期的不同阶段建立专门的子基金进行扶持，更有针对性，能极大激发小巨人企业的经济活力。同时，各类子基金投资企业的信息互通，子基金可灵活介入小巨人企业和企业集群发展，能够有力推动企业的升级。

（3）动态分配，保证效率。政府资金在各类子基金中的分配比例，根据市场失灵程度和企业集群生命周期的实际情况来确定并进行动态调整，从而影响各类子基金的数量和规模，保证政府资金的使用效率最大化。当本地需扶持的企业集群大多处于形成期，那么就应加大形成期子基金的政府资金投入比例，成立多只子基金，吸引更多社会资本投资于形成期企业集群；当本地集群实现升级步入成熟期后，相应子基金的数量和规模要进行及时调整。

三、政府引导基金融资模式的机制设计

政府引导基金融资模式包含了基金“募集、投资、管理、退出”四个步骤，其顺畅运行需要相应的机制设计。

（1）政府引导基金募集时采用有限合伙制。政府引导基金作为有限合伙人，不参与具体的运作管理，但要有一定的信息披露权和话语权。

（2）政府引导基金投资时采取资金银行托管方式。政府引导基金与其他商业投资人合作时，资金采取银行托管方式，待投资确定后资金直接由银行划转至被投资企业账户。政府引导基金决策委员会除保留日常经营管理等必需的资金外，不得保留多余的资金。这样，有助于降低资金滥用风险，提高资金使用效率。

（3）政府引导基金的管理实现决策与执行相分离。为确保政府引导基金决策的“民主性、科学性、公开性”，由政府、专业管理团队、机构投资人三方代表构成的决策委员会对引导基金的运作和管理进行独立决策。同时，政府应成立非营利性事业法人机构负责基金日常事务管理，执行决策委员会的决定，对所投资企业行使出资人或担保人权利，这样可有效控制政府引导基金演变为营利性机构的倾向。

（4）政府引导基金的退出有时间限制。根据国外股权投资基金成功运作的经验，从基金募集到获利退出需要一个较长的周期（通常为7～10年），退出时间过早或过晚均会影响政府引导基金的运行效果。因此，政府对于区域内不同小微企业集群要区别对待，根据实际情况可适当延长那些对区域经济发展和技术进步产生重大影响的企业的融资期限，但也不能无限期延长，在达到存续期上限后，需要进行强制清算，保证政府引导基金的使用效率。

四、政府引导基金融资模式有效运作保障措施建议

（一）妥善处理政府与市场的关系

政府引导基金融资模式虽然可以有效实现财政与金融的联动，但是由于政府的介入，在具体运作中很难达到完全市场化，要实现政府与市场的双赢局面，必须妥善处理政府与市场的关系，政府应切实做到引导而不主导、参股而不控股、支持而不控制。具体到操作层面就是政府通过制定引导基金管理办法和章程等方式传递和落实政府意图，约定所扶持子基金的投资方向；政府引导基金选派董事进驻所扶持子基金的董事会，通过董事的特别投票权实现政府的控制，切实引导所扶持子基金的投资方向；政府引导基金通过派驻董事直接引导子基金的投资方向时，在子基金遵守既定的政策性方向开展相关业务范围内，派驻董事无权以任何形式干预其正常运营决策；只有当子基金偏离既定的政策性方向的业务时，才可通过参与决策的方式，发挥必要的引导作用。

（二）建立科学的绩效评价体系

政府引导基金融资模式的建立是为了发挥财政资金的杠杆作用，增加中小企业集群融资的资本供给，解决融资中的市场失灵问题，既要考虑经济效益，更要体现社会效益。在绩效评价时应弱化对政府引导基金的盈利要求，改变传统追求利益最大化的评价指标，重点考核以下三项指标：①政府引导基金吸引了多少社会资本进入中小企业集群融资领域。②所扶持的专项子基金在促进中小企业集群升级、创新等方面发挥的作用。③政府引导基金通过保本微利运行，是否实现了可持续发展。按照上述评价指标，在具体操作中，政府引导基金应制定并实施相应的优惠政策和措施，以期能够最大限度地吸引社会资本参与；建立相应制度有

效约束并引导资金的投资方向，对出色完成政府引导基金政策目标的管理团队给予奖励；加强对政府引导基金的管理，提高效益减少损失，通过选择合作投资机构，对投资份额进行必要限制，要求优先分配权和清偿权以及加强对投资企业资金使用的监管等方式，实现政府引导基金的可持续发展。

（三）完善引导基金的内部治理

在政府引导基金融资模式运作中存在多层委托—代理关系，必须完善相应的内部治理，对不同参与主体采用不同的约束机制。具体而言，为防范政府引导基金管理人员的寻租风险，应建立“专家独立评审＋理事会决策＋管理中心具体执行”的三权分立约束机制；为防范政府引导基金与子基金之间的委托—代理风险，政府引导基金应向所参股子基金派驻董事，加强对子基金的监管，要求所参股子基金建立决策公示制度、信息披露制度等；为防范所扶持子基金的管理风险，可通过规定子基金管理团队资质的方式保证管理团队的质量，通过对子基金管理业绩加以最终评估的方式，鞭策管理团队勤奋敬业；为防范子基金与投资企业之间因信息不对称引发的风险，应建立阶段评估与阶段融资相结合的制度，做到对资金投放的实时监控。在加强约束的同时，还需建立相应的激励机制，以调动社会资本参与投资的积极性。政府引导基金在收益分配上应建立补偿让利机制，对社会资本的风险和收益进行补偿和让利。在风险的补偿方面，若子基金盈利，政府引导基金按其投资额所占比例进行分红；若子基金亏损，则社会资本的亏损部分由政府引导基金部分或完全承担。在收益的让利方面，政府以优先股形式投入子基金，只收取固定股息，让利于子基金中的社会资本，子基金盈利中政府应占的份额用于补偿社会资本。此外，还可对子基金投资管理团队实行股权激励，使其收益与子基金的利润挂钩，实现有效的约束和激励。①

第三节　建设服务于小微企业融资的区域应收账款交易市场

国家统计局数据显示，截至 2014 年底，全国工业企业应收账款净额已超过 10 万亿元的规模。全国企业每年应收账款已经达到 80 万亿元，很多中小企业的应收账款数额占到资产总额的比例甚至达 60% 以上。近年来，不少企业应收账款呈不断上升趋势，企业因应收账款与其他企业形成的“三角债”现象非常普

① 张杰．中小企业集群融资模式创新研究［J］．经济纵横，2012（6）．

遍和严重，极大地影响了各类企业的运行效率和效益。相对于土地、房产等不动产资源的有限性，应收账款是中小企业普遍拥有的资产，通过盘活应收账款解决中小企业融资难题、大企业应收和应付账款“双高”问题，应是金融服务实体经济的一个有操作性的努力方向，甚至可以达到“立竿见影”的效果。

一、针对小微企业的应收账款融资服务能力分析

从国际来看，依托应收账款进行融资在许多国家尤其是欧美等发达国家的融资体系中已占据重要地位。联合国国际贸易法委员会颁布了《2001 年联合国国际贸易中应收账款让与公约》，各国商业银行还专门成立了应收账款担保（保理）联盟，制定共同的规则，促进应收账款融资。例如，美国《统一商法典》建立了高效的动产担保制度，成为美国动产担保的核心法律，包括应收账款在内的动产质押融资已经占到了中小企业融资的 70%；根据世界银行对全球 130 个国家和地区的调查，83% 的国家和地区支持应收账款融资。美国、墨西哥等国家还建立了全国性的应收账款交易平台，通过促进应收账款高效流转，有效缓解了中小企业融资难题，成为多层次金融市场的重要组成部分。

我国应收账款融资尚处于探索阶段，在服务小微企业方面的作用明显不足，亟待补充。在《中华人民共和国物权法》出台以前，商业银行等金融机构主要参照《中华人民共和国担保法》和《中华人民共和国合同法》等法律规定，进行一些由不动产抵押到动产抵押融资的探索和实践。《中华人民共和国物权法》出台以后，对应收账款质押融资的法律效力予以了明确，确立了应收账款质权公示登记制度，为商业银行等金融机构开展应收账款质押融资业务提供了法律保障。虽然我国应收账款融资环境取得了显著改善，但到目前为止，我国应收账款融资仍然主要是以银行应收账款质押贷款这种传统的方式进行，尚未建立真正意义上的兼具集中化、规模化、全流程和公信力的应收账款交易平台。目前，国内对应收账款融资模式的探索和实践主要表现在以下三个方面。

第一，中国人民银行征信中心于 2007 年依据《中华人民共和国物权法》建立了应收账款质押登记公示系统，2013 年底建立了中征应收账款融资服务平台，主要从应收账款债权登记和融资供需信息服务两个方面来推动中小企业动产融资和应收账款融资的发展。中征应收账款融资服务平台定位于服务中小企业融资的金融基础设施，属于公益性的信息发布平台。其优势在于作为全国性的电子化服务平台，可以集聚应收账款参与各方、沟通应收账款融资相关信息、促成应收账款融资交易的达成，特别是通过大买家确认应付账款，使中小企业借助大卖家的良好信用进行融资，增进了融资中小企业的信用，具有很强的公信力和影响力。不足之处在于：由于该平台承担公益性功能，主要提供信息撮合服务，并不对应

收账款的真实性等关键因素负责，也不包含应收账款的增信、标准化和证券化等环节，资金结算、贷款发放等也都需要投融资双方自行完成。此外，截至2015年上半年，在平台登记注册的企业只有5万余家，与全国2014年底市场主体户数已经突破7000万的数量相比，服务能力有待提升。

第二，商业银行、电子商务企业和部分地区金融资产交易市场依托互联网提供应收账款融资产品的实践，通过建立供应链金融平台，推出应收/预付融资、存货线上融资、线上反向保理、核心企业协同、基金理财产品等多种类型的产品服务中小企业融资。虽然我国线上融资模式在近年来的互联网金融大潮下有了较快发展，在一定程度上满足了部分企业的融资需求，但无论是商业银行、电商平台提供的线上融资服务，还是金融资产交易所提供的各类在线融资产品，主要是提高了企业融资申请的便利性，将融资方式从线下向线上进行了扩展，企业应收账款融资主要依赖商业银行、应收账款融资市场供需失衡的格局并没有根本改变。

第三，安徽省等地区开展的应收账款债权管理公司试点，其业务流程包括应收账款确权、增信、流转、登记、偿付和追偿环节，由债权管理公司通过应收账款管理系统进行管理，以开具应收账款债权凭证的方式将应收账款标准化和产品化，方便面向金融机构融资和投资人融资。但是试点中存在以下一些问题待解：①债权管理公司登记公示环节缺乏规范性，应收账款债权凭证记载的应收账款缺乏公信力和法律法规支撑；②平台实力和聚集资源能力较弱，业务操作中难以有效实现设计的功能；③通过应收账款债权管理公司融资的成本较高；④债权管理公司服务范围小，主要面向本地企业和国有大型企业，中小企业未能普遍受益。总体来看，应收账款债权流转管理公司试点尚不稳定，现阶段在促进应收账款交易方面作用不明显。

综合来看，上述三类融资模式在我国应收账款融资方面进行了有益的探索，也发挥了一定作用，但对于盘活目前数十万亿元应收账款的规模，解决中小企业在经济下行压力下的融资难题显然是“杯水车薪”，亟须建立新的交易平台和交易市场予以补充。

二、建设区域应收账款交易市场的可行性分析

对于尚处于探索阶段的中国应收账款融资实践而言，在短期内建立一个类似美国、墨西哥等国家的全国性的交易市场，受到诸如区域协调、政策制定、法律法规完善等很多现实问题的制约，可行性不强。基于一个省份或某个城市建立交易平台，由于规模过小，也有明显弊端：其一，影响力和实际服务能力弱，部分省市的实践已经证明小范围的试点对于解决广泛存在于中小企业的融资难题成效

有限；其二，不利于交易成本的降低；其三，不利于交易的活跃和市场氛围的形成。因此，推动这一金融创新，需要选择一个合适的区域。一是该区域经济要有一定的体量，二是区域内各地区关系易于协调。京津冀协同发展战略的实施为区域应收账款交易市场的建立提供了良好的条件。京津冀三地土地面积 21.6 万平方千米，人口超过 1 亿，2013 年的地区生产总值已超过 6 万亿元，占到全国生产总值的 10% 左右，在全国占有很重要的地位，是继"珠三角"、"长三角"之后中国经济发展新的引擎和火车头。京津冀协同发展战略使三地在政策、法规制定以及关系协调等方面具有明显的优势。

（一）必要性分析

首先，建立京津冀区域应收账款交易市场可以拓宽区域内中小企业融资渠道，进一步完善我国多层次金融市场。从纵向的角度来看，我国交易场所梯级化、交易产品多样化、交易机制多元化的金融市场体系已经逐步形成，涵盖了信贷、资本、外汇、黄金、期货、票据、保险、基金等多个领域。但是从横向角度来看，我国金融市场的广度、深度与发达国家相比都还远远不够，金融资源配置存在结构性矛盾，金融服务效率较低，需要不断改革和创新。经济新常态下，如何盘活存量资金是探索和创新的重点，意味着要加快多层次金融市场建设，从而满足企业多元化的融资需求。与国际上应收账款融资在融资体系中占据重要地位相比，我国在此方面仍需大力推进。建立京津冀区域应收账款交易市场是符合当前经济发展实际和政策导向的务实之举，交易市场的建立可以进一步完善我国金融市场的层次，发挥其支持实体经济的服务功能。

其次，建立应收账款交易市场能够有效降低融资成本，促进中小企业创新发展。降低社会融资成本，已经是新常态下调控的重点。国务院 2014 年 8 月印发《关于多措并举着力缓解企业融资成本高问题的指导意见》，要求金融部门采取综合措施，着力缓解企业融资成本高问题，具体包括保持货币信贷总量合理适度增长、抑制金融机构筹资成本不合理上升、缩短企业融资链条、大力发展直接融资、有序推进利率市场化改革等。2014 年 11 月至 2015 年 8 月底，中国人民银行已经先后 4 次下调贷款及存款基准利率，引导金融机构贷款利率持续下降。从国内外已有的实践来看，通过应收账款融资交易可以有效降低企业的融资成本。2014 年 8 月在北京召开的"应收账款债权流转创新成果暨应用推广新闻发布会"公布的数据显示，通过应收账款债权流转业务融资，按最低收费计算，成本可下降 80% 以上。企业节省的成本可以投入到产品与技术的研发和创新中去，这对于减轻企业负担，促进其可持续发展无疑具有巨大的推动作用。因此，通过在京津冀区域建立应收账款交易市场，进一步扩大应收账款的交易规模，对于有效降低区域内企业融资成本、促进其创新发展意义重大。

最后，建立区域应收账款交易市场促进京津冀区域实体经济发展，是京津冀协同发展战略顺利实施的坚实保障。无论是三地产业协同的实现，还是生态环境的改善，区域内的各类企业都是具体承担者，它们的发展质量直接影响区域整体的发展质量。目前来看，京津冀既是经济发展梯度明显、经济协同发展潜力大的地区，也是产能过剩问题突出、转型升级压力大的地区，各类企业的健康发展迫切需要金融服务的全面跟进，发挥好金融服务先行的作用，以此促进产业布局的调整，助推京津冀的协同发展。通过在京津冀区域建立应收账款交易市场，盘活企业运营中的应收账款，解决困扰企业发展的融资难题，对于区域实体经济协同发展意义重大。在实体经济不断强大的基础上，三地产业协同、文化协同、生态协同等发展的目标才能更容易实现，京津冀协同发展战略才能更为顺利地实施。

（二）可行性分析

首先，京津冀区域建立应收账款交易市场能够借力三地金融协同优势，易获成功。金融协同发展是有效推进京津冀一体化的重要工作，通过加快金融政策布局，引导金融机构加大创新，推动京津冀构建产融合作、风险可控、系统稳定的金融机制，有利于提升区域产业的融合度和匹配建设水平，加快三地的协同发展进程。从京津冀三地金融业发展情况来看，京津发展程度较高，河北相对落后，三地金融业协同发展可以很好地实现优势互补，具有广阔的合作前景。伴随科技金融、大数据服务等新技术发展以及突破土地等要素资源制约等因素叠加，京津冀区域金融合作和协同发展将提速，进一步提升区域金融资源的整体利用效率。应收账款交易市场在京津冀金融协同发展推动下，更易获得成功，可以在建立跨区域金融合作机制、制定区域金融合作规划、加强区域间金融监管、改善区域金融生态、促进金融机构和人才跨区交流合作等方面进行创新并取得突破。

其次，京津冀区域具有国家战略实施中的政策优势。京津冀协同发展从根本上讲要靠创新驱动，这既包括科技创新，也包括体制、机制、政策和市场等方面的创新。京津冀协同发展的顶层设计中强调要强化深化改革、创新驱动、试点示范三个关键支撑，为京津冀协同发展提供强劲动力。大力推动要素市场一体化改革，包括推进金融市场一体化、土地要素市场一体化、技术和信息市场一体化等。因此，在京津冀区域建立应收账款交易市场具有得天独厚的政策优势，作为一项金融创新，在具体实施中可能会遇到各种现实问题，在京津冀协同发展战略下可以先行先试，这对于市场的健康发展和各项创新举措的实施而言，具有其他区域不可多得的政策优势。

再次，京津冀区域具备金融创新先行先试的实践经验。在应收账款融资创新方面，天津走在了全国的前列并积累了一定的实践经验，这为在京津冀地区建立应收账款交易市场提供了实践基础。一是动产融资统一登记平台与应收账款融资服务平台由中征（天津）动产融资登记服务有限责任公司负责建设和运营。目前，动产融资统一登记平台已可以提供所有权保留、动产留置权、保证金质押、存货和仓单质押等十余项登记服务，并实现了以上登记信息的统一查询；应收账款融资服务平台集聚应收账款参与各方，沟通应收账款融资相关信息，促成应收账款融资交易的达成。两个平台已基本形成“场外与场内互通、线上与线下共享”的动产融资服务体系，为进一步拓宽企业融资渠道提供了新途径。二是天津市早在2012年6月就开始了应收账款债权流转业务试点，并组建试点的应收账款债权管理公司。上述实践为在区域内建立应收账款交易市场积累了宝贵经验。

最后，京津冀区域盘活应收账款的市场需求潜力巨大。从全国应收账款的市场存量看，应收账款融资的使用率还很低。根据征信中心企业征信系统的应收账款融资余额数据，结合国家统计局发布的规模以上工业企业应收账款余额估算，近两年用来支持融资的应收账款占全社会账款存量的比重不足20%，发展空间还很大。具体到京津冀区域的应收账款规模来看，虽然尚缺乏准确的统计，但从近年来区域内上市公司的年报数据中可以看出应收账款的规模在不断扩大，为应收账款交易市场的建立和运行提供了现实基础。根据Wind资讯统计，2014年A股应收账款合计2.9万亿元，央企、国企的应收账款明显增多。数据显示，2015年上半年2593家上市公司累计应收账款超3万亿元。京津冀区域内有大量的央企、国企，这些企业应收账款在不断增加，不但给自身发展带来不利影响，而且会对产业链内大量中小企业发展产生影响，盘活各类企业应收账款的现实需求强烈。此外，伴随京津冀协同发展战略实施加速，跨区域的贸易将日益密切、三地互设企业的情况将更加普遍，加之交通、生态环保、能源、基础设施建设等投资力度的不断加大，必然带来三地企业间资金往来快速增长，应收账款规模还有进一步增大的趋势，盘活应收账款的市场需求潜力非常巨大，能够给交易市场提供充足的交易标的。

三、建设区域性应收账款交易市场的思路与建议

建设京津冀区域应收账款交易市场离不开三地的有效协同，从总体建设思路来看，京津冀三地政府在达成共识的基础上，在市场环境营造、区域性政策法规制定等方面给予充分保障是交易市场建立的必要前提条件；京津冀区域应收账款交易市场以京津冀三地企业符合要求的应收账款作为最终交易标的物，以标准化产品形式，依托互联网技术，对接货币市场基金和全国各类投资人，实行市场化运作；交易市场的自身运作实行公司制下的客户会员化管理，性质采取混合所有制为宜。建设京津冀区域应收账款交易市场主要包含三方面的突破和创新：一是区域政策法规的协调，二是交易市场的运作机制，三是管理方式和所有制性质。

对京津冀区域应收账款交易市场建设相关建议如下：

（一）市场环境营造、区域政策法规协调方面的建议

市场环境营造、区域政策法规协调是交易市场建立的前提。需要三地积极筹划，在交易市场建设方面达成共识，充分协调合作。

（1）组建由京津冀三地政府牵头，相关监管部门和金融机构参与的应收账款交易市场建设领导小组，具体负责市场建设的协调工作，共同研究推动应收账款交易的有效措施。

（2）在原有实践的基础上，三地政府协调出台应收账款交易方面的区域性法规和细则，对于应收账款交易中涉及的具体问题进行明确和规定，如应收账款信息的真实性控制、参与各方的权利义务、追索权行使、登记查询规则、债务纠纷处置等方面，出台相应的《应收账款交易市场管理办法》、《应收账款债务纠纷处理办法》等政策法规。在法规政策方面先行先试，为应收账款交易的全国推广积累经验。

（3）鼓励区域内的国有或国有控股金融机构、类金融机构作为出资者积极参与市场交易，营造良好的投资环境和氛围。其一，有大型金融机构参与提供融资，可以起到示范作用，提高市场的公信力，带动更多社会资金的进入；其二，通过各类资金提供者的加入和交易，可以达到活跃市场的目的。

（4）出台激励性措施，重点鼓励具有良好信用基础的核心企业成为客户。核心企业是市场健康运行的重要基础，在增加企业黏合度、巩固产业链条、密切银企联系、促进企业发展等方面能发挥积极作用。鉴于三地有为数众多的国有企业和大型企业，鼓励这些核心企业加入市场，进而带动上、下游企业共同参与到市场建设中，对于盘活应收账款、增进中小企业信用，提升其融资能力非常关键。

（5）加快区域内的信用体系建设，培育市场发展的外部环境，完善应收账款融资信息服务、信用评级服务，为各类金融机构和资金提供者开展应收账款交易提供便捷的查询服务，降低应收账款交易的风险。

（二）交易市场运作机制设计方面的建议

交易市场运作机制的科学设计和创新是市场健康运作的保障。从市场的交易标的物、参与主体、运作流程、风险控制、监督管理等方面进行系统设计。

（1）以京津冀三地企业符合要求的应收账款为最终交易标的物。所谓符合要求的应收账款是指账款信息真实有效，已通过央行征信中心的应收账款登记公示系统进行公示，符合国家和区域法律法规规定。交易标的物采取标准化产品的形式，在互联网平台实行市场化的竞价交易，对接货币市场基金和全国各类投资人。在标准化产品形式选择上，应收账款证券化可作为探索和创新的方向。其

一，应收账款的资产证券化业务，一直是监管机构和市场的共同关注。2014 年 3 月，证监会新闻发布会提及“大力发展应收账款证券化等企业资产证券化业务”；5 月，证监会《关于进一步推进证券经营机构创新发展的意见》提出“发展应收账款、融资租赁债权、基础设施收益权等资产证券化业务”，再次将应收账款证券化作为典型业务类型进行强调。其二，国内应收账款资产证券化产品已成功推出，为市场化方式盘活企业存量资产找到了一条行之有效的创新之路，如 2014 年 12 月，五矿发展应收账款资产支持专项计划的上市交易。

（2）参与主体包括应收账款债权人（合同卖方，资金需求方）；应收账款债务人（合同买方，供应链核心大型企业）；货币市场基金、银行、保险资产管理公司、商业保理公司、企业、个人等合格投资人（资金供给方）；为应收账款债权交易产品提供尽职调查、资产评估、增信、承销、法律咨询、财务报告等服务的信托公司、证券公司、基金子公司、保险公司、律师事务所、会计师事务所等专业的中介服务机构。

（3）交易市场运作流程应包括应收账款真实性审核、交易标的物标准化、信息发布、信息查询、竞价成交、付款和追偿等基本步骤，具体如下：①专业服务的中介服务机构负责应收账款真实性审核，包括确认权属、存在性审查、价值认定及合同效力审查等；②交易平台对通过审核符合要求的应收账款进行产品标准化，进行必要的评级和增信；③在应收账款交易平台发布融资信息，投资对象为全国各类投资人；④各类投资人在平台上查询融资信息，以及应收账款债务人、债权人的评级结果；⑤各类投资人对拟投资产品提供报价，采用竞价方式成交；⑥各类投资人将其提供的资金支付给交易平台，平台从融资额中扣除应收账款卖方交易费，将剩余的融资金额转账给卖方；⑦应收账款到期前，平台通知应收账款债务人付款，应收账款债务人将货款支付给交易平台，由交易平台转付给应收账款投资人。如果债务人不能到期付款，可通过各类中介服务机构进行到期违约处理。

（4）在风险控制方面，应收账款支付违约或延期是风险控制的关键。这一问题可以通过增信机制的设计予以解决，常规可选择的增信方式包括初始债权人回购保证、核心企业付款承诺、担保公司提供担保和保险公司提供保险等。除此之外，还可以考虑设置专门的应收账款风险补偿基金，在市场交易中的核心企业或其他中小企业出现违约时视情况进行部分或全部的偿付，以此防范违约风险。

（5）交易市场纳入审慎监管框架，属地金融工作办公室可作为平台的主管部门，通过软件管理系统进行非现场监管，实时查询平台业务开展情况、参与主体相关信息等；银监局对商业银行开展应收账款业务融资作为中间业务实施监管，对中小企业实施信贷监管；保监局对保险机构参与情况进行监管；财政部门对平台运营情况实施监督。以上监管主体可根据需要对平台运行情况联合实施现场检查。

（三）交易市场管理方式和所有制性质建议

交易市场实行公司制下的客户会员化管理，交易平台的公司性质宜采取混合所有制。交易市场参与主体采取会员制的方式封闭运行，以便从源头上有效防控风险，在交易之前债权人、债务人和金融机构需在平台进行注册，平台负责审核参与主体信息的真实性。此外，新平台可考虑与中征动产融资统一登记平台和应收账款融资服务平台实现信息联通和共享，更好地实现数据扩充和信息验证。平台除了审核参与各方的真实身份之外，还负责管理交易过程中的资金和对坏账进行催收，加强交易的安全性。

在交易市场资本金来源和交易市场经营目标方面，可由三地政府、国有企业、民营资本共同出资，采取混合所有制，经营目标介于政策性与商业性之间。交易市场以盘活京津冀三地企业的应收账款、推动区域实体经济发展为基本出发点，鉴于此，建议三地政府按照交易量规定比例给予交易市场补贴或补助，三地政府各自承担的补贴或补助比例按交易量三地企业所占比例确定，此举有助于吸引民营资本参股交易市场。

参考文献

[1] Agarwal, Hauswald. Distance and Private Information in Lending [J]. The Review of Financial Studies, 2010, 23 (7).

[2] Aliber Michael. Informal Finance in the Informal Economy: Promoting Decent Work Among the Working Poor [J]. International Labor Office Working Paper on the Informal Economy, 2002.

[3] Akerlof G. A.. The Market for Lemons: Quality Uncertainty and the Market Mechanism [J]. Quarterly Journal of Economics, 1970 (84).

[4] Allen F., McAndrews J., Strahan P.. E-finance: An Introduction [J]. Journal of Financial Services Research, 2002 (1-2).

[5] Baltensperger. Credit Rationing: Issues and Questions [J]. Journal of Money Credit and Banking, 1978 (10).

[6] Baptista J. A., et al.. Understanding the Microenterprise Sector to Design a Tailor-made Microfinance Policy for Cape Verde [J]. Portuguese Economic Journal, 2006 (5).

[7] Berger A. N., Udell G. F.. Relationship Lending and Lines of Credit in Small Firm Finance [J]. Journal of Business, 1995 (3).

[8] Berger A. N., Miller N. H., Petersen M. A.. Does Function Follow Organizational Form? Evidence from the Lending Practices of Large and Small Banks [J]. Journal of Financial Economics, 2005 (76).

[9] Berger A. N., Udell G. F.. A More Complete Conceptual Framework for SME Finance [R]. Federal Reserve Board Working Paper, 2005.

[10] Bofondi, Gobbi. Bad Loans and Entry in Local Credit Markets [R]. Working Paper, Bank of Italy, 2003.

[11] Boot A.. Relationship Lending, What Do We Know [J]. Journal Financial, 2000 (9).

［12］ Boubakri Cosset, Saffar. Politically Connected Firms: An International Event Study ［R］. SSRN Working Paper, 2009.

［13］ Buch Claudia M.. Information Versus Regulation: What Drives the International Activities of Commercial Banks? ［J］. Journal of Money Credit and Banking, 2003 (35).

［14］ Chakravorti S., R. Roson. Platform Competition in Two - sided Markets: The Case of Payment Networkd ［R］. Federal Reserve Bank of Chicago Emerging Payments Occasional Paper Series, 2004 (9).

［15］ Claessens S. E., Feijen, Laeven. Political Connections and Preferential Access to Finance: The Role of Campaign Contributions ［J］. Journal of Financial Economics, 2008 (3).

［16］ Claessens, Laeven. Financial Development, Property Rights and Growth ［J］. Journal of Finance, 2008 (58).

［17］ Claessens S., K. Tzioumis. Measuring Firms' Access to Finance ［R］. World Bank Working Paper, 2006.

［18］ Daniels Lisa, Donald C. Mead, Musmga. Employment and Income in Micro and Small Enterprises in Kenya: Results of a 1995 Survey ［M］. GEMINI Technical Report, Pact Publication, New York, 1995.

［19］ Faccio M.. The Characteristics of Politically Connected Firms ［R］. Purdue University Working Paper, 2007.

［20］ Fazzari S. G., Hubbard, Peterson. Financing Constraints and Corporate Investment ［J］. Booking Paper on Economic Activity, 1988 (19).

［21］ Granados N. F., Gupta A., Kauffman R. J.. The Impact of IT on Market Information and Transparency: A Unified Theoretical Framework ［J］. Journal of the Association for Information Systems, 2006, 7 (3).

［22］ Guzman M. G.. Bank Structure, Capital Accumulation and Growth ［J］. Economics Theory, 2000 (2).

［23］ Hall G., Hutchinson P., Michaelas N.. Industry Effects on the Determinants of Unquoted SMEs, Capital Structure ［J］. International Journal of the Economics of Business, 2000 (7).

［24］ Herzenstein M., Dholakia U. M., Andrews R. L.. Strategic Herding Behavior in Peer - to - peer Loan Auctions ［J］. Journal of Interactive Marketing, 2011, 25 (1).

［25］ Houston. Political Connections and the Cost of Borrowing ［R］. SSRN

Working Paper, 2011.

[26] Isaksson. The Importance of Informal Finance in Kenyan Manufacturing[R]. The United Nations Industrial Development Organization Working Paper, 2002.

[27] Kwahja A. I., Mian A.. Do Lenders Favor Politically Connected Firms? Rent Provision in an Emerging Financial Market [J]. Quarterly Journal of Economics, 2011.

[28] Leeth J., Scott J.. The Incidence of Secured Debt: Evidence from Small Business Community [J]. Journal of Financial and Quantitative Analysis, 1989, 24 (3).

[29] Mallick, Chakraborty. Credit Gap in Small Businesses: Some New Evidence [R]. Working Paper from Economics Papers, 2002.

[30] Malone T. W., J. Yates, R. I. Benjamin. Electronic Markets and Electronic Hierarchies [J]. Communications of the ACM, 1987, 30 (6).

[31] Pagano M.. Financial Markets and Growth: An Overview [J]. European Economic Review, 1998 (37).

[32] Peek J., Rosengren E.. Bank Consolidation and Small Business Lending: It's not Just Bank Size That Matters [J]. Journal of Banking and Finance, 1998 (22).

[33] Peek, Rosengren. The Capital Crunch: Neither a Borrower nor a Lender be [J]. Journal of Money, Credit and Banking, 1995.

[34] Petersen M., Rajan R.. The Benefit of Lending Relationship: Evidence from Business Data [J]. Journal of Finance, 1994 (49).

[35] Petersen, Rajan. The Effect of Credit Market Competition on Lending Relationships [J]. Quarterly Journal of Economies, 1995 (2).

[36] Stein Jeremy C.. Information Production and Capital Allocation: Decentralized versus Hierarchical Firms [J]. Journal of Finance, 2002 (57).

[37] Stiglitz, Joseph E., Andrew Weiss. Credit Rationing in Market with Imperfect Information [J]. American Economic Review, 1981 (3).

[38] Stiglitz J. E., Weiss. Credit Rationing in Markets with Imperfect Information [J]. American Economic Review, 1981.

[39] Strahan, Weston. Small Business Lending and the Changing Structure of the Banking Industry [J]. Journal of Banking Finance, 1998 (22).

[40] Woodruff. Firm Finance from the Bottom Up: Micro – enterprises in Mexico, Paper Prepared for the Conference on Financial Markets in Mexico [J]. Organized by

the Center for Research on Economic Development and Policy Reform at Stanford University, 2001 (10).

[41] 巴曙松．中国网络支付服务市场的竞与合 [J]．中国银行业，2013 (12).

[42] 巴曙松等．小微企业融资发展报告：中国现状及亚洲实践 [R]．博鳌观察，中国光大银行，中国中小企业发展促进中心，2013.

[43] 毕马威．2015 年中国银行业调查报告 [EB/OL]．https://home.kpmg.com/cn/zh/hc.

[44] 白丽丽．互联网金融模式下商业银行的应对策略 [J]．金融保险，2014 (6).

[45] 曹凤岐．建立和健全中小企业信用担保体系 [J]．金融研究，2001 (5).

[46] 曹廷贵，苏静，任渝．基于互联网技术的软信息成本与小微企业金融排斥度关系研究 [J]．经济学家，2015 (7).

[47] 陈宇．风吹江南之互联网金融 [M]．北京：东方出版社，2014.

[48] 陈超，韩中阳．互联网金融浪潮下的商业银行转型研究 [J]．北方经贸，2014 (7).

[49] 陈伟．2015 中国互联网非公开股权融资报告 [EB/OL]．投中年度报告，https://www.chinaventure.com.cn/cmsmodel/report/detail/1084.shtml.

[50] 蔡晓阳．金融综合改革视角下的小微企业信用体系建设 [J]．金融与经济，2012 (8).

[51] 戴东红．互联网金融对小微企业融资支持的理论与实践——基于小微企业融资视角的分析 [J]．理论与改革，2014 (4).

[52] 董昀，李鑫．互联网金融的发展：基于文献的探究 [J]．金融评论，2014 (5).

[53] 樊云慧．股权众筹平台监管的国际比较 [J]．法学，2015 (4).

[54] 高连和．"信贷工厂"与"集合融资"耦合的中小企业集群信贷融资新模式构造 [J]．海南金融，2012 (7).

[55] 郭树清．努力建设一个成熟的资本市场 [J]．中国金融家，2012 (10).

[56] 宫晓林．互联网金融模式及对传统银行业的影响 [J]．中国电子商情：科技创新，2013 (5).

[57] 盖悦萍．互联网金融背景下中小微企业融资探究 [J]．全国商情：经济理论研究，2014 (11).

［58］胡晖，张璐．利率市场化对成长型企业融资约束的影响——基于对中小板企业的研究［J］．经济评论，2015（9）．

［59］黄孟复．把鼓励、引导和扩大民间投资作为国家经济政策的重要着力点［J］．中央社会主义学院学报，2010（4）．

［60］黄迪．我国P2P网络借贷平台风险控制体系的构建研究［D］．浙江工商大学硕士学位论文，2014.

［61］洪宜峰．我国众筹融资监管体系构建初探［D］．云南财经大学硕士学位论文，2015.

［62］洪娟．大数据环境下商业银行“小微贷”竞争策略研究［J］．南方金融，2014（3）．

［63］黄莺，邢伟．网络金融对传统商业银行的挑战与对策［J］．成都航空职业技术学院学报（综合版），2014（2）．

［64］贾甫，冯科．当金融互联网遇上互联网金融：替代还是融合［J］．2014（2）．

［65］贾希凌，马秋萍．P2P网贷平台的主要风险及防范策略［J］．上海商学院学报，2014（2）．

［66］孔曙东．对我国实行金融监管一体化的可行性探讨［J］．武汉金融，2007（9）．

［67］李安朋．微小企业融资新出路——网络融资［J］．知识经济，2011（2）．

［68］李焰，秦义虎，张肖飞．企业产权、管理者背景特征与投资效率［J］．管理世界，2011（1）．

［69］廖传惠，杨渝南，陈永华．互联网金融、公共科技金融与科技型小微企业融资［J］．科学管理研究，2015（4）．

［70］林毅夫，李永军．中小金融机构发展与中小企业融资［J］．经济研究，2001（1）．

［71］林毅夫，孙希芳．信息、非正规金融与中小企业融资［J］．经济研究，2005（7）．

［72］刘克崮．建设中国草根金融体系促进草根经济发展和城乡就业——兼论我国小企业融资难的破解［J］．管理世界，2009（11）．

［73］刘芸，朱瑞博．互联网金融、小微企业融资与征信体系深化［J］．征信，2014（2）．

［74］龙海明，蒋支政，李占国．财务公司产业链金融信用风险控制机制研究——基于缓解中小企业融资约束的视角［J］．金融理论与实践，2015（6）．

［75］卢峰，姚洋．金融压抑下的法治、金融发展和经济增长［J］．中国社会科学，2004（1）．

［76］李文启．互联网金融破解中小企业融资困境研究［J］．中州学刊，2014（8）．

［77］李真．互联网金融征信模式：经济分析、应用研判与完善框架［J］．宁夏社会科学，2015（1）．

［78］李毅，向党．中小企业信贷融资信用担保缺失研究［J］．金融研究，2008（12）．

［79］李小会．经济新常态下互联网金融监管研究［D］．安徽财经大学硕士学位论文，2016.

［80］梁璋，沈凡．国有商业银行如何应对互联网金融模式带来的挑战［J］．新金融，2013（7）．

［81］卢卓．小微企业融资现状、国际借鉴与路径选择［J］．科技经济市场，2012（16）．

［82］陆岷峰，刘凤．互联网金融背景下商业银行变与不变的选择［J］．南方金融，2014（1）．

［83］刘冰．互联网金融缓解小微企业融资难问题探讨［J］．黑龙江金融，2014（7）．

［84］刘俊峰．互联网金融时代商业银行营业网点应对建议［J］．中国金融电脑，2014（1）．

［85］刘勤福，孟志芳．基于商业银行视角的互联网金融研究［J］．新金融，2014（3）．

［86］刘敏．在经济园区开展小微企业信用体系建设的思考［J］．金融实务，2013（11）．

［87］刘旭彤．京东供应链金融运作模式研究［D］．湖南大学硕士学位论文，2016.

［88］罗明雄．互联网金融［M］．北京：中国财政经济出版社，2014.

［89］罗明雄，丁玲．互联网金融六大模式深度解析［J］．中国科技财富，2013（9）．

［90］罗明雄，谭盛辉．互联网金融前途几何［J］．法人，2013（6）．

［91］罗明雄，符英华．股权众筹监管模式：法律实践和政策建议［EB/OL］．搜狐证券，http：//mt. sohu. com/20150820/n419326956. shtml.

［92］卢馨，李慧敏．P2P 网络借贷的运行模式与风险管控［J］．改革，2015（2）．

[93] 马瑞博. 互联网金融对我国中小企业融资影响分析 [J]. 商场现代化, 2014 (9).

[94] 马萍. 网络信贷发展及其对商业银行的影响 [J]. 科技展望, 2014 (11).

[95] 马锦春. 股权众筹的差异化监管研究 [J]. 金融理论探索, 2016 (3).

[96] 莫易娴. 互联网时代金融业的发展格局 [J]. 财经科学, 2014 (4).

[97] 茹莉. 互联网金融背景下小微企业融资渠道的新选择 [J]. 经济纵横, 2014 (10).

[98] 史贞. 基于互联网金融的小微企业融资可得性研究 [J]. 经济体制改革, 2016 (2).

[99] 苏峻, 何佳, 韦能亮. 创业板与中小企业融资问题再探——基于卢卡斯悖论的思考 [J]. 证券市场导报, 2011 (6).

[100] 沈伟雄. 国内外 P2P 小额信贷利率定价模式比较研究 [J]. 南方金融, 2015 (4).

[101] 舒洛建. 互联网金融背景下商业银行发展模式研究 [J]. 经济师, 2014 (9).

[102] 田秀娟. 我国农村中小企业融资渠道选择的实证研究 [J]. 金融研究, 2009 (7).

[103] 田志鹏, 张欢. 美国富国银行小微企业贷款经验及对我国的启示 [J]. 甘肃金融, 2012 (3).

[104] 滕宏旭, 夏娟, 朱慧. 关于我国融资租赁业优劣势的研究 [J]. 山西财经大学学报, 2012 (4).

[105] 屠建平, 杨雪. 基于电子商务平台的供应链融资模式绩效评价研究 [J]. 管理世界, 2013 (7).

[106] 田芬. 小微企业发展状况研究 [R]. 国家统计局统计科学研究所, 2015.

[107] 唐建新, 陈冬. 信息不对称、第三方信用信息与小企业融资 [J]. 经济评论, 2007 (1).

[108] 陶娅娜. 互联网金融发展研究 [J]. 金融发展评论, 2013 (11).

[109] 汪渝. 互联网金融对小微企业金融服务的影响研究 [J]. 企业研究, 2013 (11).

[110] 王馨. 互联网金融助解"长尾"小微企业融资难问题研究 [J]. 金融研究, 2015 (9).

[111] 王艳林. 基于大数据平台的互联网金融与小微企业融资——以阿里小贷为例 [J]. 经济研究参考, 2015 (12).

[112] 王云龙. 作为风险资本家的政府——美国小企业局 (SBA) 公共风险投资项目综述 [J]. 世界经济研究, 2001 (2).

[113] 翁旻. 论英国互联网金融对我国小微企业融资的影响 [J]. 东方企业文化, 2013 (5).

[114] 吴腾. 普惠金融视角下互联网金融与小微企业融资模式创新研究 [J]. 燕山大学学报 (哲学社会科学版), 2016 (3).

[115] 吴晓俊. 地方政府政策对中小企业融资成本影响的实证研究 [J]. 财政研究, 2013 (9).

[116] 万建华. 金融 e 时代: 数字化时代的金融变局 [M]. 北京: 中信出版社, 2013.

[117] 王金龙, 乔成云. 互联网金融、传统金融与普惠金融的互动发展 [J]. 新视野, 2014 (5).

[118] 王锦虹. 互联网金融对商业银行盈利影响测度研究——基于测度指标体系的构建与分析 [J]. 财经理论与实践 (双月刊), 2015 (1).

[119] 王曙光. 大型商业银行如何参与普惠金融构建 [N]. 第一财经日报, 2013-09-04.

[120] 王振宇. 互联网金融与小微企业融资模式创新研究 [J]. 商业经济与管理, 2014 (4).

[121] 王长江, 杨金叶. P2P 网络借贷的风险与监管模式研究 [J]. 经济纵横, 2015 (4).

[122] 王俊生. 浅析"互联网+"时代众筹监管问题与对策 [N]. 中国工商报, 2016-06-07.

[123] 谢平, 邹传伟. 互联网金融模式研究 [J]. 金融研究, 2012 (12).

[124] 网贷之家, 盈灿咨询. 2016 年中国网络借贷行业年报 (完整版) [EB/OL]. http: //www. wdzj. com/news/yanjiu/52614. html.

[125] 云投汇, 京北众筹, 36 氪. 2017 互联网众筹行业现状与发展趋势报告 [R]. 2017.

[126] 人创咨询. 2016 中国众筹行业发展年报 [EB/OL]. http: //www. zhongchoujia. com/data/27000. html.

[127] 谢清河. 我国互联网金融发展问题研究 [J]. 经济研究参考, 2013 (49).

[128] 胥岢. 互联网金融发展对商业银行的影响、启示与对策研究 [J].

西南金融，2014（4）.

［129］徐岚，徐青松．从美国经验看“互联网金融”对于国内传统银行业的冲击［J］．上海经济研究，2014（7）.

［130］徐细雄，林丁健．基于互联网金融的小微企业融资模式创新研究［J］．经济体制改革，2014（6）.

［131］邢道均，叶依广．农村小额贷款公司缓解农村中小企业正规信贷约束了吗？——基于苏北五市的调查研究［J］．农业经济问题，2011（8）.

［132］西南财经大学中国家庭金融调查与研究中心．小微企业税收政策研究报告［R］.2016.

［133］辛欣．境外股权众筹的发展与监管简述［J］．清华金融评论，2015（3）.

［134］袁增霆，蔡真，王旭祥．中国小企业融资难问题的成因及对策——基于31省调查问卷的分析［J］．浙江金融，2010（7）.

［135］姚文平．互联网金融——即将到来的新金融时代［M］．北京：中信出版社，2014.

［136］俞纯月．我国电商小额贷款业务发展模式及风险研究——以阿里小贷为例［D］．暨南大学硕士学位论文，2015.

［137］袁康．资本形成、投资人保护与股权众筹的制度供给——论我国股权众筹相关制度设计的路径［J］．证券市场导报，2014（12）.

［138］曾驭然．欧盟中小企业创业投资政府支持体系［J］．国际经贸探索，2007（12）.

［139］张杰，尚长风．资本结构、融资渠道与小企业融资困境——来自中国江苏的实证分析［J］．经济科学，2006（6）.

［140］张杰，张泽伟，刘丽娟．完善我国股权众筹融资的监管制度研究［J］．经济纵横，2016（10）.

［141］张杰．应通过加强信用信息供给缓解小微企业信贷融资困境［J］．经济纵横，2014（6）.

［142］张杰，张兴巍．私募股权基金发展转型与创新研究——基于天津私募股权基金行业的分析及启示［J］．证券市场导报，2014（1）.

［143］张杰．中小企业集群融资模式创新研究［J］．经济纵横，2012（6）.

［144］张正平，林汉川，葛倩倩．促进商业性小额贷款公司可持续发展之政策性见解——基于典型地区的比较分析［J］．现代财经（天津财经大学学报），2011（11）.

［145］张正平，何广文，梁毅菲．微型金融机构社会绩效研究进展述评［J］．经济学动态，2012（1）．

［146］赵驰，周勤，汪建．信用倾向、融资约束与中小企业成长——基于长三角工业企业的实证［J］．中国工业经济，2012（9）．

［147］赵岳，谭之博．电子商务、银行信贷与中小企业融资——一个基于信息经济学的理论模型［J］．经济研究，2012（7）．

［148］郑庆明．互联网金融下我国小微企业融资风险探讨［J］．时代金融，2014（5）．

［149］郑志来．互联网金融、金融脱媒与中小微企业融资路径研究［J］．西南金融，2015（3）．

［150］周孝华，张保帅．微型企业信贷风险及化解机制研究［J］．经济体制改革，2012（7）．

［151］邹高峰，张维，熊熊．基于信用共同体的中小企业融资创新［J］．中国软科学，2013（1）．

［152］章连标，杨小渊．互联网金融对我国商业银行的影响及应对策略研究［J］．浙江金融，2013（10）．

［153］郑庆明．互联网金融下我国小微企业融资风险探讨［J］．时代金融，2014（5）．

［154］朱晋川．互联网金融的产生背景、现状分析与趋势研究［J］．农村金融研究，2014（10）．

［155］张卓娅．互联网金融征信制度建设［D］．华东政法大学硕士学位论文，2016.

［156］中国互联网络信息中心．第 36 次中国互联网络发展状况统计报告［R］. 2015.

［157］中国人民银行. 2015 年小额贷款公司统计数据报告［R］. 2016.

［158］国家工商总局全国小型微型企业发展报告课题组．全国小型微型企业发展情况报告（摘要）［EB/OL］. http：//www. gov. cn/xinwen/2014 - 03/31/content_ 2650031. htm.

［159］支付圈．最完整 270 家第三方支付牌照公司名单［EB/OL］．http：//mt. sohu. com/20150816/n418978183. shtml.

后　　记

小微企业融资难是一个历久弥新的问题，互联网金融的出现为其解决提供了新的渠道和方式。然而互联网金融发展尚处于初期阶段，在大力支持其发展的同时须防控可能出现的风险，做到创新与监管的平衡。一方面，支持互联网金融企业探索建立面向小微企业的线上、线下相结合的投融资服务体系，积极与传统金融机构、创业投资机构开展深度合作，鼓励互联网金融企业稳步开展金融产品和金融服务的创新，做大、做强互联网金融产业链。另一方面，结合小微企业的融资需求特征与互联网金融的个性特点，增强监管的针对性，积极完善沟通协调、信息共享和消费权益保护制度，探索金融监管与金融创新的均衡机制，逐渐形成运转高效、覆盖面广的金融监管体系。

本书的撰写和出版过程中得到了天津财经大学经济学院高正平教授、马亚明教授、李宏教授的大力支持和帮助，感谢各位专家提出的宝贵意见和建议；感谢天津财经大学冯士龙硕士、孙妍妍硕士、张泽伟硕士在资料收集整理中的辛勤工作；感谢《证券市场导报》、《经济纵横》等核心期刊对本书部分内容予以录用刊发；感谢经济管理出版社以及本书责任编辑杨雅琳老师的辛勤劳动；感谢天津财经大学大公信用管理学院、天津财经大学经济学院、天津财经大学金融与保险研究中心为本书写作提供的便利条件。在这里一并向所有帮助和支持我们的人致以诚挚的谢意。

研究无止境，特别是在这个金融创新层出不穷的时代，需要深入研究和探讨的问题还有很多，学海无涯只争朝夕。受研究水平和研究时间所限，本书难免存在不妥、争议和谬误之处，恳请各位专家学者和读者朋友批评指正。

张杰

2016 年 12 月 1 日